Wolfgang Licht

Taschenatlas zur Pflanzenbestimmung

Wolfgang Licht

Taschenatlas zur Pflanzenbestimmung

Zeichnungen von
Christel Adams und Luise Florin

Quelle & Meyer Wiesbaden

Dr. Wolfgang Licht
Institut für Spezielle Botanik
und Botanischer Garten
Universität
D-55099 Mainz

Deutsche Bibliothek - CIP Einheitsaufnahme
Licht, Wolfgang:
Taschenatlas zur Pflanzenbestimmung / Wolfgang Licht.
Zeichn. von Christel Adams und Luise Florin. – Wiesbaden :
Quelle und Meyer, 1997
  (Quelle & Meyer-Bestimmungsbücher)
  ISBN 3-494-01247-4

1. Auflage 1997
© 1997, by Quelle & Meyer Verlag GmbH & Co., Wiesbaden

Zeichnungen: Christel Adams, Luise Florin
Einbandgestaltung: Luise Florin, Klaus Neumann
Druck und Verarbeitung: Allgäuer Zeitungsverlag, Kempten
Printed in Germany/Imprimé en Allemagne

ISBN 3-494-01247-4

Inhalt

Anhang: Tabellen zum Bestimmen der Familien und Gattungen
der Blütenpflanzen in erster Linie nach vegetativen
Merkmalen

1 Zu diesem Buch

Dieses Buch möchte dem im Gelände tätigen Botaniker das Erkennen nicht-
blühender Pflanzen erleichtern. Da in gängigen Floren bevorzugt Blütenmerkmale zur Bestimmung herangezogen werden, man aber meist auch die
nicht blühenden Pflanzen ansprechen möchte (oder muß, weil ein erneutes
Aufsuchen des betreffenden Gebietes nicht möglich ist), kann es notwendig
sein, aus den vegetativen Teilen eines Objekts Rückschlüsse auf dessen systematische Zugehörigkeit ziehen zu können.

Aber auch bei blühenden Pflanzen – etwa bei nahverwandten Arten mit
sehr ähnlichen Blüten – können vegetative Teile oder Knospen bzw. Früchte für die Determination entscheidend sein. Weitaus wichtigstes Organ dabei ist das Blatt – schon deshalb, weil es von allen Organen die längste Zeit
des Jahres zur Verfügung steht; außerdem ermöglicht es das Erkennen steriler oder stark beschädigter Pflanzen (etwa auf gemähten Wiesen).

Das genannte Ziel soll auf dreierlei Weise erreicht werden:
- Ein kurzer Text beschreibt – soweit möglich – die grundsätzlichen Merkmale der Blätter jeder in Deutschland einheimischen Pflanzenfamilie und/
  oder nennt die „Spannbreite" der Gestaltungsmöglichkeiten des Blattes
  innerhalb dieser Familie. Selbstverständlich kann man nicht erwarten,
  daß diese Beschreibung in die Lage versetzt, jede sterile Pflanze im Gelände ansprechen zu können. Anordnung, Form und manche Details der
  Blätter folgen jedoch zumeist durchaus familienspezifischen Regeln, deren Kenntnis die Zuordnung eines Objekts zu einer bestimmten Familie
  (bzw. dessen Ausschluß) möglich oder doch wahrscheinlich macht. – Falls
  von praktischer Bedeutung – und nur dann – sind auch weitere Angaben
  zur nichtblühenden Pflanze gemacht – etwa zur Frucht.
- Bei den einzelnen Familien wird, soweit erforderlich, darauf hingewiesen, auf welche Merkmale jeweils besonders zu achten ist; dies kann von
  Taxon zu Taxon durchaus unterschiedlich sein. Das Wissen darum schärft
  den Blick für diakritische Merkmale, was der Wiedererkennung einer
  einmal bestimmten Pflanze im vegetativen Zustand zugute kommt.
- Dem Text gleichberechtigt gegenüber stehen die Abbildungen. Sie sol-
  len das Gesagte zunächst an Beispielen erläutern und bieten deshalb zunächst einen Überblick über die jeweils familienspezifische Blattgestalt.
  Die Objekte sind darüber hinaus aber großenteils so ausgewählt, daß jeweils ähnliche Blätter – also gewissermaßen verwechslungsträchtige Blatt-
  paare – abgebildet sind oder auch solche, die besonders charakteristisch
  gestaltet sind (also einen hohen „Wiedererkennungswert" haben). In kon-

kreten Einzelfällen kann dadurch die Bestimmung der Art erleichtert werden.

Was die beiden ersten Anliegen betrifft, so ist hier trotz gebotener Kürze eine gewisse Vollständigkeit angestrebt. Eine auch nur einigermaßen umfassende Darstellung aller verwechslungsträchtigen bzw. charakteristisch gestalteten Blätter war bei dem vorgegebenen Umfang des Buches aber nicht möglich. Es wurden deshalb bevorzugt Artenpaare mit ähnlichen Biotop-Ansprüchen ausgewählt (weil bei ihnen die Verwechslungsgefahr naturgemäß am größten ist), sehr seltene Arten werden nur vereinzelt dargestellt, und auf die in den beiden meistverbreiteten Floren (SCHMEIL-FITSCHEN und ROTHMALER, Band 2 bzw. 4) hinreichend abgebildeten Blätter wurde weithin verzichtet, auch wenn sie die obengenannten Kriterien erfüllen. Daneben spielt natürlich auch ein subjektives Element bei der Auswahl eine Rolle – man erinnert sich gewissermaßen der Arten, die einem selbst Schwierigkeiten mach(t)en; dies erklärt auch eine gewisse Bevorzugung der kollinen bis submontanen Stufe Süddeutschlands. – Wasserpflanzen sind unterrepräsentiert, weil es sich bei ihnen eher um ein in sich abgeschlossenes eigenes Thema handelt. Auch Süß- und Sauergräser sind nur exemplarisch behandelt, weil zu diesen brauchbare bebilderte Schlüssel in Buchform vorliegen (vgl. Literaturverzeichnis).

Weniger auffällig als die Frage der Artenauswahl und eher grundsätzlicher Natur ist ein anderes Problem: Der Habitus des ausgewachsenen Blattes weicht nicht selten von seiner „Grundstruktur" (also seinem morphologischen Typus) ab; manche „gefiederten" Blätter z.B. der Ranunculaceen (Adonis, Nigella ...) sind eigentlich 3zählig (deren Endabschnitt sich weiter „auffiedert"), also – um beim Beispiel der Ranunculaceen zu bleiben – eher dem für diese Familie auch sonst typischen handförmig geteilten Blatt zuzurechnen. Es ist also, genau genommen, nicht exakt, in einem solchen Fall von „Fiederblatt" (i.e.S.) zu reden, obwohl es habituell offenkundig einem solchen gleicht. Weitere Beispiele dieser Art ließen sich anfügen. – Hier wurde insofern ein Kompromiß gesucht, als primär der „Habitus" als wesentlich erachtet wurde und typologische (d.h. den morphologischen Typus betreffende) Aspekte nur dann (und nur peripher) zur Sprache kommen, wenn sie zum Verständnis der Blattform einheimischer Arten oder auch höherer Taxa wesentlich beitragen können. – Diese typologischen Aspekte werden in den Kap. 2.1, 2.2, 3.3.0 und 3.4.0 zusammenfassend kurz dargestellt. Dabei wurde allerdings, um eine Überfrachtung zu vermeiden, auf die Schilderung einiger an sich grundsätzlicher Gestaltungsmöglichkeiten verzichtet, wenn sie in der bestimmungstechnischen Praxis keine Rolle spielen.

Noch einige technische Anmerkungen:
In der Anordnung der Familien und in der Nomenklatur von Gattungen und Arten richtet sich das Buch nach SCHMEIL-FITSCHEN, 90. Auflage (1996). Es wurde jedoch darauf geachtet, daß es genauso auch neben anderen Floren verwendbar ist. Da davon ausgegangen werden kann, daß der Benutzer über eine solche Flora verfügt, konnte in Kap. 2 auf eine detaillierte Aufzählung

bestimmungstechnischer Fachbegriffe verzichtet werden; ein zusammen-
fassender Überblick über die Gestaltungsmöglichkeiten des pflanzlichen
Vegetationskörpers findet sich auch in Licht (1995). – In der Kopfzeile zu
den einzelnen Familienkapiteln ist die Zahl der Gattungen und Arten (ohne
„Kleinarten") vermerkt – wobei diese Zahlen nur als Anhaltspunkt zu sehen
sind – sowie ein Hinweis über die in der Familie vorkommenden Lebens-
formen; dabei wird zwischen Holzgewächsen (♄), perennen Krautigen (♃)
und Annuellen (☉) unterschieden. Alle diese Angaben beziehen sich nur
auf die einheimische Flora.

Als Vorlage zu den Zeichnungen stand in den weitaus meisten Fällen
Frischmaterial zur Verfügung, vereinzelt wurde auch ein Herbarbogen herangezogen. Es ist, mit anderen Worten, jeweils *ein bestimmtes* – wenngleich
typisches – Blatt abgebildet. Bei der (taxonspezifisch unterschiedlichen)
Variabilität der Blätter dürfen diese Abbildungen also nicht zu „wörtlich"
genommen werden, und es empfiehlt sich stets, nach Möglichkeit mehrere
Blätter mit der Abbildung zu vergleichen. In besonderen Fällen ist in der
Legende auf Variationsmöglichkeiten hingewiesen. – Verwechselbare Blätter
werden möglichst nebeneinanderstehend abgebildet.

Die Zeichnungen wurden von Frau Florin und Frau Adams zu etwa gleichen Teilen
angefertigt. Sie haben sich dieser Aufgabe mit viel Interesse und Engagement un-
terzogen und haben sich auch von 4fach gefiederten Umbelliferenblättern nicht aus
der Ruhe bringen lassen. Dafür gilt ihnen mein besonderer Dank. – Herr Prof. Dr.
Siegert vom hiesigen Institut für Spezielle Botanik hat freundlicherweise die allgemeinen Kapitel 2, 3.3.0 und 3.4.0 durchgesehen und einige Verbesserungen vorge-
schlagen. Herrn Dr. Hecker danke ich für die Hilfe bei der Beschaffung von Zei-
chenvorlagen, Herrn Dr. Kohl vom Verlag Quelle & Meyer für seine Aufgeschlossen-
heit gegenüber meinen Vorschlägen und seine hilfreichen Hinweise zur Gestaltung
des Textes.

Einem Vorschlag des Verlages entsprechend sind als Anhang diejenigen Bestimmungsschlüssel aus dem Schmeil-Fitschen beigebunden, die sich vorwiegend auf
vegetative Merkmale stützen. Dies erweitert die Verwendungsmöglichkeiten des
Buches im Gelände und ermöglicht es in vielen Fällen, die vermutete Zugehörigkeit
einer nichtblühenden Pflanze zu überprüfen.

2 Einführung in das Thema

2.1 Zur Typologie und Entwicklung des Blattes

Blätter sind seitliche Ausgliederungen der Sproßachse. Sie sind im typischen Fall flächig entwickelt, bilateral und dorsiventral; sie haben damit eine Mediane, d.h. eine Spiegelebene, die senkrecht auf der Blattfläche steht und durch die Mittelrippe bzw. (bei Fiederblättern) durch die Rhachis verläuft, und sie haben eine zumindest anatomisch von der Oberseite verschiedene Unterseite. Die Grenze zwischen Ober- und Unterseite ist der Blattrand.

Das Blatt ist kein einheitliches Organ, sondern setzt sich aus mehreren Abschnitten zusammen (die allerdings nicht immer ausgebildet sind): dem *Blattgrund*, der bisweilen Stipeln oder auch andere, vergleichbare Anhängsel entwickelt, dem *Blattstiel* und der *Blattspreite*; die beiden letztgenannten werden als *Oberblatt* dem Blattgrund (mit seinen Anhängseln) als *Unterblatt* gegenübergestellt. Diese Gliederung manifestiert sich bei den einzelnen taxonomischen Großgruppen in unterschiedlicher Weise und wird deshalb jeweils dort kurz besprochen; vgl. insbesondere die Kap. *3.3.0* und *3.4.0*.

Die *Entwicklung* eines Blattes erfolgt in mehreren Schritten: zunächst wird das Unterblatt angelegt (gegebenenfalls mit den Stipeln[1]), sodann die Spreite und zuletzt – wenn überhaupt – der Blattstiel. Auch das *Wachstum* der jungen Blattanlage erfolgt im Regelfall nicht einheitlich: Zunächst entwickelt sich das Blatt durch Zellteilungen an der Spitze der Anlage (akroplastes Wachstum). Bei den Farnen wird dieser Modus bis zum Abschluß des Wachstums beibehalten: die jüngsten Blatt-Teile finden sich somit immer an der Spitze der Blätter, womit auch zusammenhängt, daß diese bei jungen Blättern „bischofsstabförmig" eingerollt ist. – Bei den Samenpflanzen hingegen wird das akroplaste Wachstum bald durch ein basiplastes abgelöst[2], d.h. das Blatt wächst nunmehr vermittels einer basalen aktivierten Zone und

---

[1] Durch diese frühzeitige Entwicklung kann man Stipeln als solche zumeist erkennen und z.B. von basalen Fiedern des Oberblattes unterscheiden. – Gelegentlich entstehen am Unterblatt auch andere zipfel- oder lappenförmige Bildungen (z.B. sog. Scheidenlappen). Vgl. dazu Kap. 3.3.0 und 3.4.0.

[2] Dies erfolgt bemerkenswert früh: bei Gymnospermen und Monokotylen fast immer schon, bevor die Blattanlage 0,5 mm lang ist; bei Dikotylen allerdings, insbesondere bei solchen mit Fiederblättern, findet sich akroplastes Wachstum oft auch noch an jungen Blättern mit über 5 mm Länge. Neben diesem *Längen*wachstum erfolgt auch ein *Breiten*wachstum (pleuroplastes Wachstum), das v.a. bei den Dikotylen für die Bildung der flächigen Spreite sorgt (vgl. Kap. *3.3.0*) und ein *Dicken*wachstum, das hauptsächlich den Stiel betrifft.

schiebt die sich ausdifferenzierende Spitze gewissermaßen vor sich her. Später werden dann noch sog. interkalare Wachstumszonen eingeschaltet, also solche, die sich zwischen Blattbasis und Spitze befinden; sie sind z.B. für die Ausbildung des Blattstiels verantwortlich.Im übrigen erfolgt die Größenzunahme des Blattes (wie aller pflanzlicher Organe) auf zweierlei Art: durch die Bildung neuer Zellen (Teilungswachstum; nur bei ganz jungen Geweben) und durch die Größenzunahme der gebildeten Zellen (Streckungswachstum); diese kann ganz beträchtlich sein und ist für die endgültige Größe zumeist der entscheidende Faktor.

Von Bedeutung – weil innerhalb selbst höherer Taxa oft konstant – kann auch die Frage der *Knospenlage* sein. Die Blätter sind nämlich innerhalb der Knospe oft gefaltet (auch mehrfach) oder nach oben bzw. unten eingerollt und „ent-falten" sich erst im Laufe des Wachstums; in anderen Fällen allerdings liegen die jungen Blätter in der Knospe einfach aneinander. Bei der Bestimmung von Gräsern, Seggen sowie *Allium*- oder *Prunus*-Arten kann dieses Merkmal wichtig sein. Man kann es zumeist an jungen Blättern relativ leicht erkennen.

2.2 Blattfolge und Blattstellung

Normalerweise sind die Blätter einer Pflanze nicht einheitlich. So sind zumindest die Keimblätter (vor allem der Dikotylen) fast immer einfacher gebaut als die Laubblätter. Häufig sind aber auch die den Keimblättern folgenden Blattorgane noch wenig differenziert; man bezeichnet sie als *Niederblätter*. Gewissermaßen nach und nach wird die für das Individuum typische Blattform der *Folgeblätter* erreicht. Die oberen Blätter, insbesondere diejenigen im Infloreszenzbereich, sind dann häufig wieder reduziert (*Hochblätter*) und ähneln insofern den Niederblättern. – Diese Reihung der einzelnen Blattformen entlang der Sproßachse bezeichnet man als *Blattfolge*; sie kann unvollständig sein, kann aber neben den hier genannten Gliedern auch noch weitere enthalten und ist bei Dikotylen zumeist auffälliger als bei den Monokotylen.

Der Unterschied von Nieder- bzw. Hochblättern einerseits und Folgeblättern andererseits läßt sich als Entwicklungshemmung der erstgenannten verstehen: eine solche betrifft naturgemäß zunächst den zuletzt einsetzenden Entwicklungsschritt, und das ist die Ausbildung des Blattstiels. Ein unentwickelter Stiel kennzeichnet denn auch als erstes eine Zwischenform zwischen voll entwickelten Folgeblättern und der Formation der Hoch- bzw. (nach unten zu) der Niederblätter. Als nächster Schritt unterbleibt die Ausbildung der Spreite, so daß zuletzt nur noch das (zuerst angelegte) Unterblatt als „Schuppe" (vorwiegend bei Dikotylen) bzw. als spreitenlose Scheide (bei Monokotylen) zu erkennen ist.

Bei den Angiospermen gibt es solch eine Blattfolge häufig auch an Seitenachsen: auch hier kann das erste (bei den Monokotylen) bzw. können die ersten beiden Blätter (bei den Dikotylen) vereinfacht gestaltet sein – Verhältnisse also, die ein wenig an die Keimblätter der Primärachse erinnern. Man bezeichnet diese ersten Blätter einer Seitenachse als *Vorblätter.*

Von der Blattfolge ist die Erscheinung der *Heterophyllie* begrifflich zu trennen. Hier handelt es sich zwar auch um das Auftreten verschiedener Blätter im Laufe der Individualentwicklung der Pflanze, doch beschreibt der Begriff lediglich einen ± plötzlichen Wechsel verschieden gestalteter *Folge*blätter. Heterophyllie steht oft im Zusammenhang mit dem Wechsel des ökologischen Umfeldes und findet sich deshalb z.B. bei Wasserpflanzen, wo wir häufig Unterwasser-, Schwimm- und Überwasserblätter unterschiedlicher Form erkennen können (vgl. z.B. Abb. 269). Im weiteren Sinn kann man aber auch dann von Heterophyllie reden, wenn z.B. die Rosettenblätter deutlich anders aussehen als die Stengelblätter, insofern z.B., als sich die beiden Formationen in ihrem Blattschnitt unterscheiden; so kann die eine Formation ungeteilt, die andere gefiedert sein.

Während die Blatt*folge* die Anordnung der Blätter in der Longitudinalen beschreibt, betrifft die Blatt*stellung* die Anordnung der Blätter am Sproßknoten; diese können bekanntlich vereinzelt sein (zerstreut, mit dem speziellen Fall der zweizeiligen Anordnung), paarweise gekreuzt-gegenständig (dekussiert) oder (selten) in mehrzähligen Quirlen stehen.

2.3   Das Blatt als Bestimmungshilfe

Von den bisher genannten Merkmalen ist insbesondere die Blattstellung und das Vorhandensein oder Fehlen von Stipeln von beträchtlicher bestimmungstechnischer Bedeutung. Fallweise werden aber auch andere Merkmale zur Bestimmung herangezogen: die Gliederung der Spreite (vor allem bei den Farnen und Dikotylen), deren absolute Maße und Längen/Breiten-Verhältnisse, die Ausbildung des Blattstiels, die Ausgestaltung des Blattrandes, die Nervatur usw. Hierzu finden sich in vielen Bestimmungsbüchern ausführliche Angaben mit erläuternden Zeichnungen. Wichtig ist auch das Indument, also der Besatz mit Haaren, Borsten, Drüsen usw. In Einzelfällen sind auch Farbunterschiede der Ober- bzw. Unterseite, Musterbildung („Fleckung"), Knospenlage (vgl. oben) und ähnliches von Bedeutung. Als Bestimmungsmerkmal noch zu wenig genutzt werden die sog. Domatien vieler Holzgewächse. Darunter versteht man Haarbüschel, seltener auch Hautsäume[3] in den Aderwinkeln der Blattunterseite, die kleinen Milben als „Wohnung" dienen (vgl. *3.3.39 Cornaceae* und *3.3.61 Tiliaceae*).

---

[3]   Außerhalb Mitteleuropas gibt es noch weitere Formen von Domatien.

Bei dieser Vielzahl von Möglichkeiten wundert es nicht, daß Blätter bei der Bestimmung einer Pflanze eine wesentliche Rolle spielen. So lassen sich die weitaus meisten Holzgewächse Mitteleuropas allein nach ihrem Laub bestimmen (vgl. z.b. den entsprechenden Schlüssel in SCHMEIL-FITSCHEN). Bei den Krautigen sind die vegetativen Merkmale vor allem bei der Bestimmung der Art wichtig. Für manche Gruppen, die gerade in der praktischen Vegetationskunde wichtig sind – also z.b. Gräser, Sauergräser, Wiesenkräuter usw. – gibt es sogar Schlüssel, die ausschließlich vegetative Merkmale verwenden (vgl. die Literaturhinweise); damit besteht z.b. die Möglichkeit, den Artenbestand einer gemähten Wiese zu erfassen.

Die in einem Bestimmungsschlüssel oder in einer Artbeschreibung genannten Blattmerkmale beziehen sich, wenn nicht anders angegeben, stets auf normal entwickelte Folgeblätter. Bei manchen Holzgewächsen ist darauf zu achten, daß Blätter an Schößlingen von abweichender Gestalt sein können. Auch fallen gerade bei Holzgewächsen die Stipeln oft schon sehr früh ab und sind dann überhaupt nicht mehr oder nur noch an den Narben nachzuweisen (was in den Bestimmungsschlüsseln aber zumeist berücksichtigt wird). Bei Krautigen sind basale Rosettenblätter und Stengelblätter oft unterschiedlich (vgl. oben) und dann oft beide für die Bestimmung wichtig; dies ist beim Sammeln von Pflanzen zu berücksichtigen. Man achte auch auf den Blattgrund, damit er beim „Abpflücken" eines Blattes nicht an der Pflanze verbleibt. Bei einem Herbarbeleg sollten Ober- wie auch Unterseite eines Blattes erkennbar sein, weil diese, insbesondere in ihrem Indument, oft beträchtlich voneinander abweichen. Mitunter (z.b. bei Umbelliferen oder Labiaten) lohnt es sich, ein frisches Blatt zu zerreiben und auf den möglicherweise spezifischen Geruch zu achten.

Von besonderer Bedeutung sind natürlich auch in ihrer Funktion umgewandelte (metamorphisierte) Blätter: Rankenblätter, Dornbildungen, insektenfangende Einrichtungen usw. Auch sie sind in den gängigen Floren zumeist hinreichend abgebildet.

3 Spezieller Teil

3.1 Pteridophyta (Gefäßsporenpflanzen)
(3 Unterabteilungen, 5 Klassen, 9 Ordnungen, 11-19 Familien[1]; – ca. 30/75; ♃)

Zwei der genannten 3 Unterabteilungen, die Bärlappe und Moosfarne (*Lycophytina*) und die Schachtelhalme (*Sphenophytina* mit der einzigen Familie der *Equisetaceae*), sind durch kleine, d.h. stets <1 cm lange, ungeteilte, häufig schuppige und zumeist zugespitzte Blätter gekennzeichnet, die im ersten Fall dicht, bei den Schachtelhalmen in getrennten Wirteln stehen. Obwohl naturgemäß arm an diagnostisch verwertbaren Merkmalen, ist es im allgemeinen nicht schwierig (und in der Praxis zumeist auch erforderlich), die Vertreter zumindest der Equiseten vegetativ zu bestimmen. – Die dritte und weitaus größte Unterabteilung sind die Echten Farne (*Pteridophytina* oder *Filicopsida*). Wenn man von den sehr seltenen und geradezu aberrant gestalteten sog. Wasserfarnen (also den Ordnungen *Marsileales* und *Salviniales*) absieht, sind deren Blätter meist groß – jedenfalls größer als der oben angegebene Zentimeter – und fast immer gefiedert oder doch fiederschnittig (einzige Ausnahme: *Phyllitis*); man bezeichnet sie als Wedel.

Die physiognomische Unvereinbarkeit der beiden genannten Blatt-Typen hat vielfach dazu veranlaßt, die „Mikrophylle" der Bärlappe und Schachtelhalme und die „Megaphylle" (oder Makrophylle) der Echten Farne überhaupt nicht als homolog zu bezeichnen, ihnen also eine unterschiedliche morphologische Natur zuzuschreiben (so auch in eingeführten Lehrbüchern). Eine definitive Aussage darüber ist nur mittels fossilen Materials zu treffen; dies ist aber, in der Summe betrachtet, offenbar nicht eindeutig und für vielerlei Interpretationsmöglichkeiten offen. Man neigt deshalb heute wieder eher dazu, die Kluft zwischen „Mega-" und „Mikrophyllen" nicht mehr so absolut zu sehen und die – unleugbaren – tiefgreifenden Unterschiede als Folge einer lange getrennten Phylogenie zu interpretieren. – Ähnliche Verhältnisse liegen auch bei den Gymnospermen vor; vgl. dort.

Die in Kapitel 2 kurz erwähnten grundsätzlichen Merkmale eines Blattes lassen sich bei den Pteridophyten nur bedingt nachweisen; ein „Unterblatt" ist selten auszumachen. Stipeln fehlen. Eine Blattfolge ist nur insofern erkennbar, als an unterirdischen Sproßachsen häufig Niederblätter ausgebildet sind.

---

[1] Die Zahl der Familien richtet sich danach, ob man – wie es dem derzeitigen Wissensstand entspricht – die *Polypodiaceae* in mehrere Familien aufteilt oder – wie in manchen Floren noch gehandhabt – als Sammel-Familie aufrechterhält.

Im folgenden beschränken wir uns auf die Echten Farne und innerhalb derer auf die sog. *Leptosporangiatae*[2], weil nur diese Gruppe in unserer Vegetation eine größere Rolle spielt. Deren Wedel entspringen büschelig (also Wedeltrichter bildend) oder einzeln einer stets unterirdischen Sproßachse. Wichtigster Merkmalsträger ist der auf der Blattunterseite befindliche *Sorus* (Plural Sori), eine zumeist von einem Indusium („Schleier") eingehüllte Anhäufung von Sporenkapseln. Aber auch die äußere Form des Wedels bietet eine Reihe von Merkmalen, die vor allem für die Unterscheidung der Arten innerhalb einer Gattung herangezogen werden:

- *Gesamtumriß* (z.B. oval, lanzettlich, ± gleichseitig-dreieckig)
- *Fiederung*, nämlich:
  - fiederschnittig (z.B. *Polypodium*; die einzelnen Blattabschnitte sind dabei meist gegeneinander versetzt)
  - 1fach gefiedert (z.B. *Dryopteris* z.T., *Polystichum*, *Asplenium* z.T.)
  - 2-4fach gefiedert (die Mehrzahl)
    wobei die Fiedern letzter Ordnung ihrerseits häufig fiederschnittig sind
- *Stiel-/Spreiten-Relation* (wichtig z.B. bei *Asplenium* und *Dryopteris*; in diesen Fällen den Wedel also immer ganz an der Basis abpflücken, wenn zu Hause bestimmt werden soll!)
- *Spreuschuppen* am Wedelstiel, oft auch an der Rhachis
- Vorhandensein bzw. Fehlen *weiterer Elemente* wie Schuppen auf der Blattunterseite, gelbliche oder bräunliche Drüsen, Stachelspitzchen an den Fiederzipfeln usw.

Abbildung 1 erläutert dies an vier Arten der Gattung *Dryopteris*, darunter den drei häufigsten (*D. affinis* und die übrigen, hier nicht erwähnten Arten sind eher selten).

Eine *Gattungs*spezifität der Wedelform läßt sich selten ausmachen (am ehesten noch bei *Polystichum* und *Gymnocarpium*); in extremen Fällen (so bei *Asplenium*) können die einzelnen Arten einer Gattung völlig verschieden gestaltet sein. Umgekehrt sehen sich die Wedel mancher Gattungen recht ähnlich, insbesondere die Gruppe der hochwüchsigen, horstförmigen Waldfarne. In der Regel wird man die Gattung anhand der Sori leicht feststellen können, da es sterile Wedel in dieser Gruppe kaum gibt (vgl. dazu unten). Deshalb hier nur einige Hinweise:

- *Dryopteris* hat an der Basis des Blattstiels (durchbrechen!) 5 oder mehr Leitbündel, die bisweilen ähnlichen Gattungen *Athyrium* und *Cystopteris* nur 2; dies kann man meist auch ohne Lupe erkennen
- Bei *Dryopteris*-Arten mit 2-3fach gefiederten Blättern (und nur diese kann man ja mit *Athyrium* verwechseln) haben die Blattabschnitte letzter Ordnung ein stacheliges Spitzchen, bei *Athyrium* (und *Cystopteris*) nicht

---

[2] Der Name nimmt auf ein Merkmal der Sporangien Bezug, das bestimmungstechnisch keinerlei Rolle spielt und hier nicht weiter ausgeführt werden kann; vgl. gegebenenfalls ein Lehrbuch. – Auch die genannten Wasserfarne gehören hierher, finden im folgenden aber keine Berücksichtigung.

– Bei *Thelypteris* (= *Lastrea*) *limbosperma* (mit unterseits gelben Drüsen) und bei den sterilen Wedeln von *Matteucia* (ohne Drüsen) – beide nur einfach gefiedert und deshalb manchen *Dryopteris*-Arten ähnlich – sind die untersten Fiedern höchstens 2 cm lang.

Die oben angedeutete Möglichkeit, daß es sterile Wedel geben könnte, ist innerhalb der hier besprochenen leptosporangiaten Filicopsiden nur ausnahmsweise verwirklicht, wenn man von Hungerformen infolge ungünstiger Standortsverhältnisse (und früh im Jahr gesammelten Exemplaren) absieht. Diese Ausnahmen verfügen also über stets sterile, ausschließlich der Assimilation dienende *Trophophylle* sowie über *Sporophylle* mit Sporangien auf der Blattunterseite. Bei *Dryopteris cristata* drückt sich diese Spezialisierung gestaltlich „noch" wenig aus (die übrigen *D.*-Arten haben „normale" Blätter mit beiden Funktionen, sog. Sporotrophophylle). Sonst jedoch neigen diese Sporophylle dazu, ihre Spreiten zu „skelettieren", d.h. die Spreitenfläche zu reduzieren (*Blechnum*, vgl. Abb. 2) oder auch ± auf die Nervatur mit den daran hängenden Sori zu beschränken (*Matteucia*); bei *Osmunda* verteilen sich diese beiden Funktionen auf unterschiedliche Bereiche des umfangreichen Wedels. Ähnliche Erscheinungen sind bei den einheimischen Vertretern der hier nicht weiter besprochenen Parallelgruppe der leptosporangiaten Farne, den *Eusporangiatae*, die Regel, zu denen die sehr seltenen Gattungen *Ophioglossum* und *Botrychium* gehören.

3.2   Gymnospermae (Nacktsamige Pflanzen)
(2 Klassen, 2 Ordnungen, 3 Familien; – 6/11; ♄)

Der Systematiker faßt unter diesem Begriff zwei Gruppen zusammen, deren phylogenetischer Zusammenhang unterschiedlich beurteilt wird; näher verwandt sind sie jedenfalls nicht. In ihren Blattorganen unterscheiden sie sich (zumindest in ihren rezenten Vertretern) beträchtlich und in ähnlicher Weise wie bei den Pteridophyten: bei der einen Gruppe, den Nadelhölzern, sind die Blätter ungeteilt, meist nadel- oder (seltener) schuppenförmig, bei den anderen, den Cycadeen, wedelartig gegliedert (daher „Palmfarne"). Dieses trennende Merkmal läßt sich weit in die Fossilgeschichte zurückverfolgen und hat bei manchen Autoren zu der Ansicht geführt, die „Blätter" dieser beiden Gruppen seien gar nicht homolog.

Uns interessieren hier ausschließlich die Nadelhölzer. Sie werden – die einheimischen Vertreter betreffend – häufig in zwei Klassen eingeteilt. Davon wird die Eibe (*Taxus*) zur Klasse *Taxopsida*, alle anderen zur Klasse *Coniferopsida* gezählt. Umgangssprachlich werden sie beide auch „Koniferen" („Zapfenträger") genannt, was insofern nicht richtig ist, als die Eibe keine Zapfen (zumindest keine „weiblichen") besitzt – worauf ja ihre systematische Sonderstellung gründet.

Die Blätter der Nadelhölzer sind wenig gegliedert. Bei dem vielfach vorhandenen „Blattkissen" (vgl. unten) handelt es sich wahrscheinlich um das Unterblatt. Stipeln fehlen.

Nadelblätter gibt es auch bei den Angiospermen (z.b. bei den Ericaceen, vgl. *3.3.64*); diese Arten sind jedoch zumeist Zwergsträucher, eine Wuchsform, die bei einem „Nadelgehölz" im systematischen Sinn bei uns nicht vorkommt – die weitaus meisten sind Bäume[3]. Auch die jeweilige Gattung anzusprechen ist in der Regel problemlos:

Juniperus communis (Heide-Wacholder): Nadeln zu dritt wirtelig
Larix (Lärche): Nadeln in Büscheln (>10) an Kurztrieben, sommergrün
Pinus (Kiefer): Nadeln zu 2 (*P. sylvestris*, *P. nigra*, *P. mugo*), selten zu 5 (*P. cembra* und die vielfach als Forstbaum gepflanzte *P. strobus*)

Bei den übrigen Gattungen stehen die Nadeln dicht, aber einzeln. Sie sind jeweils nur durch eine Art vertreten:

Abies alba (Tanne) und *Picea abies* (Fichte): vgl. Abb. 3 und 4
Taxus baccata (Eibe): Nadeln ähnlich stumpf wie bei *Abies*, aber ohne helle Streifen auf der Blattunterseite
Pseudotsuga menziesii (Douglasie; gepflanzter Forstbaum): Nadeln ähnlich der Tanne, aber ohne Blattkissen.

3.3   Dicotyledoneae (Magnoliopsida) (Zweikeimblättrige Pflanzen)

(6 Unterklassen, 47 Ordnungen, 97 Familien; – ca. 510/1900; ♄, ♃, ☉)

Von den Holzgewächsen werden auch einige nicht einheimische, aber vielfach gepflanzte und auffällige Vertreter erwähnt.

3.3.0   Allgemeines

Die Blätter der Zweikeimblättrigen Pflanzen sind insgesamt sehr vielgestaltig. Manches, was man über Bau und Entwicklung „des" Blattes weiß, bezieht sich genau genommen nur auf ein Dikotylenblatt. Auch der allgemeine Bau eines Blattes, wie er in Kap. 2 kurz referiert wurde, läßt sich am

---

[3] Probleme gibt es höchstens bei den fast immer gepflanzten Arten mit schuppenförmigen Blättern. Von den einheimischen Arten hat nur der seltene Stink-Wacholder *Juniperus sabina* Schuppenblätter.

Dikotylenblatt am besten nachvollziehen, so z.b. die Gliederung in Blatt-grund, Stiel und Spreite (vgl. etwa Abb. 91).

Im einzelnen ist die Variationsbreite sehr groß. So kann der *Blattgrund*, der bei den Dikotylen normalerweise sonst nicht sonderlich auffällt, scheidig erweitert sein, z.b. bei manchen Ranunculaceen (Abb. 15) oder Umbelliferen (Abb. 108). Er kann „echte" Stipeln ausbilden, die sich Kap. *2.1*. zufolge durch „vorauseilende" (proleptische) Entwicklung auszeichnen. Sie sind für größere Verwandtschaftskreise (etwa Familien oder Ordnungen) typisch, und ihr Vorhandensein (oder Fehlen) wird deshalb bei der Besprechung der einzelnen Familien zumeist erwähnt. Diese Stipeln können aber auch rudi-mentär sein, d.h. sie werden wohl angelegt, treten am entwickelten Blatt aber nicht mehr in Erscheinung (z.b. bei den Cruciferen); diese Familien gelten dann in Bestimmungsschlüsseln als „stipellos". Die hinfälligen Stipeln der Holzgewächse sind in *2.3* bereits erwähnt. – Umgekehrt gibt es Bildun-gen des Blattgrundes, die habituell mit Stipeln verwechselt werden können, aber, wie ihre späte Entwicklung zeigt, nicht mit ihnen homolog, also ande-rer morphologischer Natur sind (z.b. die sog. Scheidenlappen, vgl. etwa Abb. 15). Solche Effigurationen treten meist „fallweise" auf, d.h. sie kom-men zwar in Familien mit wohlentwickelten Blattscheiden gehäuft vor, sind aber von geringer systematischer Aussagekraft und oft genug auch inner-halb einer Art oder innerhalb der Blätter eines Individuums unterschiedlich ausgeprägt.

Eine weitere mögliche Modifikation des Unterblattes ist seine „Verlaubung". Dar-unter versteht man eine flächenhafte Vergrößerung, die bei ungestielten Blättern in die Spreitenfläche integriert sein kann, sich aber häufig dadurch zu erkennen gibt, daß sie die Abstammungsachse teilweise oder auch vollständig umgreift (Abb. 257, 260). Nicht selten ist der Blattgrund dann ± weit hinab mit der Achse verbunden: man spricht dann von einem „herablaufenden Blattgrund" (vgl. z.b. Abb. 211). Auch die Flügelung der Stengel, wie sie z.b. bei vielen Disteln auftritt, ist eine damit vergleichbare Erscheinung.

Was den *Blattstiel* betrifft, so ist er innerhalb der Samenpflanzen für die Dikotylen insofern typisch, als er allen Nadelgehölzen und der Mehrzahl der Monokotylen fehlt. Sitzende Blätter (also solche ohne Stiel) gibt es zwar auch bei Dikotylen häufig; der bestimmungstechnische Wert dieses Um-standes ist allerdings eher gering, zumal die Ausbildung des Stiels inner-halb der Blattfolge wechseln kann: so sind z.b. Rosettenblätter oft gestielt, Stengelblätter nicht (vgl. auch Kap. *2.2*). – Umgekehrt kann sich der Blatt-stiel verbreitern und unter Reduktion der Spreite allein die Assimilati-onsfunktion ausüben (*Phyllodien*); von dieser Möglichkeit wird aber nur sehr selten Gebrauch gemacht.

Am vielfältigsten variiert die *Blattspreite*. Sie entsteht durch pleuroplastes Wachstum (vgl. *2.1*). Dieser Wachstumsmodus hat naturgemäß abzweigen-de Seitennerven – wichtige Nerven folgen im allgemeinen der Wachstumsrichtung – und letztlich die für Dikotyle typische Netznervatur zur Folge. – Wichtige Details der Spreite sind der *Blattrand* (also z.b. seine Zähnung), und der *Spreitengrund* (fälschlich oft Blattgrund genannt), also die begrenzende Linie zum Blattstiel oder zur Blattbasis.

Gesondert erwähnt werden müssen die *Fiederblätter*[4], die den Nadelhölzern und (einheimischen) Monokotylen fehlen.

Fiederblätter können sich unterschiedlich entwickeln: die Fiedern können in Richtung auf die Blattbasis hin angelegt werden (basipetale Fiederung), zur Spitze hin (akropetale Fiederung) oder ± gleichzeitig nach oben wie nach unten (divergente Fiederung). Dies läßt sich am „fertigen" Blatt mitunter (aber eben nicht immer) sogar noch feststellen, insofern, als z.B. bei basipetaler Entwicklung die Fiedergröße nach unten zu abnimmt (Abb. 53). Im Extremfall kann dies so weit gehen, daß die Seitenfiedern allesamt reduziert sind, die Entwicklung des Blattes also mit der Ausbildung der Endfieder abschließt. Etliche der in Floren mit „ungeteilter Spreite" beschriebenen Taxa sind in Wirklichkeit solche „Endfiederblätter"; vgl. z.B. *Dryas* in Kap. *3.3.23.*

Bisweilen sind die untersten Fiedern deutlich vom Rest der Spreite abgerückt; wenn sie sich ganz an der Basis finden – das Blatt also ungestielt ist – umfassen sie mitunter zangenförmig den Stengel und bilden „Öhrchen"[5], wie sie z.B. bei den Compositen ziemlich häufig sind (Abb. 241). Mitunter sind sie auch stark reduziert und können dann mit Stipeln verwechselt werden.

Ein weiterer Sonderfall liegt vor, wenn die Fiedern allesamt reduziert sind und die Spreite dann nur noch aus der Rhachis besteht, die dann zumeist spreitenähnlich verbreitert ist („Rhachisblätter"). Parallele oder bogenförmige Nerven sind dann die Folge; vgl. *3.3.91 Plantaginaceae.*

3.3.1 *Nymphaeaceae* (Seerosengewächse) (2/4; 4)

Die familienspezifischen „Seerosenblätter" sind unverkennbar; die beiden Gattungen der Familie, *Nymphaea* und *Nuphar*, lassen sich zudem an der Nervatur gut unterscheiden (vgl. Bestimmungsbuch). Von der Form ähnlich, aber mit 3-10 cm Durchmesser viel kleiner sind die Schwimmblätter der Menyanthacee *Nymphoides peltata*; vgl. *3.3.73.*

Nuphar bildet „zerknautschte" Unterwasserblätter aus; solche sind bei *Nymphaea* selten (und meist junge Blätter).

---

[4] Hier im weiten Sinne, also einschließlich der gefingerten (z.B. Abb. 60) und fußförmigen (Abb. 5) Blätter.

[5] Solche Öhrchen können allerdings auch vom Unterblatt gebildet werden und entsprechen dann einer Verlaubung des Blattgrundes (vgl. oben); am entwickelten Blatt läßt sich dies meist nicht mehr entscheiden.

3.3.2   *Ceratophyllaceae* (Hornblattgewächse) (1/2; ♃)

Die submers treibenden Pflanzen besitzen in Quirlen stehende, 1-4fach gabelteilige Blätter von unverwechselbarem Habitus, die stets auch zur Unterscheidung der beiden Arten herangezogen werden. Vgl. auch *3.3.28.*

3.3.3   *Ranunculaceae* (Hahnenfußgewächse) (22/64; ♃,(☉, ♄))

Diese Familie, obwohl zweifellos ein natürlicher Verwandtschaftskreis, hat eine Reihe sehr unterschiedlicher Blattformen[6] ausgebildet.

Die vielleicht kennzeichnendste ist das handförmig geteilte Blatt, das, vielfach variiert, die Gattungen *Aconitum* (Abb. 9), *Delphinium*, *Anemone* und *Trollius* sowie die weitaus meisten *Ranunculus*-[7] (Abb. 10-13) und einige *Pulsatilla*-Arten charakterisiert. Stärker abgewandelt läßt sie sich auch im dreilappigen Blatt von *Hepatica* erkennen sowie in den sog. pedaten (fußförmigen) Blättern von *Helleborus* (Abb. 5).

Bei den „echten" Fiederblättern – mit wohlentwickelter Rhachis – sind die Fiedern meist weiter in zuletzt ± lineale bis fädliche Zipfel zerteilt (*Nigella, Adonis, Consolida, Pulsatilla* z.T.; Abb. 8). Dies trifft allerdings nicht zu für die Blätter der Gattungen *Actaea* (Abb. 7), *Aquilegia* (Abb. 14) und *Thalictrum*, wobei die letzteren schon wegen der charakteristischen kragenförmigen Hautränder an der Basis des Blattes und bisweilen auch an der von Fiedern 1. Ordnung unverkennbar sind (Abb. 15-17).

Ungeteilte Blätter sind selten; sie sind entweder ± rundlich (die Grundblätter weniger *Ranunculus*-Arten) oder ± herzförmig (*Caltha*; Abb. 6) und dann am Rand deutlich gezähnt bis gekerbt. Oder sie sind lanzettlich bis fast grasartig (*Ranunculus flammula* und *R. lingua*; *Myosurus*).

Die Ranunculaceen sind stipellos. Einige Vertreter haben jedoch – für dikotyle Verhältnisse – wohlentwickelte Blattscheiden mit vorspringenden Lappen (Abb. 15), die eine gewisse Ähnlichkeit mit Stipeln haben (und in Floren mitunter auch so genannt werden); vgl. Kap. *2.1.*

Die Blätter sind mit Ausnahme der zumeist holzigen *Clematis*-Arten wechselständig. Bisweilen treten sie jedoch zu stengelständigen „Scheinrosetten" zusammen (*Anemone, Pulsatilla, Eranthis*). Häufiger noch sind Grundblattrosetten, so z.B. bei *Ranunculus* oder *Pulsatilla*. Diese sind meist wichtig für die Bestimmung, weshalb ein solches Grundblatt für eine eventuelle Nachbestimmung mitgenommen werden muß.

---

[6] Diese Formen lassen sich morphologisch großenteils problemlos voneinander ableiten (z.B. das gefiederte vom gefingerten Blatt), worauf hier aber nicht eingegangen werden soll; vgl. Kap. *1.*

[7] Auch die in fädliche Zipfel geteilten Unterwasserblätter der Wasserhahnenfuß-Arten lassen sich auf diesen Typ zurückführen.

Auch im fruchtenden Zustand sind Ranunculaceen (als Familie) meist gut zu erkennen, da sie zu den wenigen Familien der einheimischen Vegetation mit apokarpem Gynoeceum gehören. Die entsprechenden Teilfrüchte sind (gattungsspezifisch) fast immer Bälge oder Nüßchen. Vor allem zur Bestimmung von *Ranunculus*arten können Früchte entscheidende Merkmale liefern – ein fruchtender Hahnenfuß läßt sich meist leichter bestimmen als einer im Knospenzustand. Bei dieser Gattung sind auch die unterirdischen Organe gelegentlich von Bedeutung und, damit zusammenhängend, die Frage nach der Lebensform. Andere vegetative Merkmale sind in dieser Familie von eher untergeordnetem Rang.

3.3.4 *Berberidaceae* (Sauerdorngewächse) (1/1; ♄)

Die Familie wird bei uns im wesentlichen durch *Berberis vulgaris* selbst vertreten. Der Strauch ist an seinen dreizähligen Dornen – umgewandelte Blätter, in deren Achseln stark gestauchte Kurztriebe mit laubigen, säuerlich schmeckenden Blättern entspringen – gut zu erkennen. Die gelegentlich verwilderte *Mahonia aquifolium* hat unpaarig gefiederte Blätter, deren stechend gezähnte *Fiedern* in der Tat an die ebenfalls immergrünen *Blätter* von *Ilex aquifolium* erinnern; vgl. *3.3.42*.

3.3.5 *Papaveraceae* (Mohngewächse) (3/7; ♃, ☉)

Die Blätter sind wechselständig und stipellos. Eine basale Rosette ist zumeist ausgebildet (bei den alpinen Arten der Gattung *Papaver* sogar nur eine solche), wobei sich Rosetten- und Stengelblätter meist nicht grundsätzlich unterscheiden. Sie sind, mit Ausnahme des bisweilen verwilderten Schlaf-Mohns (*Papaver somniferum*), tief fiederteilig (Abb. 18, 19; auch *Chelidonium*) bis gefiedert, wobei in diesem Fall die Fiedern in schmale Zipfel aufgelöst sind. Diese Blattformen sind bei den einjährigen Arten jeweils mit einem kennzeichnenden Fruchtmerkmal korreliert:

– Blätter zumindest 2fach gefiedert, mit schmalen Zipfeln. Kapsel borstig: *P. argemone* und *P. hybridum*
– Blätter tief fiederteilig. Kapsel kahl: *P. rhoeas* (Abb. 18) und *P. dubium* (Abb.19) (sowie *Chelidonium* und *Glaucium*, vgl. unten)

Die genannten Gattungen *Chelidonium* und *Glaucium* unterscheiden sich von der Gattung *Papaver* zunächst durch ihre langgezogen, „schotenartigen" Früchte, sodann aber durch ihren gelben (ätzenden!) Milchsaft[8], der bei

---

[8] Die erwähnten „schotenartigen" Früchte und die 4 Kronblätter können zu Verwechslungen mit einer Crucifere Anlaß geben, doch haben diese niemals Milchsaft.

Papaver weiß ist; lediglich bei der Unterart *lecoquii* von *P. dubium* färbt sich der anfänglich weiße Saft an der Luft gelb.

3.3.6   *Fumariaceae* (Erdrauchgewächse) (2/11; ♃, ☉)

Die beiden einheimischen Gattungen *Fumaria* (einjährig, zumeist in Äckern oder ruderal) und *Corydalis* (meist mehrjährig und in Gehölzen) unterscheiden sich in ihren vegetativen Teilen erheblich (vgl. Abb. 20a mit Abb. 21); lediglich die seltene *Corydalis claviculata* erinnert in Blattschnitt und Einjährigkeit etwas an *Fumaria*. Eine Hilfe bei der Artbestimmung sind die Blätter bei *Fumaria* nicht; auch bei *Corydalis* sind es weniger die vollentwickelten beiden Laub- als vielmehr die Tragblätter innerhalb der Infloreszenz (Abb. 20), die der frühen Blütezeit wegen lange zur Verfügung stehen. An deren Zahl kann man bekanntlich auch die Zahl der Blüten pro Infloreszenz (n) erkennen, ebenfalls ein wichtiges Merkmal. Artspezifisch ist auch die Anwesenheit bzw. das Fehlen eines schuppenförmigen Niederblattes (Abb. 20a). Daraus ergibt sich folgende Merkmalskombination:

	1 Niederblatt	kein Niederblatt
Tragblatt ganzrandig	*C. intermedia*	*C. cava*
Tragblatt vorne gezähnt		
n = >4	*C.solida*	
n = <5	*C. pumila*	

Ein immer wieder genanntes Merkmal zur Unterscheidung der beiden weitaus häufigsten Arten *C. cava* und *C. solida* ist auch die Knolle, die, wie der Name verrät, bei *C. c.* im Alter hohl wird, bei *C. s.* hingegen massiv bleibt. In der Praxis ist dieses Merkmal wenig nützlich, da die Präparation der tiefliegenden Knolle in den seltensten Fällen gelingt; außerdem stehen die genannten Arten auf manchen regionalen Roten Listen.

3.3.7   *Aristolochiaceae* (Osterluzeigewächse) (2/2; ♃)

Die Blätter dieser vor allem durch ihre eigenartigen Blüten charakterisierten Familie sind wechselständig, stipellos, ganzrandig und basal herzförmig eingebuchtet, wobei die basalen Lappen von früh auszweigenden starken Blattadern innerviert sind.

3.3.8   *Platanaceae* (Platanengewächse) (nur gepflanzt; ♄)

Die Blätter gleichen denen mancher Ahorn-Arten, sind aber wechselständig und anders innerviert (Abb. 22); vgl. *3.3.31 Aceraceae.*

3.3.9   *Fagaceae* (Buchengewächse) (3/5; ♄)

Zu dieser Familie zählen die wichtigsten waldbildenden Bäume Mittel-Europas, die Buche (*Fagus sylvatica*) und die Eichen (*Quercus*). Die drei einheimischen Gattungen der Familie sind leicht zu unterscheiden: Bei *Quercus* sind die Blätter in typischer Weise gelappt (Abb. 23a, 24a), bei der nur lokal großflächig eingebürgerten Eßkastanie *Castanea sativa* scharf gesägt, die oft etwas gewellten Blätter von *Fagus* (Abb. 25) sind ± ganzrandig – ein seltener Fall innerhalb unserer einheimischen Gehölze – und sind schon deshalb mit denen der (nicht näher verwandten) Hainbuche (Abb. 26) gar nicht zu verwechseln. Ein gewissermaßen alltägliches Problem ist jedoch die Unterscheidung steriler Exemplare der beiden häufigen Eichenarten *Quercus robur* und *Qu. petraea*. Deren im Prinzip gut zu erkennenden Blätter (Abb. 23a, 24a) sind nämlich keineswegs immer hinreichend typisch ausgebildet. Sicherstes Merkmal ist die Behaarung der Blattunterseite, die allerdings nur mittels einer starken Vergrößerung (Binokular) zweifelsfrei festzustellen ist (Abb. 23b, 24b) und deshalb in Bestimmungsbüchern meist nicht erwähnt wird. Erschwert wird die Bestimmung allerdings auch hier bisweilen durch „Übergänge", die auch als Bastarde aufgefaßt werden.

Die Blätter der Fagaceen sind wechselständig – zweizeilig bei *Fagus*, in 2/5-Stellung bei *Quercus*. Sie besitzen Stipeln, die freilich früh abfallen; nur bei *Quercus cerris* bleiben sie erhalten und kennzeichnen damit diese submediterrane, bei uns nicht indigene Art.

3.3.10   *Betulaceae* (Birkengewächse) (2/8; ♄)

Die Blätter sind wechselständig, ungeteilt, meist doppelt gesägt und damit für Holzgewächse wenig spezifisch. Die Gattung *Betula* erkennt man ohnehin zumeist an der ± weißen Borke; bei *Alnus* sind die Blätter meist im vorderen Drittel am breitesten und im Falle der häufigen *Alnus glutinosa* sehr stumpf bis ausgerandet.

3.3.11   *Corylaceae* (Haselgewächse) (2/2; ♄)

Wie bei den soeben erwähnten Betulaceen sind die Blätter auch hier wechselständig und ± scharf doppelt gesägt. Sie besitzen hinfällige Stipeln. Unverkennbar ist das Blatt von *Corylus* (Abb. 27). Zur Unterscheidung von Hain- (oder Weiß-) und Rotbuche vgl. *3.3.9*.

3.3.12 *Ulmaceae* (Ulmengewächse) (1/3; ♄)

Kennzeichnendes Merkmal der zweizeilig gestellten, scharf doppelt gesägten Blätter ist deren Asymmetrie. *Ulmus glabra* weist zudem einige ± dreispitzige Blätter auf. Ansonsten vgl. Abb. 28-30.

Sicherstes Merkmal zur Unterscheidung der drei Ulmen ist jedoch die jeweils typisch ausgebildete Frucht, eine Flügelnuß.

3.3.13 *Moraceae* (Maulbeergewächse) (nur gepflanzt; ♄)

Morus gehört zu den wenigen Holzgewächsen mit milchsaftführenden Blättern. Diese können im übrigen – auch auf ein und demselben Baum! – ungeteilt oder gelappt sein.

3.3.14 *Cannabaceae* (Hanfgewächse) (1/1; ♃)

Der einzige einheimische Vertreter dieser Familie, der Hopfen (*Humulus lupulus*), ist eine Schlingpflanze und durch gegenständige, handförmig gelappte Blätter gekennzeichnet. Aus morphologischer Sicht interessant sind die paarweise verwachsenen häutigen Stipeln.

3.3.15 *Urticaceae* (Brennesselgewächse) (2/4; ♃, ☉)

Die Blätter der beiden bei uns vorkommenden Gattungen unterscheiden sich beträchtlich in der Form, von den Brennhaaren bei *Urtica* ganz abgesehen. Die rundlichen Blätter der einjährigen *Urtica urens* sind von den eher herzförmigen der mehrjährigen *U. dioica* leicht zu unterscheiden; bei *Parietaria* ist eine Trennung nach Blattmerkmalen jedoch nicht immer unproblematisch, da die dabei immer wieder genannte Blattgröße schwanken kann.

3.3.16 *Myricaceae* (Gagelstrauchgewächse) (1/1; ♄)

Die nur spitzenwärts gezähnten Blätter von *Myrica gale* erinnern ein wenig an Weidenblätter, sind aber durch ihren aromatischen Duft unverkennbar. Bei der ähnlich, aber schwächer riechenden *Salix pentandra* ist der Blattrand bis zur Spreitenbasis fein gezähnt.

3.3.17 *Juglandaceae* (Walnußgewächse) (nur gepflanzt; ♃)

Juglans ist durch wechselständige, unpaarig gefiederte, stipellose Blätter und deren würzig-strengen Geruch gekennzeichnet.

3.3.18 *Grossulariaceae* (Stachelbeergewächse) (1/6; ♃)

Die einzige Gattung *Ribes* verfügt über wechselständige, 3-5lappige Blätter mit handförmiger Nervatur. Der Blattgrund ist mitunter scheidenartig erweitert, echte Stipeln fehlen aber. Von den vier bei uns häufigeren Arten ist *Ribes uva-crispa* durch seine Stacheln („Stachelbeere") und *Ribes nigrum* durch die (sitzenden!) gelblichen Drüsen auf der Blattunterseite (die den schwachen, aber unangenehmen „Wanzengeruch" verursachen) gekennzeichnet. Zu *Ribes petraeum* und *R. alpinum* – dessen Vorkommen keineswegs „alpin" ist – vgl. Abb. 31 und 32.

3.3.19 *Crassulaceae* (Dickblattgewächse) (4/20; ♃, (☉))

Die Blätter dieser Familie sind zwar, wie ihr Name schon sagt (lat. *crassus* = dick), dicklich und „fleischig" und mit z.T. beträchtlicher Fähigkeit zur Wasserspeicherung ausgestattet. Im übrigen sind sie aber ziemlich unterschiedlich: die (außerhalb der Alpen) seltenen *Jovibarba-* wie auch *Sempervivum*-Arten sind durch ± kugelige Grundrosetten eher flacher, meist spitz zulaufender Blätter gekennzeichnet (was auch für einen Teil der nahverwandten *Saxifraga*-Arten zutrifft, vgl. *3.3.20*); auch die Blätter der ebenfalls seltenen (einjährigen) Gattung *Crassula* sind flach, aber gegenständig. Bei der artenreichen Gattung *Sedum* gibt es ebenfalls flache Blätter, die fast immer gezähnelt oder gekerbt sind (Abb. 33). Die Mehrzahl der *Sedum*-Arten allerdings hat die gerne als „typisch" bezeichneten ± walzlichen Blätter, die vorne stumpf (Abb. 34) oder spitz sein können (z.B. *Sedum reflexum*) und an der Basis bisweilen „gespornt" sind (woran man z.B. *Sedum sexangulare* von dem ähnlichen, aber spornlosen *Sedum acre* unterscheiden kann).

3.3.20 *Saxifragaceae* (Steinbrechgewächse i.e.S.) (2/18; ♃, (☉))

Die Blätter sind zumeist wechselständig, z.T. mit grundständiger Rosette und im übrigen sehr unterschiedlich. Sie lassen sich jedoch großenteils auf zwei „Grundtypen" zurückführen.

Unverwechselbar sind die meist starren Blätter mit „Kalkdrüsen", randlichen weißen Grübchen (Abb. 35b). Diese Arten verfügen fast immer über ausgeprägte, oft annähernd kugelige Grundblattrosetten (was sie manchen Crassulaceen – denen Kalkdrüsen allerdings stets fehlen – ähnlich macht, vgl. *3.3.19*) und finden sich – wie diese – bevorzugt im Alpen- und Voralpengebiet in Felsspalten und ähnlichen Biotopen. – Die Blätter des „zweiten Typs" sind apikal fingerförmig eingeschnitten (Abb. 36) oder doch gelappt (Abb. 37) und zumeist von insgesamt keilförmigem Umriß. Auch solche Blätter finden sich außerhalb dieser Familie nur selten. Hierher gehören auch die beiden Arten der Gattung *Chrysosplenium*, von denen *Ch. alternifolium* (Abb. 38) die randliche Kerbung der Blätter, *Ch. oppositifolium* (Abb. 39) den keilförmigen Spreitengrund deutlich zeigen und die sich im übrigen natürlich an der namensgebenden Blattstellung am schnellsten unterscheiden lassen.

Etliche *Saxifraga*-Arten freilich haben auch wenig spezifische rundliche oder lanzettliche Blätter, die zudem gegenständig sein können. Diese Arten lassen sich dann nur mittels generativer Merkmale ansprechen. Allerdings erleichtert der sehr typische, nur im unteren Teil verwachsene zweizählige Fruchtknoten das Erkennen der Familie auch noch im fruchtenden Zustand.

Die einheimischen Saxifragaceen sind stipellos.

3.3.21 *Parnassiaceae* (Herzblattgewächse) (1/1; ♃)

Diese kleine Familie, deren einzige Gattung durch ihre eigenartigen, in Stielköpfchen endenden staminodialen Nektarblätter gekennzeichnet ist, ist in der einheimischen Vegetation nur durch *Parnassia palustris* vertreten. Die Art ist durch ihre ± bogennervigen, ganzrandigen Blätter mit ausgeprägt herzförmigem Spreitengrund gekennzeichnet; die rosettig stehenden Grundblätter sind lang gestielt, das einzige Stengelblatt ist sitzend.

3.3.22 *Droseraceae* (Sonnentaugewächse) (2/4; ♃)

Die Gattung *Drosera* ist durch die gestielten Drüsen am Rand der rosettig stehenden Blätter, die dem Fang von Insekten und deren „Verdauung" dienen, hinlänglich bekannt; die drei Arten werden immer an der Blattform unterschieden und sind in den meisten Floren abgebildet. – Die sehr seltene Wasserpflanze *Aldrovanda vesiculosa* mit quirlständigen Blättern hat auf ihrer Blattspreite Borsten, deren Berührung ein Zusammenklappen der Blatthälften zur Folge hat.

3.3.23 *Rosaceae* (Rosengewächse) (21/ca. 90; ♄, ♃, (☉))

Bekanntlich lassen sich die Rosaceen in vier gut getrennte Unterfamilien gliedern:

Die *Spiraeoideae* werden in der einheimischen Flora vor allem durch *Aruncus sylvestris* vertreten, dessen stipelloses Blatt eine gewisse Ähnlichkeit mit dem von *Actaea* hat (vgl. *3.3.3* und Abb. 40).

Die *Prunoideae* (bzw. die *Prunus*-Arten) haben durchweg einfache Blätter mit gezähneltem bis gesägtem Rand und (zumeist hinfälligen) Stipeln, sind also wenig spezifisch. Häufig allerdings – insbesondere bei den Steinobst-Gehölzen – finden sich an der Spreitenbasis 1-wenige „Drüsen", knötchenartige extraflorale Nektarien (Abb. 41); den beiden wichtigsten einheimischen Sträuchern dieser Gattung – *Prunus mahaleb* (Abb. 42) und *P. spinosa* – fehlt dieses auffällige Merkmal jedoch zumeist, wobei letzterer allerdings an den kräftigen Sproßdornen gut kenntlich ist.

Von den *Maloideae* haben *Malus*, *Pyrus* und *Amelanchier* z.T. ähnliche Blätter, jedoch stets ohne die erwähnten „Drüsen" (Abb. 44-46). Reine Fiederblätter (wie sie bei den sogleich zu besprechenden Rosoideen häufig auftreten) sind selten (Abb. 49, 50), dafür gibt es alle möglichen Formen von eingeschnittenen bis gelappten Blättern, so vor allem innerhalb der Gattungen *Sorbus* und *Crataegus* (Abb. 47, 48). Völlig ganzrandige Blätter besitzt nur *Cotoneaster integerrima* (Name!) (Abb. 43).

Einige Maloideen zeigen an Lang- und Kurztrieb etwas unterschiedliche Blätter; bei *Crataegus* z.B. neigen die Stipeln der Langtriebblätter zur Verlaubung, d.h. sie sind deutlich größer. Ähnliches gilt für manche *Sorbus*-Arten.

Die Blätter der *Rosoideae* schließlich sind im Grundtyp einfach geteilt (gefiedert oder gefingert), mit zumindest apikaler Zähnung der Fiedern und zumeist bleibenden, oft scheinbar mit dem Blattstiel verbundenen („adnaten") Stipeln[9]. Ein typisches Rosaceen-Blatt ist kaum mit dem eines anderen Vertreters einer größeren einheimischen Familie zu verwechseln: bei den Papilionaceen z.B., die ein ähnliches Grundmuster aufweisen (vgl. *3.3.24*), sind die Fiedern ganzrandig (oder besser: gezähnelte Fiedern finden sich nur bei dreizähligen Blättern), die ebenfalls häufig einfach gefiederten Umbelliferen-Blätter (vgl. *3.3.41*) sind stipellos.

Übergänge zwischen „gefiedert" und „gefingert" gibt es z.B. bei *Potentilla*, wo die Rhachis sehr kurz ist (*Potentilla palustris*, Abb. 55) oder die Grundblätter gefiedert, die (oberen) Stengelblätter „nur noch" dreizählig (gefingert) sind (*P. rupestris*, *P.*

---

[9] In Wirklichkeit streckt sich der Blattgrund nachträglich und verlängert damit lediglich die Ansatzstelle der Stipeln. Im übrigen sind die Stipeln der Rosettenblätter innerhalb mancher Gattungen (z.B. *Sanguisorba*, *Geum* oder *Agrimonia*) teilweise bis zum ± völligen Schwund reduziert.

supina). Im übrigen aber sind beide Typen – obwohl vergleichend-morphologisch betrachtet eng verwandt – gut getrennt.

Das gefiederte Rosoideen-Blatt kann entweder geradezu lehrbuchhaft gestaltet sein (z.B. Abb. 52); häufig allerdings schieben sich kleine sog. Zwischenfiedern ein (*Filipendula*, vgl. Abb. 53; *Agrimonia*; *Aremonia*; *Geum* z.T., vgl. Abb. 54; *Potentilla anserina*), was dem Blatt einen besonders typischen Habitus verleiht – ähnliche Bildungen gibt es nur noch bei den stipellosen Compositen (*3.3.97*; z.B. Abb. 245). – Häufig sind die Fiedern apikal gefördert (die basipetale Anlegung der Fiedern, vgl. *3.3.0*, herrscht hier weitaus vor), d.h. die Endfieder ist größer als die Seitenfiedern sind (Abb. 52, 53). Bisweilen ist dann auch überhaupt nur die Endfieder entwickelt (*Dryas*; oft auch bei Hochblättern; vgl. auch *2.1*).

Auch die 5-7zählig gefingerten Blätter sind unverkennbar (Abb. 58); sie finden sich v.a. bei vielen alpinen *Alchemilla*-Arten und bei der bereits mehrfach genannten Gattung *Potentilla* (daher ja auch der deutsche Name „Fingerkraut"). Dort gibt es jedoch auch 3zählige Blätter, was häufig zu Verwechslungen mit *Fragaria* führt (Abb. 56, 57).

Ungeteilte Blätter sind bei den Rosoideen ausgesprochen selten und in der Regel problemlos als Reduktion aus gefiederten Blättern (vgl. oben, *Dryas*) oder als „Verwachsung"[10] eines vom Typ her gefingerten Blattes zu verstehen (*Alchemilla* z.T., Abb. 59).

Während bei den Maloideen und Prunoideen Sproßdornen nicht selten sind (und gelegentlich Wildobstarten von Kulturobst unterscheiden helfen), sind bei den Rosoideen die Gattungen *Rubus* und *Rosa* durch leicht abbrechbare Stacheln gekennzeichnet. Dabei kann die Form dieser Stacheln ebenfalls für die Bestimmung von Bedeutung sein.

Viele Rosaceen lassen sich auch in fruchtendem Zustand erkennen: einmal wegen der dort weitverbreiteten polykarpiden Nüßchenfrüchte (die es innerhalb der Dikotylen sonst nur bei den stipellosen Ranunculaceen gibt), zum anderen wegen einiger sehr ungewöhnlicher Fruchtformen wie „Apfel", Him,,beere" oder „Hagebutte". Bei einigen krautigen Vertretern läßt die Frucht auch noch einen sog. Außenkelch erkennen, der die Zähligkeit des Kelches auf (8 oder) 10 erhöht. In ähnlich charakteristischer Form findet er sich in der einheimischen Flora nur noch bei den Malvaceen; vgl. *3.3.60*.

---

[10] Diese „Verwachsung" ist kein ontogenetisch beobachtbarer Vorgang. Vielmehr trennen sich die Anlagen der Fiedern während der Entwicklung des Blattes nicht und „bleiben somit zusammen".

3.3.24 *Papilionaceae (Fabaceae)* (Schmetterlingsblütler) (28/ca. 100; ♄, ♃, ☉)

Das Blatt der Schmetterlingsblütler ähnelt vielfach dem der Rosoideen; auf diese Ähnlichkeit[11] wurde in *3.3.23* schon hingewiesen, ebenso auf den wichtigen Unterschied, nämlich die Ganzrandigkeit der Fiedern zumindest bei den >3zähligen Blättern von Papilionaceen. Diesen Grundtyp des vielzählig gefiederten Blattes mit ganzrandigen Fiedern und bleibenden Stipeln finden wir in der Familie oft; zu den abgebildeten Beispielen ließen sich noch die Gattungen *Astragalus*, *Oxytropis*, *Ornithopus* und *Onobrychis* hinzufügen.

Dieser Typ ist nun vielfach abgewandelt, ohne aber seine „Herkunft" verleugnen zu können; dazu einige Beispiele:

Die Stipeln können umgewandelt sein (Stipulardornen bei *Robinia*) oder, den Stengel umgreifend, verwachsen (*Coronilla vaginalis*, Abb. 63); sie können auch rudimentieren und dann von basalen Fiedern ungestielter (!) Blätter „optisch ersetzt" werden (*Lotus*-Verwandtschaft, Abb. 76, 77)[12]; wenn dann die Rhachis gestaucht ist, ergeben sich 5zählig gefingerte, sitzende Blätter (*Dorycnium*). – Stipeln können gezähnt bis zerschlitzt sein (ein Bestimmungsmerkmal innerhalb der Gattung *Medicago* u.a. Gattungen; vgl. z.B. Abb. 69 und 86) oder mit abwärts weisenden Zipfeln sogar den Stengel umgreifen („pfeilförmige" Stipeln bei *Vicia* und *Lathyrus*, z.B. Abb. 70-72).

Die Endfieder kann infolge sekundärer Förderung größer als die Seitenfiedern sein (*Anthyllis*, Abb. 75) und kann, insbesondere an oberen Stengelblättern, als einzige übrigbleiben; dies gilt vor allem auch für viele Arten mit dreizähligen Blättern (*Ononis*, *Sarothamnus*). – Bei *Genista* (also dem Ginster im botanischen Sinn) und *Chamaespartium*, dem Flügelginster, ist diese Reduktion sozusagen Prinzip – die „Fieder"blätter sind durchweg einzählig, d.h. scheinbar ungefiedert. – Die Endfieder kann umgekehrt auch reduziert sein, die sodann paarig gefiederten Blätter laufen in einem kleinen Spitzchen (Abb. 72) oder in einer Ranke aus (Abb. 71); zumeist greift die Rankenbildung dann aber auch auf die oberen Seitenfiedern über, so daß „verzweigte" Ranken entstehen (z.B. Abb. 65).

Eine weit verbreitete und keineswegs auf die Papilionaceen beschränkte Sonderform der Fiederung ist das dreizählige (ternate) „Kleeblatt". Es ist offenbar ein sehr stabiles Merkmal, denn es zeichnet meist ganze Gattungen oder höhere taxonomische Einheiten aus, bei uns z.B. *Chamaecytisus*

---

[11] Dies gilt, obwohl sich die Fiederblätter der Papilionaceen normalerweise akropetal und damit anders als die der Rosaceen entwickeln.

[12] Gesichert ist dies zumindest für *Lotus* im engen Sinn. Ob es sich bei den – deutlich kleineren – „basalen Fiedern" von *Tetragonolobus* nicht *doch* um echte Stipeln handelt, ist umstritten.

und andere (meist holzige) Gattungen der Ginster-Verwandtschaft (nicht aber *Genista* selbst, vgl. oben). Besonders kennzeichnend ist es für die rein krautige Klee-Verwandtschaft (*Trifolium*, *Medicago*, *Melilotus*, *Ononis*), weil dort, wie bereits erwähnt, eine Zähnung der Fiedern, zumindest deren apikaler Ränder, als weiteres Merkmal hinzukommen kann – bei *Melilotus* und *Ononis* meist sehr deutlich, bei den beiden anderen oft nur sehr fein; gelegentlich sind die Randzähnchen durch austretende Blattnerven kurz bespitzt (Abb. 81). Bestimmungstechnisch von Bedeutung ist bisweilen die Frage, ob alle drei Fiedern sehr kurz gestielt sind, das Blatt also ge*fingert* ist (Abb. 84), oder ob der Stiel[13] der Endfieder deutlich länger ist (dreizählig ge*fiedertes* Blatt; Abb. 85; so auch *Melilotus* und *Ononis*). Taxonomisch ist dieser Umstand kaum von Belang: beide Formen finden sich, wie Abb. 84 und 85 zu entnehmen ist, auch bei nahverwandten Taxa.

Trotz grundsätzlicher Einheitlichkeit des „Kleeblattes" kann man viele Arten der genannten Gattungen vegetativ erkennen. Dies ist insbesondere bei *Trifolium* von praktischer Bedeutung, weil dieser artenreichen Gattung etliche ökologisch und pflanzensoziologisch wichtige Grünland-Arten angehören, deren generative Teile häufig gemäht bzw. vor der Mahd noch nicht ausreichend entwickelt sind; in Abb. 78 bis 85 sind einige Beispiele dafür gezeigt.

„Sonderformen", die vom bisher Beschriebenen abweichen, sind bei den Papilionaceen eher selten. Die gestielten Fingerblätter der Lupinien wären hier zu nennen oder die Stipellenbildung bei *Phaseolus*, nebenblattartige Bildungen an der Basis der Fiedern und wohl verkümmerten Fiedern homolog. Bemerkenswert auch die Blätter mancher *Lathyrus*-Arten, deren Fiedern häufig an Monokotylen-Blätter erinnern (Abb. 71, 72) und bisweilen ausgesprochen „grasartig" sein können; diese Kombination von Fiederblatt und Ähnlichkeit der einzelnen Fieder mit einem Monokotylenblatt verleiht vielen Arten dieser Gattung einen ganz unverwechselbaren Habitus. Bei *Lathyrus* ist im übrigen (im Gegensatz zur nahverwandten *Vicia*) die Zahl der Fiedern meist stark reduziert: mehr als zwei Fiederpaare (allfällige Ranken nicht gerechnet) sind die Ausnahme – bei *Lathyrus nissolia* besteht das assimilierende Blatt dann nur noch aus dem blattartig verbreiterten Stiel (Phyllodium, vgl. *3.3.0*), bei *L. aphaca* nur noch aus den Stipeln. Charakteristisch für viele Arten dieser Gattung sind auch zwei den Stengel herablaufende „Flügel".

Außer an den Blättern lassen sich zahlreiche Taxa auch an den Früchten erkennen, da der Grundtypus „Hülse" mannigfach und zumeist gattungsspezifisch abgewandelt ist. Diese Abwandlungen können aber sehr weit gehen und den ursprünglichen Zusammenhang habituell völlig verwischen, etwa bei den nußartigen Schließfrüchten der Gattung *Trifolium*.

---

[13] „Stiel" ist hier rein beschreibend und schließt einen vorauszusetzenden Rest der Rhachis ein.

3.3.25 *Lythraceae* (Blutweiderichgewächse) (2/3; ♃, ⊙)

Die Blätter der drei feuchte bis nasse Standorte besiedelnden Arten sind ganzrandig. Sie stehen bei *Peplis* und *Lythrum salicaria* gegenständig (bei dem letzteren oft auch zu dritt; Abb. 87), bei *Lythrum hyssopifolium* zerstreut. – Die Stipeln sind rudimentiert.

3.3.26 *Trapaceae* (Wassernußgewächse) (1/1; ♃)

Die Schwimmblattrosette der sehr seltenen *Trapa natans* mit ihren rautenförmigen Blättern ist unverkennbar; die Blattstiele sind etwas angeschwollen, was wohl die Schwimmfähigkeit der Rosette erleichtert – eine Eigenschaft, die sich innerhalb der Wasserpflanzen z.B. auch bei der tropischen Wasserhyazinthe (*Eichhornia crassipes*, einer Monokotylen) findet.

3.3.27 *Onagraceae* (Nachtkerzengewächse) (4/30; ♃)

Hier sind vor allem zwei Gattungen zu nennen: *Circaea* und *Epilobium*. Gemeinsam ist deren Blättern lediglich die ungeteilte Spreite und das Fehlen von Stipeln. Sonst weisen die Blätter keine Ähnlichkeit auf.

Die der erstgenannten Gattung sind stets gegenständig, lang gestielt und im Umriß ± eiförmig (Abb. 88) mit selten auch seicht herzförmigem Spreitengrund. Die Blätter von *Epilobium* hingegen sind höchstens kurz gestielt, fast durchweg lanzettlich oder eiförmig-lanzettlich und zumeist mit gezähntem Rand (Abb. 89). Einige Arten dieser Gattung (denen auch andere Merkmale gemeinsam sind) haben wechselständige Blätter und werden deshalb bisweilen auch als eigene Gattung *Chamaenerion* von der Gattung *Epilobium* (im engeren Sinn) mit gegenständigen Blättern abgetrennt.

Die vegetativen Merkmale sind insbesondere bei der Untergattung *Epilobium* von großer bestimmungstechnischer Bedeutung, doch selbst, wenn gute Abbildungen vorliegen, ist eine Zuordnung selten einfach. So sind z.B. bei *E. collinum*, *lanceolatum* und *roseum* die Blätter kurz, aber deutlich gestielt (ca. 0,5-3 cm) – sonst eher die Ausnahme (s.o.); die Sproßachse kann rund oder mit 2 bzw. 4 Längsleisten versehen, auch kantig sein; besonders bei *E. palustre* und *nutans* fallen die 2-4 Haarleisten am Stengel auf; *E. adnatum* unterscheidet sich von der nah verwandten *E. lamyi* v.a. durch die dichtere Zähnung des Blattrandes usw.

Ein Problem bei *Epilobium* ist die bei manchen Taxa auftretende drüsige Behaarung, die insgesamt häufiger ist, als man nach den gängigen Bestimmungsschlüsseln meinen möchte und deren taxonomischer Wert offenbar wenig geklärt ist.

Von gewisser taxonomischer Bedeutung sind die Samen mit ihrem langen Haarschopf und dem bei vielen Arten vorhanden „Anhängsel". Bestimmungstechnisch sind diese Merkmale jedoch kaum zugänglich.

Die Blätter der Gattung *Oenothera* sind ebenfalls lanzettlich, aber größer (bis 15 cm lang); bisweilen sind sie rotfleckig. Die Gattung ist auf sandigen und kiesigen Böden vor allem wärmerer Gegenden bei uns fest eingebürgert und ist eine typische bienne Halbrosettenpflanze.

3.3.28 *Haloragaceae* (Tausendblattgewächse) (1/3; ♃)

Das entscheidende Bestimmungsmerkmal dieser Unterwasserpflanzen sind die zu 4-6 in Quirlen stehenden, kammförmig fiederspaltigen Blätter. Die Fiedern sind (im Gegensatz zu *Hottonia*, vgl. *3.3.66 Primulaceae*) nur 0,1-0,3 mm breit. Die Quirlblätter der Ceratophyllaceen (vgl. *3.3.2*) sind nicht gefiedert, sondern gabelteilig.

3.3.29 *Elaeagnaceae* (Ölweidengewächse) (2/3; ♄)

Als Familienmerkmal sind die bemerkenswerten schildförmigen „Schülferhaare" zu nennen, infolge derer zumindest die Blattunterseite meist silberweiß erscheint. So auch beim Sanddorn (*Hippophaë rhamnoides*), der einzigen bei uns einheimischen Art, dessen Blattoberseite zudem langstrahlige Sternhaare trägt. Im übrigen sind die Blätter (zumeist) wechselständig, ganzrandig und stipellos.

Im Herbst fallen die oft dichtstehenden, meist leuchtend-orangen, kleinen Früchte auf. Sie sind morphologisch interessant, weil hier eine Nuß von der fleischig werdenden Kronröhre umhüllt wird, so daß steinfruchtartige Bildungen entstehen.

3.3.30 *Rutaceae* (Rautengewächse) (1/1; ♃)

Als einzige und zudem seltene Art kommt bei uns nur *Dictamnus albus* vor. Er hat unpaarig gefiederte, an eine Esche erinnernde Blätter mit einer geflügelten Rhachis; beim Zerreiben entwickeln sie einen charakteristischen Geruch, der einerseits an Zitrone, andrerseits an Zimt erinnert.

3.3.31 *Aceraceae* (Ahorngewächse) (1/6; ♄)

Alle Arten der einzigen einheimischen Gattung *Acer* lassen sich anhand ihrer Blätter leicht auseinanderhalten. Sie sind stets stipellos, gegenständig, handförmig gegliedert und ebenso innerviert (Abb. 90)[14].

Auch die Fruchtform ist meist sehr charakteristisch – insbesondere der Winkel, den die beiden Fruchtflügel zueinander bilden; er beträgt z.b. beim Feld-Ahorn *(Acer campestre)* 180° (die Flügel sind also gestreckt), beim bisweilen ähnlichen Französischen Ahorn *(Acer monspessulanum)* hingegen fast 0°, d.h. die Flügel verlaufen ± parallel. – Selbst winterkahle Bäume können oft an der Borke erkannt werden: der Berg-Ahorn *(Acer pseudo-platanus)* beispielsweise hat eine in Schuppen sich ablösende Borke, beim Spitz-Ahorn *(Acer platanoides)* ist sie längsrissig. – Der wissenschaftliche Name der beiden letztgenannten Arten bezieht sich auf die Ähnlichkeit der Blätter dieser Arten mit den – allerdings wechselständigen – Blättern der Platane; vgl. *3.3.8* und Abb. 90 mit Abb. 22.

3.3.32 *Hippocastanaceae* (Roßkastaniengewächse) (1/1; ♄)

Die vielfach gepflanzte und selten auch subspontan vorkommende Roßkastanie *Aesculus hippocastanum* ist durch ihre gegenständigen, stipellosen, gefingerten Blätter (wobei die Größe der Fiedern von basal bis zur Endfieder zunimmt) und natürlich durch die bekannten stacheligen Kapselfrüchte gut gekennzeichnet.

3.3.33 *Staphyleaceae* (Pimpernußgewächse) (1/1; ♄)

Das Blatt der sehr seltenen *Staphylea pinnata* erinnert ein wenig an das des Holunders (vgl. *3.3.78* und Abb. 204), ohne beim Zerreiben dessen strengen Geruch zu entwickeln; die Fiedern sind zudem sitzend. – Die Stipeln fallen sehr früh ab. Sicher erkennbar ist die Art an der blasig aufgetriebenen, (2-)3zipfeligen Frucht.

3.3.34 *Oxalidaceae* (Sauerkleegewächse) (1/4; ♃)

Die Blätter sind dreizählig gefingert und schmecken bei der einheimischen Art, *Oxalis acetosella*, sauer (daher „Sauerklee"). Diese Art wächst meist gesellig in schattigen Wäldern und ist deshalb auch ohne die weißen, radiä-

---

[14] Lediglich die stellenweise eingebürgerte *A. negundo* (Eschen-Ahorn) hat Fiederblätter.

ren Blüten kaum mit einem Klee oder einer anderen Papilionacee zu verwechseln. Außerdem sind keine Stipeln nachweisbar; solche (oder doch
stipelähnliche Bildungen) finden sich allerdings bei zweien der drei eingebürgerten gelbblühenden Arten (*Oxalis corniculata* und *O. dillenii*).

3.3.35 *Linaceae* (Leingewächse) (2/8; ♃, ☉)

Die Blätter sind stets ungeteilt und stipellos, doch finden sich am Blattgrund bisweilen Drüsen. Die Blätter sind gegenständig bei *Radiola linoides*
und *Linum catharticum*, die ihrer daraus resultierenden dichasialen Verzweigung und ihrer kleinen, ± weißen Blüten wegen an eine Alsinoidee
erinnern (vgl. *3.3.67*). Die übrigen (durchweg seltenen) *Linum*-Arten haben
wechselständige, zumeist lanzettlich-zugespitzte Blätter mit glattem oder
gezähntem bzw. drüsigem (*L. viscosum*) Rand.

Kennzeichnend für *Linum* ist eine primär 5fächrige Kapsel, deren Fächer jedoch
durch eine zusätzlich eingezogene Wand geteilt sind; jedes der 10 Fächer enthält
einen Samen.

3.3.36 *Geraniaceae* (Storchschnabelgewächse) (2/18; ♃, ☉)

Fast alle einheimischen Geraniaceen lassen sich anhand ihrer vegetativen
Merkmale ± gut unterscheiden.

Die Blätter sind gegenständig und besitzen bleibende Stipeln. Außerdem
sind sie gefiedert (*Erodium*, Abb. 94) oder handförmig gelappt bis gefingert
(*Geranium*[15]). Neben dieser artspezifisch unterschiedlich tiefen Teilung der
Blattspreite ist der Gesamtumriß (5eckig wie z.B. in Abb. 91 oder ± rundlich) für die Bestimmung von gewisser Bedeutung. Wichtiger als dieser ist
das Indument der Blattstiele und Stengel (behaart/drüsig; vgl. unten). – Unter
den kleinwüchsigen Annuellen ist *G. lucidum* als einziger fast kahl, *G. molle*
unterscheidet sich vom ähnlichen *G. pusillum* durch den Drüsenbesatz im
(oberen) Stengelbereich; *G. dissectum* ist abstehend, das ebenfalls schlitz-
blättrige *G. columbinum* angedrückt behaart usw. Sehr typisch ist auch der
unangenehme Geruch von *G. robertianum*.

Nicht ganz einfach ist die Unterscheidung von *G. palustre, G. sylvaticum* und *G.
pratense* (Abb. 91-93), die einen ähnlichen Blattschnitt haben und trotz ihrer sugge-
stiven Art-Epitheta („Sumpf-", „Wald-" und „Wiesen-") durchaus nebeneinander
vorkommen können; *G. palustre* ist die einzige dieser drei Arten, bei der auch die

---

[15] Dieses Unterscheidungsmerkmal bezieht sich nur auf die einheimischen Arten.

oberen Internodien drüsenlos sind. Behaarung und Schnitt der Blätter hingegen werden in unterschiedlicher Weise zur Kennzeichnung der Arten herangezogen; möglicherweise sind diese Merkmale nur von regionaler Gültigkeit. Nach eigenen Erfahrungen an Frischmaterial gilt:

G. pratense (Abb. 91): Blattstiel ± dicht rückwärts ± anliegend behaart, sich weich anfühlend. Haare sehr kurz. Fiederzipfel schmal, oft >2x so lang wie breit. Selten über 500 m Meereshöhe

G. sylvaticum (Abb. 92): Blattstiel nur mit einzelnen rückwärts gerichteten kurzen Haaren (auch kahl). Selten unter 500 m

G. palustre (Abb. 93): Blattstiel rückwärts abstehend ± borstenhaarig, Haare lang, ca. 1/2 des Blattstieldurchmessers erreichend.

Die den Blättern mancher hochwüchsigen *Geranium*-Arten ähnlichen Blätter einiger Ranunculaceen (vgl. z.B. Abb. 9) sind wechselständig und stipellos.

Bekannt sind die Schleuderfrüchte der Familie: der Fruchtknoten verlängert sich schnabelartig, und die 5 jeweils dem Großteil eines Fruchtblattes entsprechenden 1samigen Teilfrüchte lösen sich akropetal von der zentralen Säule des Schnabels ab. Dabei biegen sie sich nach aufwärts (*Geranium*) bzw. rollen sich spiralig ein (*Erodium*).

3.3.37   *Balsaminaceae* (Balsaminengewächse) (1/3; ⊙)

Die bei uns vorkommende Gattung *Impatiens* mit der einheimischen *I. noli-tangere* und den eingebürgerten Arten *I. parviflora* und *I. glandulifera* ist an dem glasigen, sehr saftreichen Stengel mit den meist deutlich verdickten Knoten gut kenntlich. Die Blätter sind einfach und stipellos. Sie stehen bei *I. glandulifera* in 2-3zähligen Wirteln (Abb. 97), bei *I. noli-tangere* und *I. parviflora* sind sie wechselständig und unterscheiden sich in ihrer Zähnung (Abb. 95, 96); dies ermöglicht bereits eine Ansprache von Jungpflanzen, was bei den meist relativ spät blühenden Arten von praktischem Nutzen ist.

Für die Gattung sehr kennzeichnend sind die im reifen Zustand bei Berührung explosionsartig aufspringenden langgezogenen Kapseln (daher „Springkraut").

3.3.38   *Polygalaceae* (Kreuzblumengewächse) (1/8; ♃, (♄))

Die Blätter sind, soweit erkennbar, durchweg stipellos, klein, ± oval bis lanzettlich und zumeist mit verschmälertem Grund sitzend. Die Nervatur ist meist auf die Mittelrippe beschränkt. Bei *Polygala serpyllifolia* sind sie zumindest im unteren Stengelabschnitt ± gegenständig, ansonsten wechselständig bzw. rosettig. Die (Rosetten-)Blätter von *P. amara* und *P. amarella* schmecken bitter. *P. chamaebuxus* ist ein Halbstrauch, die übrigen Arten

sind krautig. Im übrigen sind die vegetativen Teile beim Bestimmen wenig
hilfreich.

3.3.39 *Cornaceae* (Hartriegelgewächse) (1/3; ♄)

Als Gattungsmerkmal sind die gegenständigen Blätter zu nennen; sie sind
mit wenigen, charakteristisch bogenförmig verlaufenden Seitennerven 1.
Ordnung versehen (Abb. 98a). Im Gegensatz zu *Rhamnus* (s. *3.3.44* und
Abb. 124), dessen Blätter ähnlich inneviert sind, sind die von *Cornus*
ganzrandig und stipellos.

3.3.40 *Araliaceae* (Efeugewächse) (1/1; ♄)

Hier ist nur der Efeu (*Hedera helix*) zu nennen, dessen Heterophyllie bemerkenswert ist: Blätter nichtblühende Triebe sind eckig gelappt, die der
Blühtriebe sind eiförmig. Entsprechend ändert sich die Blattstellung von
zweizeilig zu dispergiert. – Die Blätter sind stipellos.

3.3.41 *Umbelliferae* (*Apiaceae*) (Doldenblütler)
(ca. 50/100; ♃, ☉)

Die Bedeutung der Blätter ist für die Ansprache von Umbelliferen im Gelände weit größer, als man bei Durchsicht eines Bestimmungsschlüssels
vermuten möchte. Sie sind nämlich oft sehr artspezifisch, kaum jedoch
gattungstypisch (Ausnahmen s.u.); eher kommt es vor, daß habituell ähnliche Blätter bei Arten verschiedener Gattungen auftreten (vgl. die Beispiele
unten). Da aber Bestimmungsschlüssel zunächst zur Gattung führen, werden Blattmerkmale vielfach erst bei den Artschlüsseln verwendet. Innerhalb einer Gattung sind die generativen Teile nämlich zumeist sehr einheitlich.

Glücklicherweise, möchte man sagen, sind die Blätter der Umbelliferen
sehr reich an Merkmalen. Grundsätzlich gilt, daß sie wechselständig und
stipellos sind (vgl. aber unten); im Infloreszenzbereich können jedoch auch
2- oder 3zählige Scheinwirtel auftreten, und der Blattgrund ist häufig deutlich, manchmal geradezu scheidenartig erweitert (vgl. z.B. Abb. 108) und
bisweilen mit stipelähnlichen Lappen versehen. – Das typische Umbelliferen-
Blatt ist zudem 1- bis mehrfach gefiedert, die Fiedern letzter Ordnung sind
meist nochmals fiedrig eingeschnitten oder doch zumindest gezähnt. In der
Mehrzahl der Fälle sind die Blattabschnitte schmal (lanzettlich, lineal oder
sogar fädlich) und spitz. Behaarte Blätter sind eher die Ausnahme. Viele

Umbelliferen – und damit auch ihre Blätter – erreichen eine beträchtliche Größe. – Auffällig an einigen Blättern ist, daß die Fiedern nicht in derselben Ebene wie die Rhachis liegen, sondern ihr quer ansitzen; dies läßt sich vor allem an jungen Blättern erkennen (vgl. Abb. 109, oberer Blatt-Teil)

Neben dem „klassischen" Fiederblatt mit durchgehender Rhachis und apikal ± allmählich kleiner werdenden Fiedern 1.Ordnung (akropetale Anlage der Fiedern) gibt es noch zwei kennzeichnende Sonderfälle:

– Das 3teilige Blatt hat keine durchgehende Rhachis; die Spreite ist vielmehr in drei ± gleichberechtigte Fiedern aufgeteilt. Im Regelfall sind die drei Fiedern dann in ähnlicher Weise wieder in drei Fiedern 2. Ordnung gegliedert usw. (das Blatt ist dann „mehrfach 3teilig") (Abb. 104)
– Die beiden basalen Fiedern entsprechen – wie beim soeben erwähnten 3teiligen Blatt – in Größe und Aufbau dem Rest des Blattes; die einzelnen Fiedern 1. Ordnung verhalten sich dann jedoch wie ein „klassisches" Fiederblatt (Abb. 115, 116)

Bisweilen sind die Fiedern 1. Ordnung ungestielt; dann rücken die jeweils basalen Fiedern 2. Ordnung direkt an die Rhachis und bilden auffällige „Fiederkreuze" (*Libanotis*, Abb. 108; *Carum*).

Von diesen Regelfällen des Fiederblattes weichen nun einige Gattungen der Doldenblütler deutlich ab (und sind daran auch als Gattung erkennbar):

– *Eryngium* erinnert in der Fiederschnittigkeit seiner Blätter durchaus an eine „normale" Umbellifere, die Blätter sind aber distelartig-stachelig (Abb. 101)
– *Hydrocotyle* besitzt ungeteilte, schildförmige Blätter (mit stipelartigen Auswüchsen)
– Die Grundblätter von *Sanicula* (Abb. 99) und *Astrantia* (Abb. 100) erinnern in ihrer handförmigen Teilung ein wenig an manche *Ranunculus*blätter (vgl. Abb. 10)
– *Bupleurum* hat ungeteilte, ganzrandige und ± parallelnervige Blätter von lanzettlichem (Abb. 102) bis spitz-eiförmigem Gesamtumriß[16].

Neben den Blättern ist auch die Sproßachse reich an Differenzierungen: sie kann hohl oder markig sein (wie übrigens auch der Blattstiel), ± völlig glatt, gerillt oder scharfkantig gefurcht, kahl (und bisweilen mit abwischbarem Reif oder roten Flecken), behaart oder borstig; Beispiele dafür sind unten genannt. – Bisweilen sind die Knoten auffällig verdickt (die meisten *Chaerophyllum*-Arten), seltener entspringt die Hauptachse einer unterirdischen Knolle (*Chaerophyllum bulbosum*, *Bunium*, *Conopodium*). Bei einzelnen Arten bilden die Reste abgestorbener basaler Blätter einen umhüllenden Faserschopf (sog. Tunika: *Trinia*, *Carum verticillatum*, *Meum*, viele *Peucedanum*-Arten).

---

[16] Es handelt sich dabei um Blätter, deren „Spreite" einer flächig verbreiterten Mittelrippe entspricht; daher auch die Parallelnervatur. Dieser Blatt-Typ ist nahe verwandt mit den in Kap. *3.3.0* und *3.3.91* geschilderten Rhachisblättern, die es übrigens – außerhalb Deutschlands – auch bei Umbelliferen gibt.

Nicht zuletzt entwickeln manche Arten beim Zerreiben der (frischen) Blätter einen typischen Geruch. So riecht etwa die giftige Hundspetersilie (*Aethusa*) im Gegensatz zur echten Petersilie (*Petroselinum*) eher unangenehm usw. (vgl. auch unten). Dieser Geruch, der im Regelfall auf ätherische Öle zurückgeht, ist ja auch der Grund für die Verwendung vieler Umbelliferen als Gewürzpflanze oder Küchenkraut (Kümmel, Fenchel, Kerbel usw.).

Zur Illustration des bisher gesagten einige Beispiele zur Unterscheidung ähnlicher Arten aus verschiedenen Gattungen, die in jeweils ähnlichen Biotopen vorkommen können (vgl. Abb. 109 bis 123):

(Unter-)Wasserpflanzen:
> *Sium erectum* (Berle; Abb. 109): Das basale Fiederpaar ist deutlich abgesetzt und kleiner, oft auf einen bloßen „Rhachisknoten" reduziert (in Abb. 109 rechts); Zahl der Fiederpaare meist 5-12
> *Apium nodiflorum* (Knotenblütiger Sellerie; Abb. 110): Unterstes Fiederpaar nicht auffällig anders; Zahl der Fiederpaare selten über 5.

Röhrichte und Seggenrieder:
> *Cicuta virosa* (Wasserschierling; Abb. 111): Zipfel deutlich gezähnt
> *Peucedanum palustre* (Sumpf-Haarstrang; Abb. 112): Blattzipfel nur mit sehr feiner Randzähnung (vgl. auch unten)
> zu *Angelica archangelica* vgl. unten.

(Wechsel-)Feucht- und Naßwiesen:
> *Peucedanum palustre* (Sumpf-Haarstrang; Abb. 112; vgl. auch oben): Blätter mit Milchsaft. Hüllblätter >3
> *Silaum silaus* (Wiesensilge; Abb. 113): Segmente nicht weiß- (frisch meist rot-) spitzig. Stengel gerillt. Hüllblätter 0-3
> *Selinum carvifolia* (Kümmel-Silge; Abb. 114): Zerrieben mit deutlichem Karottengeruch. Fiedersegmente meist weißspitzig. Stengel kantig gefurcht bis geflügelt. Hüllblätter 0-2
> vgl. auch die Querschnitte durch den Blattstiel (jeweils Abb. b).

Ebenfalls verwechslungsträchtig sind in diesem Biotoptyp:
> *Angelica palustris* (Sumpf-Engelwurz): Stengel scharfkantig gefurcht
> *A. sylvestris* (Wilde E.): Stengel glatt, meist bereift. Blattstiel oberseits rinnig
> *A. archangelica* (Echte E.): Stengel glatt, Blattstiel (nicht Rhachis!) im Querschnitt rund.

Anspruchsvolle Staudensäume, vor allem höherer Lagen:
> *Chaerophyllum hirsutum* (Behaarter Kälberkropf; Abb. 115): Stengel nicht rotfleckig, an den Knoten nicht verdickt, an der Basis zumeist abstehend-langhaarig. Basale Seitenfiedern etwa so groß wie der Rest des Blattes, Blattstiel mit -2 mm langen Borsten
> *Anthriscus nitidus* (Glänzender Kerbel; Abb. 116): Stengel basal kurzborstig bis kahl, sonst wie *Ch. hirsutum*. Auch Blätter ähnlich, aber Blattstiel nur rauh, zudem oft weinrot

Anthriscus sylvestris (Wiesen-Kerbel; Abb. 117): Stengel wie *A. nitidus*, unten gerillt, hohl. Basale Seitenfiedern deutlich kleiner als der Rest des Blattes. Stiel älterer Blätter meist mit Markhöhle, d.h. alle Leitbündel randlich

Chaerophyllum aureum (Gold-Kälberkropf; Abb. 118): Stengel unterhalb der Knoten verdickt, unten rund, meist rotfleckig und mit 1,5-3 mm langen rückwärtsgerichteten Haaren; Blattschnitt wie *Anthriscus sylvestris*, aber starker Karottengeruch; Blattstiel mit randlichen und mindestens einem zusätzlichen zentralen Leitbündel.

Ruderalisierte Gehölzsäume:

Chaerophyllum temulum (Taumel-Kälberkropf; Abb. 119): Stengel unterhalb der Knoten deutlich verdickt, basal meist rötlich, rückwärts abstehend borstig. Blattzipfel gerundet, mit aufgesetztem Spitzchen

Torilis japonica (Gewöhnlicher Klettenkerbel; Abb. 120): Stengel nicht deutlich verdickt, mit kleinen, rückwärts anliegenden Borsten. Blattzipfel zugespitzt.

Hochwüchsige Unkrautfluren:

Conium maculatum (Gefleckter Schierling; Abb. 121): Stengel (oft auch Blattstiele) bereift, rotfleckig. Hülle 3-5blättrig, Hüllchenblätter 3eckig

Aethusa cynapium (Hundspetersilie; Abb. 122): Stengel nicht rotfleckig und nicht bereift. Hülle 0(-2)blättrig, Hüllchenblätter linealisch

Beide Arten haben kahle Internodien, ein auffällig einseitswendiges Hüllchen (nach innen weisende Hüllchenblätter fehlen) und entwickeln beim Zerreiben einen unangenehmen Geruch

Chaerophyllum bulbosum (Knolliger Kälberkropf; Abb. 123): Stengel bereift, unten rotfleckig und zumeist abwärts-borstig behaart, unterhalb der Knoten deutlich verdickt. Blatt am Rand und unterseits auf den Nerven behaart. Nach innen weisende Hüllchenblätter kleiner, aber vorhanden.

Die eminente Bedeutung der Frucht für die Systematik der Umbelliferen ist bereits erwähnt. In unseren Floren wird dieser Merkmalsträger – im Vergleich mit Floren anderer Regionen – relativ wenig genutzt, nicht zuletzt, weil sie infolge der späten Blütezeit vieler Doldenblütler nicht immer zur Verfügung stehen und manche Merkmale – etwa die Flügelung – erst an reifen Früchten zu erkennen ist; andere freilich – etwa der Besatz mit Borsten – ist bereits am Fruchtknoten erkennbar. – Einen interessant aufgebauten Gattungsschlüssel, der konsequent auf Merkmale reifer Früchte verzichtet, enthält ADLER et al. (1994).

3.3.42 *Aquifoliaceae* (Stechpalmengewächse) (1/1; ♄)

Die Stechpalme (*Ilex aquifolium*) ist an ihren ledrigen, immergrünen, am Rand stachelig gezähnten Blättern gut zu erkennen. Vgl. aber *3.3.4 Berberidaceae*.

3.3.43 *Celastraceae* (Spindelbaumgewächse) (1/2; ♄)

Die gegenständigen, ungeteilten, kahlen Blätter mit hinfälligen Stipeln sind wenig spezifisch. Die weitaus häufigere der beiden einheimischen Arten – *Euonymus europaeus* – ist vegetativ jedoch zumeist gut zu erkennen: die vorjährigen Äste sind ± vierkantig, die Kanten werden zumeist von schmalen, aber auffälligen Korkleisten gebildet.

Im Herbst sind die rötlichen, vierkantigen Kapseln ein unverwechselbares Gattungsmerkmal: wenn sie aufplatzen, wird ein orangerotes, die weißen Samen einhüllendes Gewebe (ein Arillus) freigegeben.

3.3.44 *Rhamnaceae* (Kreuzdorngewächse) (2/4; ♄)

Die beiden Gattungen *Rhamnus* und *Frangula* werden bisweilen auch zusammengefaßt; in ihren Blättern unterscheiden sie sich jedoch: die wechselständigen Blätter von *Frangula alnus* sind ± ganzrandig, die der drei *Rhamnus*-Arten gezähnt und gegenständig. *Rhamnus catharticus* (Abb. 124) und *Rh. saxatilis* haben zudem Sproßdornen. Im übrigen erinnern die Blätter dieser beiden Arten mit ihren wenigen bogenförmigen Seitennerven an die (ganzrandigen!) Blätter von *Cornus* (s. *3.3.39*).
    Die Blätter der Rhamnaceen sind stipulat, wobei jedoch nur die Stipeln von *Rh. saxatilis* bleiben.

3.3.45 *Vitaceae* (Weinrebengewächse) (1/1; ♄)

Die sehr seltene Wilde Weinrebe (*Vitis vinifera* ssp. *sylvestris*) hat zweireihig gestellte, buchtig gelappte Blätter, die denen der kultivierten Weinreben (*V. v.* ssp. *vinifera*) ähneln. Kennzeichnend sind die den Blättern scheinbar[17] gegenüberstehenden, wenig verzweigten Ranken.

3.3.46 *Santalaceae* (Leinblattgewächse) (1/6; ♃)

Die Familie wird im Gebiet nur durch die Gattung *Thesium* vertreten. Dessen Blätter sind lineal, ganzrandig, stipellos und nur von 1-3(-5) Längsnerven durchzogen. Die Zahl der Nerven wird zumeist als Bestimmungsmerkmal herangezogen, dessen richtige Einschätzung erfordert jedoch eine

---

[17] Es handelt sich um sympodiale Sproßverbände: die Ranke stellt das Ende der jeweiligen Hauptachse dar, die funktionelle „Hauptachse" wird vom Achselsproß gebildet. Näheres entnehme man einem Lehrbuch.

gewisse Erfahrung. Hilfreich kann das Wissen um die Wuchsform sein: es gibt Arten mit Pfahlwurzeln und solche mit unterirdisch kriechenden Sproßachsen; zu diesen gehören *Th. linophyllum, humifusum* und *ebracteatum.*

3.3.47 *Loranthaceae* (Mistelgewächse) (1/2; ♄)

Die beiden Arten wachsen als Hemiparasiten auf Bäumen und sind durch ihren habituell gabeligen Sproßaufbau unverkennbar. Die Blätter sind gegenständig, ganzrandig und stipellos, die der Mistel (*Viscum album*) zudem lederartig und immergrün.

3.3.48 *Buxaceae* (Buchsbaumgewächse) (1/1; ♄)

Der Buchsbaum (*Buxus sempervirens*) wächst zumeist strauchartig und besitzt immergrüne, ganzrandige Blätter. Sie sind gegenständig und stipellos.

3.3.49 *Euphorbiaceae* (Wolfsmilchgewächse) (2/25; ♃, ☉)

In ihren vegetativen Merkmalen bieten die beiden einheimischen Gattungen kaum Gemeinsamkeiten: die drei (milchsaftlosen) *Mercurialis*-Arten lassen sich vegetativ gut unterscheiden. Die Blätter der über 20 *Euphorbia*-Arten sind jedoch als Bestimmungshilfe weniger geeignet, lediglich der Milchsaft kennzeichnet die Gattung als solche[18] und ermöglicht z.B. die rasche Unterscheidung der bisweilen auf ähnlichen Standorten vorkommenden *Euphorbia cyparissias* und *Linaria vulgaris* (*3.3.87 Scrophulariaceae*) bzw. *Eu. amygdaloides* und *Daphne* (*3.3.50. Thymelaeaceae*). – Meist sind die Blätter ± lanzettlich, bisweilen auch lineal, bei den einheimischen Arten stets ungestielt, habituell stipellos, ganzrandig bis höchstens fein gezähnelt und mitunter stachelspitzig. Behaarung ist eher die Ausnahme.

Von diesem Typ weichen zwei Neophyten mit gegenüberstehenden – aber nicht dekussierten -, stipulaten und asymmetrischen Blättern am niederliegenden Stengeln ab[19].
  Die Kapselfrüchte der Familie sind häufig ± tiefgeteilt und bestehen aus 2 (*Mercurialis*) bzw. 3 (*Euphorbia*) einsamigen Fruchtfächern und Griffeln. Insbesondere

---

[18] Es gibt wenige milchsaftführende Taxa in der einheimischen Vegetation, so vor allem die *Cichorioideae* innerhalb der Compositen (vgl. *3.3.97*). Deren Blätter sind jedoch meist stärker geteilt oder doch deutlicher gezähnt.

[19] In Wirklichkeit handelt es sich um sympodiale Sproßverbände, wobei jede Sproßgeneration nur die (bei den Dikotylen auch sonst regelhaft gegenüberstehenden) Vorblätter entwickelt, die durch Torsionen in eine Ebene gebracht werden. Es gibt bei den Dikotylen keinen wirklich nachgewiesenen Fall *nicht* dekussierter 2zähliger Wirtel!

bei *Euphorbia* ist das Perikarp häufig mit Warzen oder ähnlichen Bildungen versehen, die die Frucht recht auffällig machen können und häufig ein wichtiges Bestimmungsmerkmal sind.

3.3.50 *Thymelaeaceae* (Seidelbastgewächse) (2/5; ♄, (☉))

Alle einheimischen Arten haben sitzende, stipellose, ganzrandige Blätter.
Die der vier strauchigen *Daphne*-Arten sind sich in der verkehrt-lanzettlichen
bis fast spateligen Umrißform ihrer Blätter ziemlich ähnlich; die Blätter
sind zudem – außer bei *D. cneorum* – an den Zweigenden ± büschelig gehäuft, was den Sträuchern einen recht charakteristischen Habitus verleiht,
der sich bei uns sonst nur noch bei wenigen (milchsaftführenden) *Euphorbia*-
Arten finden kann (vgl. *3.3.49*). Die häufigste Art – *D. mezereum* – fällt
zudem dadurch auf, daß sie vor der Blattentfaltung blüht, im beblätterten
Zustand also bereits fruchtet[20]. – Die ebenfalls sehr früh blühende *D. laureola*
ist immergrün.

3.3.51 *Hypericaceae* (Johanniskrautgewächse) (1/9; ♃, (☉))

Die gegenständigen Blätter der Hypericaceen sind durchweg ganzrandig,
sitzend und stipellos und erscheinen damit zunächst als recht merkmalsarm.
Bei genauerer Betrachtung sind sie für die Bestimmung aber doch recht
hilfreich (s.u.). Sie können lanzettlich bis rundlich-oval sein, kahl oder (selten) behaart, am Grund verschmälert, gestutzt oder halbstengelumfassend.
Ein wichtiges Merkmal ist das Vorhandensein und die Verteilung von Öl-
drüsen in den Blättern; gegen das Licht gehalten erscheinen sie hell punktiert, woran man die meisten der Arten als zu *Hypericum* zugehörig erkennen kann; lediglich bei *H. maculatum* sind sie spärlich oder fehlen ganz,
woran man diese Art vom ähnlichen *H. tetrapterum* (= *H. quadrangulum*
im Sinne des Schmeil-Fitschen) unterscheiden kann: dort sind sie zahlreich
und gleichmäßig verteilt, aber sehr fein und oft nur mit der Lupe zu erkennen. – Daneben finden sich, zumeist arttypisch verteilt, auf Blättern und/
oder der Blütenhülle häufig schwarze Drüsenpunkte oder -streifen.
  Auch Merkmale der Sproßachse helfen beim Bestimmen: *H. humifusum*
z.B. kriecht über das Substrat, bei einigen Arten ist der Stengel behaart, bei
den häufigsten Arten ist er 2- oder aber 4kantig bis -flügelig. Die folgende
Zusammenstellung zeigt, welche auffälligen Merkmale den einzelnen Arten zugeordnet werden können:

---

[20] Genauer: die Blüten entspringen den Achseln vorjähriger, winters aber abgefallener Blätter. Sie entwickeln sich also streng genommen nicht *vor* den Blättern, sondern mit extremer Verzögerung *nach*
den (dazugehörigen Trag-)Blättern.

Stengel ± niederliegend: *H. humifusum, H. elodes*
Stengel und/oder Blätter (zumindest unterseits) behaart: *H. elodes, H. hirsutum, H. montanum*
Stengel 4kantig bis -flügelig: *H. tetrapterum, H. maculatum*
Stengel ± deutlich 2kantig: *H. humifusum, H. perforatum, H. elegans* (nur oben)
Stengel rund: *H. hirsutum, H. pulchrum, H. montanum, H. elodes*
Blätter mit gestutztem Grund ± dreieckig: *H. pulchrum*
Spreite basal deutlich verschmälert: *H. humifusum, H. hirsutum*
Blattunterseite ohne schwarze Drüsenpunkte: *H. hirsutum, H. pulchrum*

In der Praxis freilich ist die Bestimmung von *Hypericum*-Arten oft schwieriger, als man nach dem Gesagten meinen möchte. Dies liegt daran, daß gerade die häufigsten Arten *H. perforatum* und *H. maculatum* sehr formenreich sind, wobei „Zwischenformen" mit eigenem Areal auftreten können (*H. desetangsii*). Hier wird man auf den wichtigen Merkmalsträger „Kelchblatt" oft nicht verzichten können (Abb. 125).

3.3.52 *Elatinaceae* (Tännelgewächse) (1/4; ⚥, ☉)

Alle vier einheimischen Arten sind unscheinbare, seltene Bewohner zumeist flacher, stehender Gewässer; sie haben ganzrandige Blätter mit kleinen, häutigen Stipeln; die Blätter sind bei dreien gestielt, schmal bis spatelförmig und stehen dekussiert an der kriechenden Sproßachse. Bei *Elatine alsinastrum* liegt Heterophyllie vor, d.h. wir können quirlig stehende, lineale Unterwasserblätter von (zumindest oberwärts) 3zählig gewirtelten, eiförmigen Blättern unterscheiden. Die Unterwasserpflanzen ähneln somit ein wenig *Hippuris vulgaris* (vgl *3.3.92*), bei dem sich allerdings Unter- und Überwasserblätter ziemlich gleichen. Im Zweifelsfall schneide man den Stengel quer: er ist bei *E. alsinastrum* radial, bei *Hippuris* polygonal gekammert.

3.3.53 *Violaceae* (Veilchengewächse) (1/22; ⚥, (☉))

Die Blätter sind gestielt und ungeteilt, aber am Rand fast immer gekerbt oder gezähnt. Vielfach, so vor allem bei den blaublühenden Arten, ist der Spreitengrund ± herzförmig. Ein bestimmungstechnisch wichtiger Teil des Blattes sind die Stipeln. Sie können insbesondere bei den ± gelbblühenden Arten eine beträchtliche Größe erreichen und auch in ihrer Form dem Oberblatt sehr ähneln (vgl. Abb. 126a, 127a). Aber auch ihre Zähnung (die Zähne können auch fransenförmig verlängert sein) und ihre relative Größe zum Blattstiel sind von Bedeutung. – Die Blattspreite bietet weniger gute Unterscheidungsmerkmale, zumal sich die Blattform und vor allem auch die -behaarung im Laufe des Jahres ändern können (so sind die Jugendblätter von *Viola hirta* ± kahl); gut kenntlich ist hier nur *V. mirabilis* mit einreihig behaartem Blattstiel und Stengel.

Bei frühblühenden Veilchen wird man i.d.R. auch Blüten- bzw. Fruchtstiele vorliegen haben. Hier kann die Stellung der schuppenförmigen beiden Vorblätter an den Blütenstielen Hinweise geben. Wichtiger noch ist die Form der Kelchblätter, die sich auch an fruchtenden Exemplaren noch gut erkennen läßt und z.B. die oft verwechselten Arten *V. riviniana* und *V. reichenbachiana* zu unterscheiden hilft (Abb. 126b, 127b).

3.3.54 *Cistaceae* (Zistrosengewächse) (3/6; ♄, (☉))

Es gibt kein gutes vegetatives Familienmerkmal. Von praktischer Bedeutung sind aber ohnehin nur Arten der Gattung *Helianthemum*, da die beiden anderen Gattungen bei uns nur sehr vereinzelt vorkommen. – Die Blätter von *Helianthemum* sind – innerhalb der einheimischen Flora – recht gut zu erkennen: sie sind (zumindest im unteren Stengelbereich) gegenständig und insbesondere unterseits (wie auch die Sproßachse) mit Büschel- und/oder Sternhaaren besetzt. Im übrigen ist die Spreite kaum gestielt, lanzettlich und ganzrandig. Bemerkenswert ist eine gewisse „Inkonsequenz" (der ganzen Familie übrigens), was die Stipeln betrifft: sie können fehlen (*H. alpestre*) oder vorhanden und dann – so bei der häufigsten Art, *H. nummularium* – durchaus laubig sein.

H. nummularium ist sehr formenreich; die einzelnen Unterarten werden vor allem mittels der Behaarung ihrer Blattunterseite unterschieden (Abb. 130).

Im Gegensatz zu vegetativen Pflanzen lassen sich Exemplare mit Blüten(knospen) oder Früchten sehr leicht als Cistacee erkennen: unsere Arten haben alle 3 große und 2 kleine Kelchblätter.

3.3.55 *Tamaricaceae* (Tamariskengewächse) (1/1; ♄)

Die Familie – insbesondere die Gattung *Tamarix* selbst – ist durch ihre zumeist schuppenförmigen Blätter habituell gut kenntlich. Sie sind wechselständig und stipellos. Bei der einzigen einheimischen Art, *Myricaria germanica*, stehen sie sehr dicht und überdecken sich gegenseitig.

3.3.56 *Cruciferae (Brassicaceae)* (Kreuzblütler) (ca. 55/150; ♃, ☉)

So uniform bei dieser Familie Infloreszenz und Blüte sind, so unterschiedlich können die Früchte und die vegetativen Organe sein; während erstere jedoch ± gattungsspezifisch sind[21], lassen sich die vegetativen Teile der einzelnen Arten kaum systematisch besprechen.

Die einheimischen Cruciferen sind fast durchweg krautig, die Blätter sind wechselständig[22]. Die in jungen Entwicklungsstadien häufig noch nachweisbaren Stipeln lassen sich an ausgewachsenen Blättern nicht mehr erkennen. Im übrigen herrscht große Mannigfaltigkeit, die hier nur ansatzweise und anhand einiger Beispiele besprochen werden kann. Für die Bestimmung sind folgende Merkmale von Bedeutung:

– Die Spreite kann gefiedert – sehr selten (*Dentaria* z.T., *Cardamine trifoliata*) auch gefingert –, fiederschnittig oder ungeteilt sein, wobei innerhalb einer Gattung durchaus mehrere dieser Typen vorkommen können (*Sisymbrium*; *Rorippa*; vgl. Abb. 140-143); dies liegt – wie so häufig – daran, daß in diesen Fällen das „ungeteilte" Blatt genau genommen ebenfalls ein Fiederblatt ist, bei dem jedoch nur die Endfieder ausgebildet ist (vgl. 3.3.0). Auch bei gefiederten und fiederschnittigen Blättern ist der Endabschnitt bisweilen „schon" deutlich vergrößert (*Nasturtium, Barbarea, Brassica, Sinapis, Raphanus* usw., vgl. z.B. Abb. 139). – Völlig ganzrandige Blätter sind nicht häufig (*Berteroa, Alyssum, Isatis, Thlaspi* z.T.) und bei Rosettenpflanzen oft auf die Stengelblätter beschränkt (vgl. unten)
– Mehrfach fiederteilige Blätter sind selten (z.B. *Lepidium ruderale*); mehrfach gefiederte Blätter hat nur *Descurainia sophia* (Abb. 133)
– Grundblattrosetten kommen häufig vor. Dabei können gestielte Rosettenblätter mit sitzenden oder ± stengelumfassenden (zuweilen „pfeilförmigen") Stengelblättern kombiniert sein (*Cochlearia, Thlaspi* (Abb. 132), häufig auch bei *Arabis* und *Lepidium*)
– Auch hinsichtlich anderer Merkmale können sich Rosetten- von Stengelblättern unterscheiden. Im Extremfall liegt echte Heterophyllie vor, also ein ± plötzlicher Wechsel zweier grundsätzlich verschiedener Blattformationen (*Arabis glabra, Lepidium perfoliatum*). Vielfach sind die Stengelblätter gegenüber der Rosette stark reduziert und dann oft schuppenförmig (*Teesdalia, Draba* z.T., *Arabidopsis*). Vollrosettenpflanzen sind hingegen selten (*Erophila, Hutchinsia, Draba* z.T.)
– Gestielte (Grund-)Blätter mit ± herzförmigem Spreitengrund sind nicht häufig (*Lunaria rediviva, Alliaria* (Abb. 131), *Cochlearia*)
– Von größerer systematischer Bedeutung – d.h. für bestimmte Gattungen oder große Teile davon typisch – kann die Ausbildung verzweigter (d.h. mehrschenkeliger) Haare sein; diese sind sitzend (d.h. die Schenkel liegen direkt der Blattfläche auf: *Erysimum, Berteroa, Alyssum, Matthiola*) oder weisen „bäumchenförmig" ein gemeinsames Stielchen auf (*Arabis, Cardaminopsis, Arabidopsis, Erophila, Draba, Camelina*)
– Die (frischen) Blätter mancher Arten besitzen einen charakteristischen Geruch (Zerreiben!) oder Geschmack: *Alliaria* z.B. nach Knoblauch („Knoblauchsrauke"; ähnlich *Thlaspi arvense* und *Th. alliaceum* im Gegensatz zu anderen *Thlaspi-*

---

[21] Besser: die Gattungsabgrenzung orientiert sich wesentlich an den Früchten, auf deren Vielfalt wir hier nicht eingehen können, zumal sich hierzu in vielen Floren Abbildungen finden.
[22] *Lunaria rediviva* hat häufig gegenständige Blätter, was übrigens in den gängigen Bestimmungsbüchern nicht berücksichtigt wird. Vgl. auch Anmerkung 27.

Arten) oder nach Kresse (*Nasturtium* „Brunnen*kresse*“ oder *Rorippa* „Sumpf-*kresse*“)

Für die Bestimmungspraxis ergibt sich somit zusammenfassend, daß insbesondere innerhalb der Gattungen die Blätter wichtige Merkmale liefern. Dies wird auch bei der Verwendung der gängigen Bestimmungsschlüssel deutlich und ist hier am Beispiel von *Cardamine* (Abb. 134-136) und *Rorippa* dargestellt (Abb. 140-143). Leider entziehen sich viele Cruciferen-Blätter einer verbalen Charakterisierung, die auch dem weniger Geübten prägnant genug ist. Hinzu kommt noch die individuelle Variabilität der Blattform, die gerade bei den in dieser Familie häufig vorkommenden fiederschnittigen Blättern besonders groß sein kann.

3.3.57 *Resedaceae* (Resedengewächse) (1/2; ⌠)

Die Blätter dieser Familie sind wechselständig und besitzen nur rudimentäre, kaum nachweisbare Stipeln. Die beiden einheimischen oder doch fest eingebürgerten Arten sind bienne Halbrosettenpflanzen mit fiederspaltigen (*Reseda lutea*) bzw. ungeteilten Blättern mit welligem Rand (*R. lutea*).

3.3.58 *Salicaceae* (Weidengewächse) (2/ca. 35; ♄)

Bei den Salicaceen – insbesondere bei der Gattung *Salix* selbst – ist die Bestimmung nach dem Laub oft der einzig praktikable Weg: die meisten Arten blühen schon im zeitigen Frühjahr, so daß sie während der „Geländesaison“ des Vegetationskundlers nicht mehr zur Verfügung stehen.

Die Blätter der Salicaceen sind wechselständig[23], ungeteilt (bei *Populus alba* ± gelappt), innerhalb der Gattung *Populus* stets ± lang gestielt und kaum länger als breit (bei *Populus tremula* sogar rundlich), bei *Salix* in dieser Hinsicht sehr verschieden. Stipeln sind der Anlage nach vorhanden, bei *Populus* aber hinfällig und bei *Salix* – nur in gewisser Weise artspezifisch – nicht entwickelt, hinfällig oder bleibend. – Im folgenden beschränken wir uns auf die Gattung *Salix*.

Bestimmungstechnisch wichtig sind bei den Weiden die Form der Blattspreite (von ± rundlich bis linealisch), der Spreitenrand (ganzrandig, gezähnt, gekerbt, „ausgebissen“, umgerollt) und die Behaarung (v.a. der Blattunterseite), die allerdings im Laufe des Jahres abnehmen kann. Seltener wird nach der Stiel/Spreiten-Relation gefragt, den Stipeln (s.o.) oder nach der Farbe der Spreite (Ober- und Unterseite sind bisweilen unter-

---

[23] Bei *Salix purpurea* kommen auch dekussierte Blätter vor.

schiedlich). Nicht immer leicht zugängliche Merkmale sind etwa die häufig an den Blattzähnen und/oder am Blattstiel vorhandenen „Drüsen" (knötchenförmige Anschwellungen)[24], die Knospenschuppen (z.B. 2 bei *S. fragilis*, im Gegensatz zu den meisten anderen Arten und damit auch der ähnlichen *S. alba*), oder die Nervatur.

Neben den Blättern spielen auch andere vegetative Merkmale eine Rolle, so vor allem die Wuchsform (Baum, Strauch, Spalierstrauch – letzterer fast ausschließlich in den Alpen), die Behaarung der Zweige (die, ähnlich der der Blätter, im Laufe des Jahres verloren gehen kann), das Vorhandensein von „Striemen" auf entrindetem Holz (v.a. bei den Sumpfweiden *S. cinerea* und *S. aurita*; vgl. Abb. 151b) oder die Farbe der Borke (*S. triandra* beispielsweise ist durch die sich in Fetzen ablösende ältere Borke und die darunter erscheinende zimtbraune junge Rinde unverwechselbar).

Abb. 146-153 erläutern anhand jeweils in sich ähnlicher Artengruppen einige dieser Merkmale. Im übrigen bastardisieren Weiden leicht; solche Formen lassen sich ohne einschlägige Erfahrung nicht bestimmen.

3.3.59 *Cucurbitaceae* (Kürbisgewächse) (1/1; ♃)

Cucurbitaceenblätter – so auch die der einzigen einheimischen Art *Bryonia dioica* (Abb. 154) – sind stipellos und wechselständig sowie oft handförmig gelappt und häufig von insgesamt 5eckigem Umriß; insofern erinnern sie ein wenig an die (gegenständigen) Blätter einheimischer Ahorn-Arten. Ein weiteres kennzeichnendes Merkmal dieser Familie sind die häufig vorkommenden, zumeist – nicht aber bei *Bryonia* – verzweigten Ranken, die vermutlich einem Seitensproß als Rankenträger mit einigen zu Ranken umgewandelten Blättern entsprechen.

3.3.60 *Malvaceae* (Malvengewächse) (3/7; ♃, ☉)

Die Malvaceen – zumindest ihre einheimischen Vertreter – verfügen über ± handförmig gelappte Blätter mit entsprechender Nervatur; diese Lappung kann sehr flach (Abb. 158) oder tief-fingerteilig sein (Abb. 156) und ist an den Stengelblättern bisweilen deutlicher ausgeprägt als an den Grundblättern (*Malva alcea* und *M. moschata*). Sie sind in übrigen wechselständig, gestielt, besitzen (hinfällige) Stipeln und sind ± behaart; diese Haare sind bei *Althaea* und *Lavatera* sternförmig, ebenso bei *Malva alcea* (im Gegensatz zur ähnlichen *M. moschata* mit einfachen, abstehenden Stengelhaaren).

---

[24] Bei *S. pentandra* ist dies besonders auffällig. Die jungen, sich klebrig anfühlenden Blätter entwickeln im Zusammenhang damit einen Balsamduft; vgl. *3.3.16 Myricaceae*.

Ein Merkmal, das die Familie insgesamt kennzeichnet, ist ein charakteristischer Außenkelch (Abb. 155b), dessen Zähligkeit und Verwachsungsgrad gattungsspezifisch sind und wie er in dieser Form nur noch bei den Rosaceen gelegentlich vorkommt (vgl. *3.3.23*).

3.3.61   *Tiliaceae* (Lindengewächse) (1/2; ♄)

Die einheimische Sommer- und Winterlinde sowie die bei uns gepflanzten Arten haben alle zweizeilig gestellte, herzförmige und gezähnte Blätter; der Spreitengrund ist meist etwas asymmetrisch, die Stipeln sind hinfällig.

Wie viele andere Waldbäume haben die meisten *Tilia*-Arten Haarbüschel-Domatien, deren Farbe man auch zur Unterscheidung von Sommer- und Winterlinde (weiß bzw. bräunlich) heranziehen kann.

Kennzeichnend für die Gattung ist ein bis zur Hälfte mit dem Stiel des Blüten- bzw. Fruchtstandes verwachsene zungenartige Vorblatt.

3.3.62   *Pyrolaceae* (Wintergrüngewächse) (2/7; ♃)

Die zumeist gestielten Blätter stehen rosettig; bei der Gattung *Pyrola* s.str. sind sie zumeist ± rundlich und ganzrandig. Stengelblätter fehlen oder sind stark reduziert. Stipeln fehlen.

3.3.63   *Monotropaceae* (Fichtenspargelgewächse) (1/1; ♃)

Monotropa hypopitys ist ein Holoparasit der Wälder; die Blätter sind dementsprechend schuppenartig und bleich.

3.3.64   *Ericaceae* (Heidekrautgewächse) (9/16; ♄)

Die meisten Vertreter dieser Familie sind (Zwerg-)Sträucher mit ungeteilten, ledrigen und oft immergrünen, stipellosen und zumeist wechselständigen Blättern. Bei der namensgebenden Gattung *Erica* treten sie zu 3-4zähligen Wirteln zusammen und sind ± nadelförmig. Dieser Eindruck entsteht wesentlich dadurch, daß der Blattrand nach unten umgerollt ist, so daß von der morphologischen Blattunterseite meist nur noch ein schmaler (Mittel-)Streifen zu erkennen ist. Dieses Zurückrollen[25] des Blattrandes ist bei den

---

[25] Genauer: das in der Knospenlage randlich zurückgerollte Blatt (vgl. Kap. *2.1*) entfaltet sich nicht, sondern verbleibt in dieser Lage.

Ericaceen weit verbreitet, weshalb Blätter solchen Typs ganz allgemein als „ericoid" bezeichnet werden, auch wenn sie zu einer anderen Familie gehören; innerhalb der Ericaceen finden wir sie auch bei *Ledum, Rhododendron, Loiseleuria* und *Andromeda* (Abb. 161). Man hat diese zumeist skleromorphen Rollblätter früher vielfach als „Anpassung" an den Wasserhaushalt und/oder die Nährstoffarmut der typischen Ericaceen-Standorte (Moore und Heiden) gedeutet („Peinomorphose") – ob zu recht, sei dahingestellt.

3.3.65 *Empetraceae* (Krähenbeerengewächse) (1/2; ♄)

Die Familie ist mit den Ericaceen nahe verwandt; dies drückt sich auch in habitueller Ähnlichkeit und den Besitz ericoider Rollblätter aus, die unterseits nur einen feinen, hellen Längsstreifen zeigen und, im Querschnitt erkennbar, einen Hohlraum umschließen.

3.3.66 *Primulaceae* (Primelgewächse) (12/38; ♃, ☉)

Die Blätter der Primulaceen sind auffallend heterogen; Blattgestalt und/oder Blattstellung sind bei jeder der Gattung eine andere, wie folgende Aufstellung zeigt:

– Blätter ganzrandig, in 2(-4)zähligen Wirteln: *Glaux, Anagallis, Lysimachia* (Abb. 162-164)
– Blätter ganzrandig, wechselständig, über die Sproßachse verteilt: *Samolus, Trientalis, Cetunculus*
– Wasserpflanze mit kammförmig gefiederten Blättern: *Hottonia palustris*. Die Blätter sind wechselständig, treten aber auch quirlartig zusammen und können dann mit *Myriophyllum* verwechselt werden; die Fiedern sind mit etwa 1 mm aber deutlich breiter
– Auffallend häufig ist die Ausbildung von Rosetten (Schaft bisweilen mit vereinzelten schuppigen (Trag-)Blättern): *Primula, Andosace, Cortusa, Soldanella, Cyclamen*, „ansatzweise" auch bei *Samolus*.

Ein wichtiges Merkmal kann die Behaarung der Blätter (insbesondere der Blattunterseite) sein; sie wird zur Unterscheidung der Unterarten von *Primula veris* herangezogen, Sternhaare sind ein Merkmal innerhalb der Gattung *Androsace*. Blattrand (Abb. 167, 168) und drüsiger Besatz ermöglichen i.d.R. eine vegetative Bestimmung der *Soldanella*-Arten, rötliche Drüsenhaare kennzeichnen auch *Hottonia*.

Im Fruchtzustand gut kenntlich ist die Gattung *Anagallis*: ihre kugelrunden Kapseln reißen am „Äquator" quer auf (Deckelkapsel); vgl. auch *3.3.91 Plantaginaceae*.

3.3.67 *Caryophyllaceae* (Nelkengewächse) (27/ ca. 110; ♃, ☉)

Die Caryophyllaceen werden üblicherweise in drei Unterfamilien eingeteilt. Den Blättern aller Unterfamilien ist gemeinsam: sie sind stets ungeteilt, ± ganzrandig[26], zumeist sitzend, sehr häufig lanzettlich bis linealisch
(auch pfriemlich) und demzufolge oft nur einnervig. Die bei Dikotylen so
häufigen Blätter mit gestielter, netznerviger Spreite sind in dieser Familie
sehr selten. Ist die Blattspreite einmal von breiterer Form (also lanzeolat
oder oval), was insbesondere bei den *Silenoideae* (Nelken-Verwandtschaft)
gelegentlich vorkommt, wird sie hauptsächlich durch (zumeist 3) ±
gleichberechtigte Bogennerven inner viert (Abb. 170; vgl. auch Abb. 173);
dies ist bei den Dikotylen eher selten und ergibt in Verbindung mit der ob-
ligaten Blattgegenständigkeit dieser Unterfamilie ein sehr typisches Bild;
vgl. auch *3.3.74 Gentianaceae*.

Von den weiteren Unterfamilien fallen insbesondere die *Paronychioideae*
(Spark-Verwandtschaft) durch den Besitz zumeist häutiger Stipeln aus dem
Rahmen der übrigen Caryophyllaceen. Außerdem kommen dort neben
gegenständigen Blättern auch Quirle (*Spergula*) und wechselständige Blätter vor (*Corrigiola*). – *Silenoideae* und *Alsinoideae* (Mieren-Verwandtschaft)
hingegen sind durchweg dekussiert beblättert und stipellos. Bei vielen
Caryophyllaceen verwachsen die basalen Teile gegenüberstehender Blätter
(Gamophyllie); dies kann sich bei den Paronychioideen in einer Verwachsung der Stipeln äußern (Abb. 181), bei den beiden anderen Unterfamilien
in der Bildung einer stengelumfassenden Röhre (Abb. 169); diese Form von
Gamophyllie in Verbindung mit ± linealischer Spreite ist ganz unverkennbar.

Insgesamt ist die Familie also, von Ausnahmen abgesehen, weithin einheitlich und gut kenntlich. Dennoch werden die Blätter häufig zur Bestimmung herangezogen. Neben deren Form und absoluten Maßen bzw. Län-
gen-Breiten-Verhältnis (Abb. 171, 172) sind auch die Behaarung (Abb. 176-
179), das Vorhandensein von Drüsen u.a. von Bedeutung.

Die typische Frucht der Silenoideen und Alsinoideen ist die ± einfächrige Kapsel;
sie öffnet sich nur apikal mit kleinen Zähnen, deren Zahl häufig der doppelten Anzahl der Fruchtblätter entspricht. Sie ist für die Bestimmung mancher Taxa wichtig.
Cucubalus ist durch eine Beere gekennzeichnet. – Bei den Paronychioideen gibt es
vor allem einsamige Nußfrüchte.

---

[26] Randlich aufgesetzte Zähnchen können in seltenen Fällen einen gesägten Blattrand vortäuschen (z.B.
Silene acaulis)

3.3.68 *Portulacaceae* (Portulakgewächse) (3/3; (♃), ☉)

Die einheimische *Montia fontana* und die beiden eingebürgerten Arten haben keinerlei habituelle Ähnlichkeit. Die Blätter sind ganzrandig, gegen- oder wechselständig bzw. in grundständiger Rosette. Letzteres ist der Fall bei *Claytonia perfoliata*, einer kleinen Annuellen mit sehr auffälligen, tellerförmig verwachsenem Hochblattpaar. *Portulaca oleracea* liegt mit ihrem oft rot überlaufenen Stengel dem Boden dicht auf.

3.3.69 *Chenopodiaceae* (Gänsefußgewächse) (11/ca. 48; (♃), ☉)

Es gibt nur wenige Familienmerkmale im vegetativen Bereich. Was die Blätter betrifft, so gilt nur: sie sind stipellos, ungeteilt (wenn auch nicht immer ganzrandig) und fast immer wechselständig[27]. Die beiden Gattungen *Atriplex* und *Chenopodium* (mit über 30 fast durchweg annuellen Arten bei uns den Hauptteil der Familie ausmachend) haben „normale", d.h. flächige und zudem ± gestielte Blätter. Ihr Gesamtumriß ist häufig rautenförmig, seltener oval, lanzettlich oder dreieckig (Abb. 182). Meist ist die Spreite gezähnt oder gelappt. Obwohl die individuelle Variabilität der Blattform einzelner Arten beträchtlich sein kann, ist es mit einiger Erfahrung möglich, einige Vertreter der beiden Gattungen anzusprechen; da fast alle Chenopodiaceen erst spät im Jahr blühen, kann dies recht nützlich sein. Wichtiges Merkmal ist neben der Form auch die für einige Arten typische „mehlige Bestäubung" der Blattunterseite; darunter versteht man leicht abwischbare blasige Schuppenhaare, wie sie z.B. die Blätter von *Chenopodium glaucum* und dem häufigen *Ch. album* zeigen und die sich in ähnlicher Form auch bei manchen *Atriplex*-Arten finden.

Gute Merkmale zur Bestimmung von *Chenopodium*-Arten liefern die Samen. Hierzu bedarf es jedoch Spezialliteratur.

Die meisten der übrigen Gattungen sind auf Küstenstandorte beschränkt und finden sich im Binnenland, wenn überhaupt, nur sehr selten. Sie haben lineale bis pfriemliche, häufig etwas dickliche Blätter; diese sind bei *Salsola* hart und dornig-stechend (Abb. 181), bei *Corispermum* und *Polycnemum* ± weich, aber spitz bis stachelspitzig, bei *Suaeda*, *Bassia* und *Kochia* eher stumpf und bei der letzteren unterseits mit einer schmalen Rinne versehen.

---

[27] Charakteristische Ausnahmen: *Atriplex patula*, *A. prostrata* (nur die unteren) und (zumeist) *Halimione portulacoides* haben dekussierte Blätter. Ob es sich um „echte" Dekussation handelt, ist zweifelhaft. Es kommt bisweilen vor, daß in Verwandtschaftskreisen mit wechselständigen Blättern vereinzelt Arten mit paarweise genäherten Blättern auftreten; sie erscheint aber wenig fixiert. Vgl. auch *Lunaria rediviva*, Anm. 22, oder *Salix purpurea*, Anm. 23.

3.3.70 *Amaranthaceae* (Fuchsschwanzgewächse) (1/ca. 10; ⊙)

Die meisten der bei uns durchweg annuellen *Amaranthus*-Arten treten nur
selten und oft nur vorübergehend auf. Die Blätter sind wechselständig, ungeteilt und meist auch ganzrandig, lanzettlich bis oval-rautenförmig (und
dann für die Gattung recht charakteristisch), in den Stiel verschmälert und
stipellos. Bisweilen sind sie an der Spitze etwas ausgerandet und mit einem
Stachelspitzchen versehen (Abb. 183).

Viele *Amaranthus*-Arten sind durch den seltenen Frucht-Typ der Deckelkapsel gekennzeichnet (vgl. *3.3.91 Plantaginaceae*), die zudem – was für eine Öffnungsfrucht
sehr ungewöhnlich ist – nur einen Samen enthält.

3.3.71 *Polygonaceae* (Knöterichgewächse) (5/35; ♃, ⊙, (♄))

Die Familie – zumindest gilt dies für die einheimischen Vertreter – ist vegetativ gut kenntlich: das Unterblatt bildet eine zumeist häutige Röhre, die die
Basis des sich oberwärts anschließenden Internodiums umhüllt (vgl. z.B.
Abb. 188). Dies ist besonders deutlich an jüngeren Pflanzen zu erkennen,
da sie später häufig infolge des Dickenwachstums der Sproßachse einreißt,
in Resten aber fast immer gut auszumachen ist. Man bezeichnet diese
Unterblattbildung als Ochrea[28]. Innerhalb der Gattung *Polygonum* ist sie ein
wichtiges Bestimmungsmerkmal (Abb. 190).

Das Oberblatt – fast immer ist ein Blattstiel entwickelt – entspringt zumeist dem unteren Teil dieser Röhre. Es wird ebenfalls vielfach zur Bestimmung herangezogen. Die Spreite ist ungeteilt, ± ganzrandig, bisweilen etwas gewellt. Von gewisser Bedeutung ist der Spreitengrund: zumeist verschmälert (Abb. 186-189), kann er auch gestutzt (Abb. 191), herz- oder
pfeilförmig (Abb. 192, 195) sein. Weitere Merkmale, wie z.B. die Behaarung oder das Vorhandensein kleiner, sitzender Drüsen, spielen hingegen
nur selten eine Rolle, so bei manchen *Polygonum*-Arten; die meisten anderen Arten sind kahl. Wenige Arten winden.

Alle Polygonaceen haben wechselständige Blätter.

3.3.72 *Plumbaginaceae* (Grasnelkengewächse) (2/3; ♃)

Die bei uns vertretenen beiden Gattungen sind durch grundständige Rosetten gekennzeichnet; die Infloreszenzschäfte tragen allenfalls einige Hoch-

---

[28] Ähnliche Bildungen gibt es sonst nur noch bei manchen der monokotylen *Potamogetonaceae* (vgl.
3.4.5). Von den Knöterichen findet sich jedoch nur *Polygonum amphibium* mit herzförmigem
Spreitengrund und Netznervatur im Wasser.

blätter. Die Rosettenblätter sind bei *Limonium vulgare* knorpelrandig und stachelspitzig, bei *Armeria* lanzettlich-parallelnervig bis grasartig-linealisch. Sie sind stipellos, am Grund jedoch oft etwas verbreitet.

3.3.73 *Menyanthaceae* (Fieberkleegewächse) (2/2; ♃)

Die Blätter der beiden in Naßbiotopen vorkommenden Arten sind physiognomisch grundverschieden, dennoch sind beide Arten unverwechselbar: die 3-zähligen Blätter von *Menyanthes* (Fieber„klee"; Abb. 196) und die an eine Seerose erinnernden, aber unterseits drüsig punktierten und viel kleineren, nur bis 10 cm großen Schwimmblätter von *Nymphoides* (zu dieser vgl. auch *3.4.3 Hydrocharitaceae*). – Die Blätter sind stipellos, der Blattgrund bildet jedoch bisweilen Scheidenlappen aus.

3.3.74 *Gentianaceae* (Enziangewächse) (7/35; ♃, (☉))

Viele der im Gebiet nachgewiesenen Sippen sind sehr selten und/oder finden sich nur in höheren Lagen der Alpen. Wir beschränken uns deshalb auf die Gattungen *Centaurium* und *Gentiana/Gentianella*. Deren zumeist kahle Blätter sind gegenständig (am Grund bisweilen paarweise verbunden), ungeteilt, ganzrandig, ± ungestielt und stipellos. Die Spreite ist in der Regel oval bis lanzettlich, häufig ± zugespitzt und von mehreren parallel oder bogenförmig verlaufenden Hauptnerven durchzogen (Abb. 197, 198) – ein in Verbindung mit der Dekussation sehr bezeichnendes Merkmal (vgl. auch *3.3.67 Caryophyllaceae*). Viele Arten sind Halbrosettenpflanzen (auch dekussiert aufgebaute Rosetten sind selten; vgl. *3.3.80 Valerianaceae*).

Die Blätter von *Veratrum* (*3.4.7 Liliaceae*), die habituell denen mancher hochwüchsigen Gebirgsenziane (z.B. *G. lutea*) gleichen, sind wechselständig.

3.3.75 *Apocynaceae* (Immergrüngewächse) (1/1; ♄) und
3.3.76 *Asclepiadaceae* (Schwalbenwurzgewächse) (1/1; ♃)

Auch für diese Familien sind gegenständige und ganzrandige Blätter typisch. Die Asclepiadacee *Vincetoxicum* ist zudem an ihrem Milchsaft gut zu erkennen.

3.3.77 *Rubiaceae* (Rötegewächse) (4/32; ♃, ☉)

Die meisten Rubiaceen sind Holzgewächse der Tropen mit gegenständigen Blättern. Unsere Vertreter der Familie sind durchweg krautig und durch eine sehr bemerkenswerte Eigenart gekennzeichnet: sie besitzen 4-8zählige „Blattwirtel", wobei aber nur aus den Achseln zweier jeweils gegenüberstehender „Blätter" (oder sogar nur aus einer dieser Blattachseln) eine Seitenachse hervorwächst. Über dieses Phänomen ist viel geschrieben worden, die (immer noch) wahrscheinlichste Erklärung ist folgende:

Die Rubiaceen gehören zu den wenigen Familien innerhalb der Sympetalen (= *Asteridae* im weiteren Sinn) mit Stipeln. Wenn die benachbarten Stipeln gegenüberstehender Blätter paarweise verwachsen – Interfoliarstipel, vgl. etwa Abb. 180 – und dieses Verwachsungsprodukt zudem den Habitus *eines* Laubblattes annimmt, entstehen dadurch 4zählige „Wirtel" (*Cruciata*, Abb. 199; *Galium* z.T., *Asperula* z.T.). Dabei sind zwei gegenüberstehende Wirtelglieder jeweils Oberblätter, die beiden anderen jeweils das Verwachsungsprodukt zweier Stipeln. Da der Wirtel somit – trotz habitueller „Vierzähligkeit" – morphologisch nur aus zwei Blättern besteht, können sich (maximal[29]) nur zwei Seitenachsen entwickeln, deren Mediane mit der des jeweiligen Tragblattes und damit dessen Mittelrippe zusammenfällt. Die „blattartigen Organe", aus deren Achseln Seitenachsen wachsen, entsprechen also jeweils einem Oberblatt[30], bei den beiden anderen handelt es sich um die oben erwähnten Interfoliarstipeln. Kompliziert werden die Verhältnisse allerdings dann, wenn sich diese Stipeln aufspalten, so daß „Zähligkeiten" von >4 entstehen (*Asperula* z.T.; *Galium* z.T., Abb. 200; *Sherardia*); auch hier lassen sich die beiden Blattmedianen (und damit die Oberblätter) durch die Verzweigung definieren, der „Rest" ist wieder stipularer Natur.

In der Bestimmungspraxis wird der Einfachheit halber stets von „Blattwirteln" gesprochen; deren Zähligkeit, insbesondere die Frage „4" *vs.* „>4" (wobei im letztgenannten Fall die Zähligkeit auch innerhalb eines Individuums schwanken kann), ist ein wichtiges Bestimmungsmerkmal. Aber auch andere vegetative Merkmale sind von Bedeutung: so sind die „Blätter" artspezifisch rundlich bis lineal und 1- bis ±3nervig. Sie sind stets ungestielt und ganzrandig, oft allerdings bilden die Blattorgane und/oder die Sproßachse feine Stachelhöckerchen aus, die nach vorwärts bzw. oben oder nach rückwärts (unten) gerichtet sein können, wodurch sich die genannten Organe rauh anfühlen. Diese Börstchen dienen manchen Arten dazu, als Spreizklimmer dichte Krautbestände zu durchwachsen, ohne wieder „zurück-

---

[29] Bei vielen Rubiaceen besteht die Tendenz, eine der beiden möglichen Achselprodukte pro Knoten zu reduzieren oder gar nicht erst auszubilden.
[30] Bei nur einer Seitenachse natürlich auch das gegenüberliegende Organ (Regel der Äquidistanz; vgl. Lehrbuch).

zurutschen". – Auch das Vorhandensein (z.B. bei *Galium uliginosum*) oder Fehlen (z.B. beim in ähnlichen Biotopen ebenfalls häufigen *G. palustre*) einer apikalen Stachelspitze kann von Bedeutung sein. – Mitunter ist der Blattrand zurückgerollt, die ohnehin schon sehr schmalen Blätter werden fast einer Nadel ähnlich (*Galium verum*).

Recht typisch sind für die Familie die „paarweckartigen", meist kleinen Früchte, deren Größe, Form und Oberfläche auch für die Bestimmung relevant sind. Solche paarweckartigen Früchte sind sonst sehr selten; sie kommen z.B. auch bei *Veronica polita* und Verwandten vor und ähneln auch den Frucht*paaren* strauchiger *Lonicera*-Arten; vgl. den folgenden Abschnitt.

3.3.78 *Caprifoliaceae* (Geißblattgewächse) (5/13; ♄ (♃))

Diese Familie hat stets gegenständige, im übrigen aber, auch innerhalb einer Gattung, recht uneinheitliche Blätter. Einige Vertreter besitzen an der Basis des Blattstiels stipelartige Zipfel oder Drüsen, die nicht an allen Individuen nachzuweisen sind. Bei *Sambucus* und *Viburnum* werden sie als rudimentäre Fiedern gedeutet.

Die Blätter von *Sambucus* (Abb. 204) sind gefiedert, zerrieben entwickelt sich ein strenger Geruch; die Fiedern sind – im Gegensatz zu denen der sehr seltenen *Staphylea pinnata*, vgl. *3.3.33*, – kurz gestielt. Bei *Lonicera* sind sie stets ganzrandig, die oberen bei den windenden Arten (Geißblatt) bisweilen paarweise verwachsen. Bei der nicht windenden Heckenkirsche sind die Blätter untereinander frei, aber die Früchte paarweise verwachsen. – Sehr unterschiedlich sind die Blätter der beiden einheimischen *Viburnum*-Arten (Abb. 202, 203), bei der eingebürgerten *Symphoricarpus rivularis* sind sie – teilweise am selben Individuum – z.T. ganzrandig, z.T. gelappt.

3.3.79 *Adoxaceae* (Moschuskrautgewächse) (1/1; ♃)

Die ± 3teiligen Blätter von *Adoxa* stehen meist paarweise am Stengel, ein weiteres Blatt ist grundständig. Dieser selten gewordene Frühjahrsgeophyt ist damit auch vegetativ gut zu erkennen (Abb. 205).

3.3.80 *Valerianaceae* (Baldriangewächse) (2/11; ♃, ☉)

Hier gilt ähnliches wie für die (allerdings hauptsächlich strauchigen) Caprifoliaceen: außer der Gegenständigkeit (und den fehlenden Stipeln) lassen sich kaum Gemeinsamkeiten in der Blattgestalt innerhalb dieser Familie nennen.

Alle Arten der Gattung *Valerianella* sind einjährig und besitzen (zumeist) eine dekussiert zusammengesetzte Rosette (vgl. *3.3.74 Gentianaceae*). Die Stengelblätter unterscheiden sich kaum von den Grundblättern; sie sind ungestielt und ganzrandig bis grob gezähnt. – Aussagekräftiger ist die Blattform bei *Valeriana*; dort können alle Blätter gefiedert (*V. officinalis* agg.[31]) oder ungeteilt sein (manche alpine Arten); auch können die ungeteilten (weil auf die Endfieder beschränkten) Grundblätter durch Übergänge mit den gefiederten Stengelblättern verbunden sein (z.B. *V. dioica*, Abb. 206).

Sehr kennzeichnend für die Gattung *Valeriana* sind die mit Kelchborsten versehenen Früchte. Die von *Valerianella* sind sehr formenreich und für eine exakte Bestimmung der Art unerläßlich.

3.3.81 *Dipsacaceae* (Kardengewächse) (4/12; ♃)

Ähnlich wie bei der vorherigen Familie sind die Blätter der Dipsacaceen gegenständig und stipellos; die Kombination ± ungeteilter basaler Blätter und fiederschnittiger Stengelblätter ist ebenfalls nicht selten und kommt vor allem bei den beiden wichtigsten einheimischen Gattungen *Knautia* und *Scabiosa* vor. Zur Blütezeit sind freilich die ± ungeteilten Grundblätter oft nicht mehr vorhanden oder entspringen als isolierte Rosette an anderer Stelle dem Rhizom als die blütentragenden Stengel (und können dann, da dekussiert, z.B. mit Labiatenblättern verwechselt werden). Kurz: obwohl die Blätter dieser beiden Gattungen – gerade *wenn* man die Blattfolge im Auge hat – durchaus wichtige Artmerkmale liefern können, werden sie als Bestimmungshilfe kaum genutzt. – Mitunter – so vor allem bei *Dipsacus* – sind die Stengelblätter basal miteinander verwachsen[32], vergleichbar mit den ebenfalls basal verwachsenen, aber zumeist lanzettlichen Blättern vieler Caryophyllaceen (s. *3.3.67*). Die Arten der Gattung tendieren auch dazu, an Blatt und an der Sproßachse Stacheln auszubilden – die einzige „Distel" der einheimischen Flora mit gegenständigen Blättern.

Auch die schmalen, basal zu einer Scheide verwachsenen Stengelblätter von *Succisa* (Abb. 207) erinnern ein wenig an Blätter einer Caryophyllacee, wo jedoch Blätter mit deutlicher Netznervatur ziemlich selten sind.

An den Früchten ist der borstenförmige Kelch und vor allem ein ± häutiger, oft fast radförmiger Außenkelch bemerkenswert, woran man eine Dipsacacee von einer Composite mit gegenständigen Blättern (was bei dieser Familie ohnehin nur ausnahmsweise vorkommt, vgl. *3.3.97*) unterscheiden kann.

---

[31] Zahl und Zähnung dieser Fiedern sind bei dieser Sammelart ein wichtiges Unterscheidungsmerkmal für die einzelnen Kleinarten.
[32] Bei *D. sylvestris* bilden die verbundenen Blattbasen regelrechte Trichter aus, die lange mit Regenwasser gefüllt sein können und dann sogar kurzzeitig eigenständige „Biotope" mit eigener Kleintierwelt ausbilden!

Da die meisten Dipsacaceen keineswegs häufig sind, ist die Gefahr einer Verwechslung nicht sehr groß. Wenn man weiterhin von den gut kenntlichen Arten absieht, verbleibt als weitaus häufigstes verwechslungsträchtiges Paar *Knautia arvensis* (mit abstehend behaartem) und *Scabiosa columbaria* (mit anliegend behaartem Stengel).

3.3.82 *Oleaceae* (Ölbaumgewächse) (2/2; ♄)

Die beiden einheimischen Holzgewächse haben lediglich Gegenständigkeit und Stipellosigkeit gemeinsam. Während *Fraxinus excelsior* wegen ihrer Fiederblätter allenfalls mit dem Strauch *Sambucus* verwechselt werden kann, sich aber an der höheren Anzahl von Fiedern (meist 7 oder mehr) und den schwarzen Knospen hinreichend erkennen läßt, sind die relativ kleinen, ganzrandigen Blätter von *Ligustrum vulgare* nicht sonderlich auffällig, aber dennoch kaum mit denen eines anderen Strauches zu verwechseln.

3.3.83 *Convolvulaceae* (Windengewächse) (3/7; ♃, ☉)

Die Familie ist hier im weiten Sinn gefaßt und enthält auch die Gattung *Cuscuta*. Hierbei handelt es sich um bleiche, oft rötliche oder gelbliche Vollschmarotzer mit Schuppenblättern, die als Gattung sofort erkennbar, bis zur Art aber mittels vegetativer Merkmale nicht zu bestimmen ist. Von den beiden anderen Gattungen sind vor allem die Arten *Calystegia sepium* und die *Convolvulus arvensis* zu erwähnen, deren ± spießförmige Blätter sich ähneln (Abb. 209, 210; vgl. auch Abb. 193).

3.3.84 *Polemoniaceae* (Sperrkrautgewächse) (1/1; ♃)

Die einzige (wahrscheinlich) im Gebiet ursprüngliche Art, *Polemonium coeruleum*, hat Fiederblätter – was in ihrer näheren Verwandtschaft eher ungewöhnlich ist. Sie sind wechselständig und stipellos.

3.3.85 *Boraginaceae* (Rauhblattgewächse) (14/42; ♃, ☉)

Das namensgebende Merkmal gilt – mit Ausnahme der beiden seltenen *Cerinthe*-Arten – tatsächlich für alle einheimischen Vertreter: die Blätter sind zumindest kräftig behaart (z.B. *Myosotis* oder *Cynoglossum*), oft regelrecht borstig (*Echium* oder *Anchusa*), wobei diese Haare bzw. Borsten häufig den Charakter von Emergenzen haben, d.h. einem mehrzelligen, auch subepidermales Gewebe einbeziehenden Gewebehöcker entspringen; nicht selten besteht das Indument einer Art aus Haaren und Emergenzen unterschiedlichen Charakters. – Auch sonst sind die Blätter dieser Familie im Grundbauplan recht einheitlich: sie sind stets ganzrandig (wellig gezähnt bei *Lycopsis arvensis*), wechselständig, stipellos und – ± gattungsspezifisch – gestielt oder ungestielt; in den meisten Fällen sind sie mehrfach länger als breit und laufen spitz zu.

Als besonders wichtig haben sich Blattform und Indument für die Gattung *Pulmonaria* erwiesen (Abb. 212, 213), die Behaarung spielt auch für den Formenkreis um *Myosotis palustris* eine große Rolle; allerdings werden in beiden Taxa die Arten auch recht eng umgrenzt.

In fruchtendem Zustand ist die Familie an ihren tief vierteiligen Klausenfrüchten zu erkennen, die sonst nur noch bei Labiaten, Verbenaceen und Callitrichaceen (*3.3.93-95*) vorkommen; diese haben aber alle gegenständige Blätter.

Am herablaufenden Blattgrund (vgl. *3.3.0*) sehr gut erkennbar ist *Symphytum officinale* (Abb. 211). Dieses Phänomen ist von medizinhistorischem Interesse: da die Pflanze erkennbar „Verwachsung fördert" (nämlich der Blattbasen mit der Sproßachse), schloß (und schließt) man daraus, daß sie auch Knochenbrüche heile – ein klassisches Beispiel der sogenannten Signaturenlehre, die in der für sie typischen anthropozentrischen Betrachtungsweise davon ausgeht, daß man einer Pflanze ansehen könne („Signatur"), wofür sie (für den Menschen!) „gut sei". Hierauf nehmen auch die Namen dieser Gattung bezug[33].

3.3.86   *Solanaceae* (Nachtschattengewächse) (4/ca. 6; ♄, ♃, ☉)

In gängigen Floren werden bis zu 20 Arten angeführt, die meisten davon sind aber kurzlebige, oft nur vorübergehend verwilderte Zierpflanzen oder z.T. kurzzeitig auftretende Neophyten.

Die Blätter sind wechselständig, stipellos und meist ungeteilt (Fiederblätter z.B. bei Kartoffel und Tomate). Bei *Solanum dulcamara* können an ein und derselben Pflanze ± ganzrandige Blätter wie auch solche mit fiederschnittiger Spreitenbasis auftreten (Abb. 214). Ein gewisses Problem, den Sproßaufbau vieler Solanaceen richtig zu verstehen, ist die in dieser Familie weit verbreitete Konkauleszenz. Darunter versteht man die (sonst ziemlich seltene) Erscheinung, daß sich das Achselprodukt (z.B. ein Blütenstiel) eines Tragblattes nicht normal (d.h. frei) entwickelt, sondern zunächst eine gewisse Strecke mit der Hauptachse verbunden bleibt, bis es sich verselbständigt. Deshalb entspringen, z.B. bei vielen annuellen *Solanum*-Arten, Teilinfloreszenzen scheinbar nicht einer Blattachsel. – Infolge eines

---

[33] Bein*well*: umwallen von Knochen („Beinen"). *Symphytum* leitet sich aus dem Griechischen ab und bedeutet „Zusammenwachsen" (vgl. *Symphyse*).

besonderen sympodialen Sproßaufbaus stehen bei *Atropa* zwei ungleich große Blätter einander „gegenüber".

Die Früchte sind sehr verschiedenartig. Habituell auffällig sind die meist bestachelten Kapseln von *Datura* und die urnenförmigen Deckelkapseln von *Hyoscyamus*.

3.3.87 *Scrophulariaceae* (Rachenblütler) (21/ca. 110; ♃, ☉)

Diese aus der Sicht des Systematikers nicht sehr homogene Familie weist auch in ihren vegetativen Teilen kein übergreifendes Merkmal auf – wenn man davon absieht, daß die Blätter stipellos und alle einheimischen Vertreter krautig sind. Mitunter aber lassen sich einzelne Gattungen durch die Häufung bestimmter Blattmerkmale kennzeichnen. So sind die – nicht näher verwandten – Gattungen *Verbascum*, *Digitalis* und *Pedicularis* durch Wechselständigkeit und zumeist auch durch eine Grundblattrosette charakterisiert, bei *Scrophularia*, *Veronica*, *Linaria* z.T. und anderen wechselt die Blattstellung von dekussiert (im vegetativen Unterbau) ± abrupt zu dispergiert im Infloreszenzbereich – ein außerhalb der Scrophulariaceen seltenes Verhalten. – Die Blätter von *Pedicularis* sind 1-2fach tief fiederteilig mit feinen Blattzipfeln, worin sich die Gattung von den weitaus meisten einheimischen Scrophulariaceen unterscheidet. Die seltene *Limosella* ist an ihren spateligen Rosettenblättern gut zu erkennen. *Lathraea* schließlich ist ein Holoparasit mit fleischigen Schuppenblättern.

3.3.88 *Orobanchaceae* (Sommerwurzgewächse) (1/27; ♃, ☉)

Alle Arten dieser Familie sind holoparasitisch und entwickeln an ihrem fast stets unverzweigten, meist dicklichen, oft rötlich oder gelblich gefärbten Infloreszenzschaft lediglich Schuppenblätter. Damit ähneln sie habituell anderen heterotrophen Arten (z.B. manchen saprophytischen Orchideen, vgl. *3.4.11*), sind aber, soweit sie blühen oder fruchten, als zu *Orobanche* gehörig an Blütenmerkmalen bzw. an der oberständigen Kapsel gut zu erkennen. Für die (zumeist schwierige) Bestimmung der Art liefern vegetative Merkmale keine brauchbaren Hilfen.

3.3.89 *Lentibulariaceae* (Wasserschlauchgewächse) (2/8; ♃)

Die Arten dieser Familie besitzen Blätter, die dem Tierfang dienen. Bei *Pinguicula*, einer weitgehend auf Gebirgslagen beschränkten Gattung, sind dies nach oben umgerollte, ungeteilte Rosettenblätter, bei der Wasserpflan-

ze Utricularia sind die Unterwasserblätter sehr fein zipfelig zerteilt und verfügen über zahlreiche aufwendig konstruierte „Fangblasen", die mittels Unterdruck kleine Wassertiere einsaugen können.

Die morphologische Natur der Unterwasserorgane von *Utricularia* ist strittig.

3.3.90   *Globulariaceae* (Kugelblumengewächse) (1/3; ♄, ♃)

Die auffällig spateligen Rosettenblätter der Gattung *Globularia* sind recht charakteristisch, zumal wenn sie – wie bei *G. cordifolia* und zumeist auch bei *G. punctata* – vorne ausgerandet sind.

3.3.91   *Plantaginaceae* (Wegerichgewächse) (3/9; ♃)

Von *Psyllium arenarium* (mit gegenständigen Blättern) abgesehen, bilden die einheimischen Arten stets grundständige Rosetten. Deren Blätter sind fast durchweg ganzrandig oder seicht gezähnt bzw. gebuchtet und durch ihre parallele (bei lanzettlicher) bzw. bogenförmige Nervatur (bei elliptischer Spreite) auffällig.

Diese Form der Nervatur erklärt sich zwanglos aus dem Bauplan eines *Plantago*-Blattes. Wir müssen nämlich von einer fiederschnittigen Spreite ausgehen, wie sie von den einheimischen Arten allerdings nur *P. coronopus* (Abb. 217) aufweist. Innerhalb der Gattung zeigt sich nun die Tendenz, die Fiederzipfel zu reduzieren und gleichzeitig, gewissermaßen als Ausgleich, die Rhachis ± blattartig zu verbreitern. Die Rhachisnerven, die naturgemäß parallel verlaufen, werden auf diese Weise „auseinandergezogen", die ± vereinzelten „Randzähne" sind rückgebildeten Fiederzipfel homolog (Abb. 218). – Solche Rhachisblätter sind insgesamt selten; vgl. auch Kap. *3.3.0.*

Alle einheimischen Arten lassen sich nach den Blättern bestimmen, nur bei *Plantago major* s.l. sind die Blätter recht variabel; die dort zusammengefaßten Unter- oder auch Kleinarten nach den Blättern zu unterscheiden ist allerdings problematischer, als die gängigen Bestimmungsschlüssel glauben machen.

Die Plantaginaceen sind neben Primulaceen (*3.3.66*), Amaranthaceen (*3.3.70*) und Solanaceen (*3.3.86*) die vierte einheimische Familie, in der Deckelkapseln vorkommen.

3.3.92 *Hippuridaceae* (Tannenwedelgewächse) (1/1; ♃)

Die >6zähligen Wirtel von *Hippuris vulgaris* machen diese Wasserpflanze unverwechselbar; Ähnlichkeit besteht nur mit *Elatine alsinastrum* (vgl. *3.3.52 Elatinaceae*).

3.3.93 *Verbenaceae* (Eisenkrautgewächse) (1/1; ☉)

Diese – weltweit betrachtet – formenreiche Familie ist bei uns nur durch *Verbena officinalis* vertreten, einer zumeist annuellen Art mit gegenständigen, gekerbten bis fiederspaltigen Blättern.

3.3.94 *Labiatae (Lamiaceae)* (Lippenblütler) (25/ca. 80; ♃, ☉)

Die stipellosen Blätter der Labiaten stehen grundsätzlich dekussiert am zumeist vierkantigen Stengel. Darüber hinaus sind sie in der Mehrzahl der Fälle ± gestielt, gekerbt oder gezähnt und deutlich länger als breit. Grundblattrosetten kommen gelegentlich vor. Fiederblätter gibt es bei den einheimischen Labiaten nicht, fiederschnittige (Abb. 227) oder rundliche Blätter sind die Ausnahme. Ganzrandige Blätter sind oft auch recht klein und entwickeln beim Zerreiben einen typischen gewürzhaften Geruch (z.B. bei Thymian oder Majoran).

Gemessen an der Artenzahl der Familie sind deren Blätter also recht einheitlich; für die Bestimmung der Gattungen spielen sie deshalb kaum eine Rolle. Innerhalb mancher Gattungen allerdings können sie recht unterschiedlich sein (z.B. bei *Ajuga, Teucrium, Stachys* (Abb. 220-222)) und sind dort wichtige Merkmalsträger. Bei physiognomisch ähnlichen Artengruppen muß man dann allerdings schon zu quantitativen Merkmalen greifen – zum Längen/Breiten-Verhältnis etwa oder zur Zahl der Randzähne (Abb. 223, 224); die beiden habituell sehr ähnlichen *Galeopsis tetrahit* bzw. *G. bifida* lassen sich mit einiger Sicherheit an der Farbe der Stengeldrüsen unterscheiden: sie sind dunkelköpfig bei *G. t.* und zumeist hellköpfig bei *G. b.*

Die Familie ist durch Klausenfrüchte gekennzeichnet; zu diesen vgl. *3.3.85 Boraginaceae* und die folgende Familie.

3.3.95 *Callitrichaceae* (Wassersterngewächse) (1/8; ♃)

Callitriche bewohnt vor allem stehende und langsam fließende Gewässer. Die Blätter sind gegenständig, stipellos und vorne häufig ein wenig ausgerandet. *C. hermaphroditica* läßt sich gut an den basal verbreiterten Blättern und der stets fehlenden Schwimmblattrosette erkennen, wie sie die übrigen Arten zumeist ausbilden. Alle Blätter sind in der oberen Hälfte verbreitert und ± gestielt (bei *C. hamulata* und *brutia* ist dieser Stiel sogar etwa so lang wie die Spreite); die Unterwasserblätter sind dabei insgesamt gesehen schmäler. Mit stark vergrößernder Lupe lassen sich Schildhaare erkennen – ein für Wasserpflanzen ungewöhnlicher Befund; deren Köpfchen kann je nach Art entweder 12-18zellig oder ±8zellig sein.

Im übrigen ist die recht schwierige Bestimmung der Art nur über ihre Klausenfrüchte möglich, wobei auch auf den leicht abbrechenden Griffel zu achten ist.

3.3.96 *Campanulaceae* (Glockenblumengewächse) (7/35; ♃, (☉))

Die Blätter sind wechselständig, stipellos, ungeteilt (sehr selten gelappt, aber häufig gekerbt) und bisweilen etwas milchsaftführend. Im übrigen sind sie recht uneinheitlich. Bei den beiden wichtigsten Gattungen *Campanula* und *Phyteuma* sind die Rosettenblätter häufig anders gestaltet (breiter und oft auch deutlich gestielt) als die dann ± lanzettlichen, sitzenden Stengelblätter. Der Übergang ist jedoch meist fließend (Ausnahme: die Artengruppe um *Campanula rotundifolia* mit ihren häufig isoliert aus der unterirdischen Grundachse entspringenden Blattrosetten; vgl. Abb. 230). Da innerhalb näher miteinander verwandter Arten die Blattgestalt für die Bestimmung wichtig ist, muß man beachten, auf welche Blattformation (Grund- oder untere bzw. obere Stengelblätter) sich das angegebene Merkmal bezieht. – Neben der Blattgestalt sind auch Stengelquerschnitt (rund oder kantig) und -behaarung von Bedeutung, Form und Anordnung der Kelchblätter lassen sich auch an Knospen und fruchtenden Exemplaren feststellen (Abb. 231, 232).

3.3.97 *Compositae (Asteraceae)* (Korbblütler) (ca. 65/350[34]; ♃, ☉)

Für diese Familie gilt ähnliches wie für die Cruciferen: So scharf umrissen sie durch ihre generativen Organe ist, so wenig gibt es das „typische Compositen-Blatt"; selbst das einzige – und innerhalb der *Asteridae*[35] wenig erwähnenswerte – Merkmal fehlender Stipeln wird öfter durch basale Blattzipfel oder ähnliche Strukturen maskiert („Öhrchen", vgl. *3.3.0* und

---

[34] zuzüglich zahlreicher bisweilen verwildernder Zierpflanzen.
[35] im weiteren Sinne, also incl. *Lamiidae*.

z.B. Abb. 241). Auch innerhalb der Gattungen können die Blätter völlig unterschiedlich gestaltet sein (so z.b. bei *Senecio* (Abb. 240, 241), *Achillea* oder *Cirsium*).

Deshalb seien aus dieser Formenfülle lediglich einige Beispiele herausgegriffen, wohl wissend, daß es zahlreiche Ausnahmen gibt.

In der Regel sind die Blätter wechselständig; wichtige Gattungen mit gegenständigen Blättern sind etwa *Arnica* und die feuchte Stellen – z.b. Gewässerufer – bewohnenden Arten der Gattung *Bidens* sowie *Eupatorium cannabinum* (Abb. 234); bei diesen beiden Gattungen sind die Blätter zudem häufig 3spaltig oder -fiedrig, was sonst bei einheimischen Compositen nicht vorkommt. Im überwiegenden Fall sind die Blätter nämlich ungeteilt, wenn auch selten ganzrandig; sie sind dann oft wenig spezifisch. Geteilte Blätter können hingegen sehr charakteristisch sein (und sind deshalb hier bevorzugt abgebildet). Solche Verwandtschaftskreise, bei denen zumindest ein Großteil der Arten fiederschnittige bis gefiederte Blätter besitzen, sind innerhalb der Asteroideen[36] *Achillea, Anthemis, Matricaria* s.l., *Chrysanthemum* s.l., *Artemisia, Senecio* sowie viele „Disteln" (*Cirsium, Carduus, Carlina*) und Flockenblumen (*Centaurea*), bei den Cichorioideen vor allem *Taraxacum, Lactuca, Sonchus* und *Crepis*; dabei ist der Endabschnitt häufig vergrößert (Abb. 259). Bisweilen unterscheiden sich Grund- und Stengelblätter im Blattschnitt (Abb. 248). Auffällig sind die grasartigen Blätter von *Tragopogon* (Abb. 267a) und einiger *Scorzonera*-Arten (Rhachisblätter, vgl. *3.3.0* und *3.3.91*).

Ferner sind die Blätter deutlich gestielt (oft mit ± herzförmigem Spreitengrund), in einen stielartigen Abschnitt verschmälert, sitzend oder mit pfeilförmigem bzw. geöhrtem Grund stengelumfassend. Ihre absolute Größe schwankt zwischen <1 cm (*Filago minima*) bis zu einem Meter (*Petasites*, Abb. 236). Eine wichtige Rolle spielt das Indument; kahle Blätter sind eher die Ausnahme. Auffällig ist die dichte, filzige Behaarung etwa mancher *Filago*- und *Gnaphalium*-Arten sowie von *Helichrysum* und *Leontopodium* („Edel*weiß*"), sehr charakteristisch sind die „Ankerhaare" von *Picris* und die gestielten, 2- bis mehrschenkeligen Sternhaare mancher *Leontodon*-Arten. Innerhalb der taxonomisch äußerst schwierigen Gattung *Hieracium* sind Blattschnitt und Verteilung der einzelnen Haartypen (vor allem im Infloreszenzbereich) eines der wichtigsten Bestimmungsmerkmale: ein *Hieracium*-Bestimmungsschlüssel unterscheidet helle oder dunkle „Haare" (unverzweigt und mehrzellig), ± weiße, sitzende „Sternhaare" oder „Flocken" und helle oder dunkle „Drüsen"; ziemlich vereinzelt stehende, aber auffällige lange Haare sind z.B. in der Untergattung *Pilosella* häufig (Abb. 265).

---

[36] Die „klassische" Zweiteilung der *Compositae* in *Asteroideae* und *Cichorioideae* wird hier beibehalten, weil sie in allen gängigen Floren so üblich ist. Aus der Sicht des Systematikers ist sie in dieser Form kaum noch haltbar.

Ein weiteres Merkmal einiger Compositen ist ihr distelartiger Habitus, der außerhalb dieser Familie – in der einheimischen Vegetation – sehr selten ist (vgl. *Eryngium* bei den Umbelliferen). Stachelig sind dabei vor allem die Blätter, aber auch der Stengel kann mit herablaufenden stacheligen Flügeln versehen sein, die als herablaufende Blattbasen zu deuten sind (vgl. *Symphytum* bei den Boraginaceen, Abb. 211). „Disteln" finden sich bei den Gattungen *Carduus* („Distel" im botanischen Sinn; Abb. 253, 254), *Cirsium* (Abb. 249-252), *Carlina* und *Onopordon*, distelartige Formen auch bei den Cichorioideen *Sonchus* (Abb. 257, 258) und *Lactuca* (Abb. 255, 256).

Ein zuverlässiges Merkmal der Cichorioideen ist, daß sie Milchsaft führen, auch wenn dies nicht in allen Fällen – zumeist aber an jungen Teilen der Pflanze – gut zu erkennen ist. In größerem Umfang kommt dies nur noch bei den Euphorbiaceen vor, die aber ansonsten durch völlig andere Blattmerkmale gekennzeichnet sind (vgl. *3.3.49*)

3.4　Monocotyledoneae (Liliopsida) (Einkeimblättrige Pflanzen)

(4 Unterklassen, 10 Ordnungen, 18 Familien; – ca. 160/580; ♃, (☉))

3.4.0　Allgemeines

Das Blatt der Monokotylen besteht zwar im Prinzip aus den gleichen Elementen wie das der Dikotylen, eine regelhafte Verschiebung der Proportionen und eine teilweise andere Entwicklungsgeschichte lassen es jedoch fast immer habituell „anders" erscheinen und ermöglichen deshalb in der Regel die zweifelsfreie Zuordnung einer Pflanze zu einer dieser beiden Klassen; vgl. auch die Tabelle 2 auf dem hinteren Umschlagdeckel.

Die Homologien eines Monokotylenblattes zu dem einer dikotylen Pflanze sind nicht immer deutlich. Die folgenden Ausführungen haben demzufolge vor allem beschreibenden Charakter.

Das *Unterblatt* ist zumeist (aber eben keineswegs immer) kräftig entwickelt und umgreift scheidig den Stengel. Dabei können die ventralen Ränder dieser Blattscheide „offen" sein oder aber „geschlossen", d.h. röhrenartig miteinander verwachsen. Niederblätter, die im wesentlichen aus dieser Scheide bestehen und deren Oberblatt höchstens durch einen kurzen Zipfel angedeutet ist, finden sich bei Monokotylen häufig. Hülsenartig ineinandergeschachtelte Blattscheiden können stabile, stammähnliche Systeme aufbauen („Scheinstamm", z.B. bei *Veratrum* oder *Typha*). Der Stoffspeicherung dienende und deshalb angeschwollene Blattscheiden können eine Zwiebel bilden. – Stipeln kommen vor, daneben gibt es stipelähnliche Bildungen. In diesem Zusammenhang ist auch die Ligula (das Blatthäutchen) zu nennen, ein zumeist kragenförmiger Hautrand an der Grenze zwischen Spreitenbasis und Unterblatt; sie findet sich vor allem bei Graminoiden, im wesentlichen also bei den *Gramineae* und *Cyperaceae*. Vergleichbare Bildungen gibt es aber auch auch anderwärts. – *Blattstiele* treten nur in Ausnahmefällen auf; meist sitzt die Spreite direkt am Blattgrund. – Die Größenzunahme der *Blattspreite* im Laufe ihrer Entwicklung wird hauptsächlich durch interkalares Wachstum bewirkt (vgl. *2.1*). Die Spreite hat also früh ihre endgültige Breite und entwickelt sich nur noch in ihrer Längsrichtung; daraus erklärt sich die Häufigkeit „grasartiger", also schmal-parallelrandiger Spreiten, und die parallele Nervatur. Das lange während interkalare Wachstum ermöglicht auch die hohe Regenerationsfähigkeit monokotyler Blätter – etwa von Gräsern nach der Mahd. Pleuroplastes Wachstum, wie es für die Dikotylen so typisch ist, spielt eine viel geringere Rolle und führt dann zu einem meist nur geringen „Auseinanderziehen" der parallelen Nerven, die damit bogenförmig werden. Mitunter werden später zwischen den parallelen Hauptnerven ± rechtwinkelig Quernerven eingezogen, woraus eine regelmäßige Gitternervatur resultiert, die sich von der Netznervatur der Dikotylen deutlich unterscheidet. – Kennzeichnend für die Monokotylen ist ferner die Ganzrandigkeit der Spreite.

Gelegentlich tritt *Resupination* auf. In solchen Fällen dreht sich die Spreite um ihre Längsachse, so daß die Unterseite nach oben weist. Sie ist insbesondere bei Gramineen (vgl. Abb. 289) und der Gattung *Carex* nicht selten.

Eine weitere bei den Monokotylen häufige (wenn auch nicht auf sie beschränkte) auffällige Erscheinung sind ± drehrunde Blätter, etwa nach dem Muster einer Binse oder des Schnittlauchs. Morphologisch betrachtet haben sie nur eine Unterseite, demzufolge keinen Blattrand und werden als „unifazial" bezeichnet[37]. Auch die „reitenden" Blätter von *Iris* (vgl. *3.4.10* und Abb. 275) sind solche unifazialen Blätter, allerdings seitlich abgeflacht.

Fiederblätter gibt es bei den (einheimischen) Monokotylen nicht[38]. Auch echte Dekussation ist nicht bekannt. Nicht selten stehen die Blätter allerdings zu zweit oder auch in Mehrzahl sehr genähert beieinander. Diese Anordnung muß aber (im Falle der „Gegenständigkeit") von einer distichen Blattstellung abgeleitet werden – wie sie bei den Monokotylen ja gang und gäbe ist –, wobei jedes zweite Internodium unentwickelt bleibt. Dieser Fall findet sich etwa bei den *Najadaceae*, bei *Listera* (*Orchidaceae*; Abb. 277), *Lilium martagon* und *Paris* (*Liliaceae*; Abb. 274); bei den beiden letztgenannten treten sogar mehrere Blätter zu Scheinwirteln zusammen.

---

[37] Dieses Bauprinzip genauer zu erläutern würde hier zu weit führen.
[38] Auch die Palmen haben keine Fiederblätter im morphologischen Sinn: Die Blätter spalten sich erst sekundär durch „programmiertes" Absterben bestimmter Blattbezirke auf.

Zu 3.4.1-3.4.6 (= Alismatidae)

Die folgenden sechs Familien werden zumeist als Unterklasse *Alismatidae* zusammengefaßt. Es handelt sich durchweg um Wasser- oder doch zumindest um Sumpfpflanzen. Wie bei Wasserpflanzen häufig, bilden sie oft unterschiedliche Blattformen aus, z.b. linealische Unterwasser- und spreitige Schwimmblätter und/oder Überwasserblätter. Im einzelnen können die Blätter recht unterschiedlich aussehen, zumal, wenn man die bei monokotylen Taxa sonst häufige Einheitlichkeit der Blattgestalt bedenkt. Sie entsprechen auch sonst oft nicht dem landläufigen Bild eines Monokotylenblattes, lassen aber die typische Parallelnervatur im Prinzip meist noch gut erkennen. In den Familien *3.4.3* bis *3.4.6* kommen zudem Stipeln, Intravaginalschuppen (schuppenartige, häutige Zipfel in der Blattachsel) und ähnliche Bildungen vor, die nicht immer leicht zu deuten (und morphologisch wohl auch nicht homolog), als Bestimmungshilfe aber oft wichtig sind. – Die Früchte sind zumeist apokarp.

3.4.1   *Alismataceae* (Froschlöffelgewächse) (5/7; ♃)

Hier fallen die pfeilförmigen, stets grundständigen Überwasserblätter von *Sagittaria* auf (die Unterwasserblätter sind, wie so häufig, bandförmig, die Schwimmblätter oval). Auch die eiförmig-zugespitzten, lang gestielten, über das Wasser ragenden Blätter von *Alisma plantago-aquatica* sind sehr charakteristisch; Unterwasserblätter sind bei dieser Art selten.

3.4.2   *Butomaceae* (Schwanenblumengewächse) (1/1; ♃)

Die Blätter der einzigen einheimischen Art, *Butomus umbellatus*, können bis 1 m lang werden, bleiben aber sehr schmal.

3.4.3   *Hydrocharitaceae* (Froschbißgewächse) (5/7; ♃)

Hydrocharis morsus-ranae besitzt ± runde, gestielte Blätter, die an der Basis zwei stipelartige Auswüchse tragen (vgl. oben) und sich darin von den ähnlichen Blättern von *Nymphoides* (s. *3.3.73 Menyanthaceae*) unterscheiden. – Die Blätter der bei uns eingebürgerten Arten von *Elodea* (s.l.) stehen zu 2-4 „wirtelig", die der seltenen *Stratiotes aloides* sind stachelig gezähnt.

3.4.4   *Scheuchzeriaceae* (Blumenbinsengewächse) (2/3; ♃)

Hier handelt es sich um Sumpfpflanzen mit grasartigen Blättern (mit ligula-artigen „Intravaginalschuppen"). Sie sind bei *Scheuchzeria palustris* vorwiegend, bei den beiden *Triglochin*-Arten ausschließlich grundständig.

3.4.5   *Potamogetonaceae* (Laichkrautgewächse)
(s.l.: 4/27; ♃, (☉))

Sehr schmale Blätter (oft über 1/2 m lang bei einer Breite von 1-10 mm) kennzeichnen die auch als jeweils eigene Familie ausgegliederten, zumeist in Meer- oder Brackwasser lebenden Gattungen *Ruppia* und *Zostera*. Auch *Zannichellia* mit 1-2 mm schmalen, bis 10 cm langen, zumeist paarweise oder auch zu dritt wirtelig genäherten Blättern wird als eigene Familie betrachtet. *Potamogeton* selbst, mit 23 Arten den Hauptteil der Familie ausmachend, hat wieder sehr verschiedene Blatt-Typen. Bei der Mehrzahl der Arten sind die Blätter ebenfalls sehr schmal, bisweilen sogar fadenförmig, bei anderen können sie auch lanzettlich oder sogar eiförmig sein (*P. perfoliatus*). Bei *P. densus* (auch als eigene Gattung *Groenlandia* betrachtet) stehen sie „gegenständig" (besser: paarweise einander genähert), sonst sind zumindest die Unterwasserblätter vereinzelt. Die Blätter sind zumeist ganzrandig, selten etwas gewellt (sehr auffällig bei *Potamogeton crispus* mit vierkantigem Stengel; Abb. 270). Sie spielen bei der Bestimmung eine ganz wesentliche Rolle, da man blühende oder vor allem fruchtende Exemplare nur ausnahmsweise vorfindet.

Bei der Gattung *Potamogeton* kann man an einem Individuum bis zu drei verschiedene Blatt-Typen unterscheiden: linealische bis fast haarförmige Unterwasser-(Tauch-)blätter, solche mit Spreiten und ebenfalls spreitige Schwimmblätter (vgl. Abb. 269); dabei ist, wenn die beiden letztgenannten Blatt-Typen an einer Pflanze vorkommen, die Spreite der Schwimmblätter fast immer breiter. Im übrigen kann der Habitus der Blätter mit den Umweltbedingungen (z.B. der Fließgeschwindigkeit des Wassers) wechseln. Bei den schmalblättrigen Arten ist deren Nervatur oft eine gute Bestimmungshilfe; hier muß man allerdings zu Spezialliteratur greifen (z.B. CASPAR & KRAUSCH 1980). – Auch die einleitend erwähnten Bildungen der Blattbasis sind unterschiedlich; meist liegen einer Ligula ähnliche Zipfel vor, die scheinbar der Blattachsel entspringen und damit zwischen Abstammungsachse und dem restlichen Blatt stehen. Bei *P. pectinatus*, *P. filiformis* und *P. helveticus* umgreift diese Ligula die Abstammungsachse in Form einer bauchseitig geschlossenen Scheide, infolgedessen das restliche Blatt scheinbar am oberen Ende dieser Röhre entspringt – Verhältnisse also, die (zumindest habituell) an die Ochrea der Polygonaceen erinnern (vgl. *3.3.71*).

3.4.6   *Najadaceae* (Nixenkrautgewächse) (1/3; ☉)

Die Arten der Gattung *Najas* sind sehr seltene, annuelle, untergetauchte Wasserpflanzen mit paarweise gegenüberstehenden (vgl. *3.4.0*), charakteristisch gezähnelten und am Grund plötzlich scheidig erweiterten Blättern.

3.4.7   *Liliaceae* (Liliengewächse) (s.l.: 20/50; ♃)

Die Blätter der Liliaceen entsprechen großenteils dem „allgemeinen Monokotylen-Typus", und auch die übrigen vegetativen Merkmale sind als Bestimmungshilfe zumeist wenig ergiebig[39]. Bei vielen Gattungen werden zur Bestimmung der Art demzufolge die Blätter nur insoweit herangezogen, als ihre Zahl (*Gagea*, *Scilla*, *Muscari*), ihre Anordnung am Sproß (*Lilium*, vgl. *3.4.0*) oder ihre Breite (*Gagea*) als Merkmal verwendet wird. Von diesen allgemeinen Verhältnissen gibt es jedoch eine Reihe von Ausnahmen: Manche Gattungen haben z.b. relativ (d.h. für Monokotylenverhältnisse) breite (lanzeolate bis eiförmig zugespitzte) Blätter, ohne daß ihre parallele (hier dann: bogenförmige) Nervatur aufgegeben wird. Diese Blätter sind deshalb meist unverkennbar und zeichnen etwa *Veratrum* (Abb. 271), *Colchicum*, *Streptopus*, *Polygonatum odoratum* und *P. multiflorum* aus; bei *Maianthemum bifolium* schließlich sind der Spreitengrund ausgeprägt herzförmig und der Blattstiel wohlentwickelt. Am stärksten von den „typischen" Monokotylenblättern weichen die netznervigen, scheinbar quirlständigen Blätter von *Paris* (Abb. 274) ab, einer Gattung, die nicht zuletzt aus diesem Grund auch einer eigenen Familie (*Trilliaceae*) zugeordnet wird.

Gesondert besprochen werden muß die mit 22 Arten größte Gattung *Allium*. Die Gattung ist (fast) immer am charakteristischen Lauch-Geruch zu erkennen. Bei der Bestimmung der Art werden üblicherweise abwechselnd oder nebeneinander Blatt- und Blütenmerkmale verwendet – eine nicht sehr praxisgerechte Methode, da man nur selten Exemplare vorfinden wird, die bereits voll blühen und deren Blätter noch nicht verwelkt sind. Es empfiehlt sich also, zumindest die häufigeren wildwachsenden Arten auch mittels ihrer vegetativen Merkmale ansprechen zu können. Da die Blätter der *Allium*-Arten bei näherem Hinsehen überraschend reich an Merkmalen sind, ist dies in den meisten Fällen auch durchaus möglich. *Allium ursinum* (Abb. 272; mit kantigem Stengel) und *A. victorialis* (Stengel rund) z.B. haben zumeist 2-3 gestielte, >2 cm breite, lanzeolate Blätter. Die linealischen Blätter der meisten übrigen Arten lassen sich etwa folgendermaßen gruppieren (Merkmale vor allem nach FOERSTER 1962):

---

[39] Eine Ausnahme sind die unterirdischen Speicherorgane (Zwiebel, Rhizom), deren Ausbildung auch für die Systematik dieser hier sicher zu weit gefaßten Familie herangezogen wird. In der Bestimmungspraxis spielen sie – schon aus Naturschutzgründen – kaum eine Rolle.

Blätter flach (unterseits aber ± gekielt), in der Jugend gefaltet; mit Ligula: *A. scorodoprasum* (Blätter >6 mm), *A. rotundum* (<6 mm breit)
Blätter flach, aber nicht gefaltet, unterseits nicht gerieft, ohne Ligula; Stengel 3-kantig: *A. angulosum* (Blätter gekielt), *A. senescens* (nicht gekielt)
Blätter halbstielrund, spitzenwärts auch flach, unterseits gerieft, ohne Ligula, Stengel rund: *A. oleraceum, A. carinatum*
Blätter (halb-)stielrund, unterseits ± gerieft, mit Ligula: *A. sphaerocephalon, A. vineale* (Abb. 273)
Blätter stielrund, ungerieft, weitröhrig: *A. schoenoprasum.*

3.4.8 *Amaryllidaceae* (Narzissengewächse) (3/4; ♃)

Die Blätter sind ± parallelrandig, vorne gerundet und etwas gekielt. Eine Bestimmungshilfe sind sie nicht.

3.4.9 *Dioscoreaceae* (Schmerwurzgewächse) (1/1; ♃)

Nicht nur die einheimische, windende *Tamus communis*, auch viele andere Vertreter dieser ± tropischen Familie weichen in ihrer Blattform (herzförmige Spreitenbasis!), Stielung und Nervatur (trotz einiger bogenförmigen Hauptnerven eher netznervig) beträchtlich vom „typischen Monokotylenblatt" ab.

3.4.10 *Iridaceae* (Schwertliliengewächse) (3/8; ♃)

Die namensgebende Gattung *Iris* (mit Ausnahme von *I. pseudacorus* und verwilderter, meist nicht blühender Gartenformen durchweg sehr seltene Arten) ist wegen ihrer „reitenden" Blätter bekannt: sie sind nicht transversal sondern median abgeflacht, d.h. sie haben habituell keine Ober- und Unterseite, sondern eine „rechte" und „linke" (vgl. *3.4.0*). Das jeweils ältere Blatt sitzt demzufolge auf dem jüngeren, dieses mit seinen basalen Flanken umgreifend (Abb. 275). Entsprechende Blätter hat auch *Gladiolus*. Solche Blätter finden sich sonst nur noch bei *Acorus* (s. *3.4.17 Araceae*). – Die Blätter von *Crocus* sind völlig anders; ihre ohnehin schon schmale Blattspreite ist randlich zurückgerollt, die Mittelrippe unterseits als helle Linie zu erkennen.

3.4.11   *Orchidaceae* (Orchideen) (27/ca. 60; ♃)

Die Mehrzahl der zumeist deutlich 2zeilig stehenden Orchideenblätter entsprechen ± dem in Abb. 276 dargestellten Typ. Wichtiger als die Blattform
sind denn auch eher deren Länge im Verhältnis zur Breite oder zum dazugehörigen Internodium. Bedeutsam ist auch die Anordnung der Blätter am
Stengel: so z.b., ob nur eine ± grundständige Rosette vorliegt (die bei *Malaxis*
zumeist nur aus einem Blatt besteht) oder die Zahl der Stengelblätter. Bei
Orchis sind (im Gegensatz zu *Dactylorhiza*) die Stengelblätter gegenüber
den Grundblättern zumeist deutlich reduziert. Einige *Dactylorhiza*-Arten
sind durch eine charakteristische Blattfleckung gekennzeichnet (Abb. 278).
Gute Merkmale sind auch die beiden ± gegenüberstehenden Stengelblätter
von *Listera* (Abb. 277; vgl. *3.4.0*; ähnlich *Platanthera* mit zusätzlichen
Hochblättern), die feine Behaarung der Sproßachse bei *Epipactis*-Arten oder
die nichtgrünen (zumeist gelblich-bräunlichen) Schuppenblätter saprophy-
tischer Orchideen (z.B. *Corallorhiza*, *Neottia*).

3.4.12   *Juncaceae* (Binsengewächse) (2/42; ♃, (☉))

Die beiden Gattungen werden am besten getrennt besprochen. Alle *Luzula*-
Arten sind in ihrer Blattgestalt ziemlich einheitlich: sie sind grasartig (aber,
im Gegensatz zu den Echten Gräsern, in 1/3-Stellung) und zumindest an
den basalen Teilen in charakteristischer Weise lang bewimpert (Abb. 283c;
bei wenigen Arten des Berglandes ist die Bewimperung nur sehr schwach).
Wesentliche Merkmale für die Bestimmung liefern die Blätter nur selten.
Hierfür ist die Infloreszenz das wichtigste Kriterium, was in diesem Fall die
Möglichkeit einer regelgerechten Bestimmung kaum einengt, da man deren
Aufbau fast die ganze Vegetationsperiode über erkennen kann. Näherhin
muß man überprüfen, ob die Blüten einzeln stehen oder in welcher Weise
sie gruppenartig zusammentreten. Dies ist für den Ungeübten nicht immer
einfach zu entscheiden (vgl. Abb. 282-284).
   Die Blätter von *Juncus* sind stets kahl und zudem kaum grasartig-flach,
sondern zumindest rinnig oder aber, einem Stengel ähnlich, rund (eben
„binsenförmig"). Vor allem rinnige Blätter besitzen am oberen Rand der
Blattscheide zwei öhrchenartige Hochwölbungen, die bei der alpinen *J.
trifidus* s.l. „gefranst", d.h. längsgespalten sind. Im übrigen sind die Blattscheiden bei *Juncus* offen, was die Gattung von bisweilen ähnlichen
Cyperaceen unterscheidet (vgl. den nächsten Abschnitt). Stengelblätter sind
dabei meist nur wenige entwickelt, die Gesamtinfloreszenz wird jedoch i.d.R.
von 1-2 wohlentwickelten Tragblättern unterstützt. – Bei den stengelähn-
lichen, bisweilen aber zweischneidig zusammengedrückten Blättern gibt es
zwei Formen: durchgängig hohle und „gefächerte", d.h. durch Querwände

gegliederte (Abb. 280, 281)[40]; diese Querwände lassen sich leicht erfühlen, indem man das Blatt zwischen zwei Fingern zusammendrückt und durchzieht. Während die *Junci* mit gefächerten Blättern zumeist Rasen bilden, sind die ungekammerten häufig Horstpflanzen. – Typisch ist in vielen Fällen außerdem, daß das Tragblatt der Infloreszenz die Wachstumsrichtung der – im übrigen nicht erkennbar beblätterten[41] – Sproßachse fortsetzt, weshalb die Spirre scheinbar seitenständig ist (Abb. 279). Dabei ist die relative Länge des Tragblattes ± artspezifisch: Bei *J. filiformis* z.B. ist es so lang wie der Stengel (weshalb die Spirre scheinbar der „Stengel"mitte entspringt), bei *J. maritimus* überragt es infolge seiner Kürze kaum die Infloreszenz.

Die für die Juncaceen typische 1/3-Stellung kann man bei den Arten mit röhrigen Blättern kaum nachvollziehen.

3.4.13 *Cyperaceae* (Sauer- oder Riedgräser) (10-20[42]/ca. 140; ♃, (☉))

Die Blätter der Cyperaceen sind zumeist „grasartig" (flach, gefaltet oder borstlich), seltener auch massiv-dreikantig (vor allem im Spitzenbereich des Blattes) oder binsenartig, in diesem Falle aber zumeist viel kleiner als die der häufigeren *Juncus*-Arten mit entsprechenden Blättern; von diesen unterscheiden sich die weitaus meisten Cyperaceen (Ausnahme: *Cladium*) auch durch ihre geschlossene Blattscheide. – Die 1/3-Stellung ist oft gut zu erkennen, die Stengel sind im Zusammenhang damit meist ± dreikantig und im übrigen – im Gegensatz zu den Gramineen – zumeist knotenlos. Infolge dieser Dreikantigkeit gibt es bei der Blattscheide eine „Bauchseite" (sie liegt dem Spreitenansatz gegenüber) und zwei „Rückenseiten" (vgl. Abb. 286, 287). – Die Spreiten sind in der Regel kahl, am Rand aber oft rauh oder auch schneidend scharf (*Cladium*). An der Grenze von Ober- und Unterblatt erkennt man häufig einen Hautsaum, der mit der bekannten Ligula der Gramineen (vgl. *3.4.0* und *3.4.16*) vergleichbar ist. Unterhalb der Infloreszenz befinden sich oft ein oder mehrere Tragblätter, die aber nur sehr selten den Stengel in seiner Richtung – wie bei manchen *Juncus*-Arten, vgl. Abb. 279 – fortsetzen (so bei *Isolepis*).

Die einzelnen Gattungen an ihren vegetativen Merkmalen zu erkennen setzt in den meisten Fällen einige Erfahrung voraus. Bei der Bestimmung der Arten spielen jedoch Blattgestalt, Stengelquerschnitt (rund, stumpf bzw. scharf 3kantig), Horst- oder Rhizomwuchs, Wuchshöhe usw. eine beträcht-

---

[40] Borstliche Blätter mit undeutlichen Querwänden hat *J. bulbosus.* Bei dem seltenen *J. atratus* ist die Kammerung wegen der – auch frisch – kantig gerieften Blätter wenig fühlbar.
[41] An der Basis der Sproßachse finden sich allerdings fast immer zusätzlich ± scheidige Niederblätter.
[42] Die Zahl der Gattungen hängt davon ab, ob man *Scirpus* weit faßt oder in bis zu 10 Gattungen zerlegt (wie es die meisten Floren handhaben).

liche Rolle. Besonders wichtig sind vegetative Merkmale für die Bestimmung der Gattung *Carex*, die immerhin ca. 100 der oben angegebenen 140 Arten umfaßt. Dabei kann man zumeist auf die basalen Teile der Pflanze nicht verzichten: Rhizome (soweit vorhanden), Farbe der basalen Niederblätter (sie sind nicht selten rötlich getönt), Vorhandensein vorjähriger Blattreste ("Faserschopf") sowie vor allem die Frage, ob die Bauchseite älterer Blattscheiden häutig zerreißt oder ob sie netznervig verwittert (Abb. 285). An den oberirdischen Blättern ist die Faltung wichtig – sie kann einfach sein, also mit V-förmigem Querschnitt (Abb. 286) oder doppelt und ist dann einem umgekehrten W ähnlich ("Knickrandblätter"; Abb. 287); kennzeichnend ist oft auch die Ausgestaltung des (bei *Carex* stets vorhandenen) Blatthäutchens (Abb. 286-288), die Behaarung (sie ist ziemlich selten) und in Einzelfällen sogar die Position der Spaltöffnungen: diese liegen als Reihen heller Punkte auf der Ober- oder auf der Unterseite (starke Lupe!).

Dafür ein paar Beispiele; die jeweils gegenübergestellten Arten können recht ähnlich sein und finden sich alle in den gleichen Biotoptypen: Nasse Gräben und Naßgrünland.

C. acutiformis: Blätter selten >10 mm breit, Ligula meist höher als breit, spitz. Ältere Blattscheiden mit Fasernetz (Abb. 285). – *C. riparia*: Blätter 7-17 mm breit, Ligula flachbogig, stumpf. Untere Scheiden gitternervig, aber nicht netzfasrig verwitternd.

C. acutiformis: Blattscheiden netzfasrig (vgl. oben), meist rotbraun. Ligula spitz, 5-15 mm hochreichend. – *C. gracilis* (= *acuta*): Blattscheiden häutig zerreißend, weißlich-bräunlich. Ligula stumpf, 4-6 mm.

C. gracilis: Spaltöffnungen unterseits (aber auf Resupinationen achten!). Blattrand rollt sich beim Trocknen nach unten ein[43]. – *C. nigra*: Spaltöffnungen auf der Blattoberseite. Blattrand rollt sich nach oben ein.

C. rostrata: Blätter graugrün, einfach gefaltet. Ligularbogen 2-3 mm hoch (Abb. 286). Stengel stumpf 3kantig. – *C. vesicaria*: grasgrüne Knickrandblätter. Ligula spitz, >5 mm hochreichend (Abb. 287). Stengel scharf 3kantig.

C. vulpina: Ligula breiter als hoch. Seitenflächen der Stengel konkav. – *C. cuprina*: Ligula höher als breit. Seitenflächen ± plan.

Es gibt recht ausführliche Schlüssel zur vegetativen Bestimmung von *Carex*-Arten (vgl. Literaturverzeichnis), insbesondere solcher des Wirtschaftsgrünlandes, weil die generativen Teile sich dort wegen der Mahd oft nicht entwickeln können. Sie anzuwenden ist jedoch meist schwieriger als man zunächst meinen möchte; es empfiehlt sich deshalb, Pflanzen, die unter Zuhilfenahme generativer Organe bestimmt wurden, auch nach vegetativen Merkmalen zu bestimmen, um sich eine Übersicht über die einzelnen verwendeten Merkmale zu verschaffen.

---

[43] Dieses Merkmal läßt sich nicht immer gut erkennen

Am besten lassen sich fruchtende Seggen bestimmen. Zu diesem Zeitpunkt sind die Narben meist schon abgefallen, und die in Bestimmungsbüchern meist bald gestellte Frage „2 oder 3 Narben" ist nicht mehr ohne weiteres zu beantworten. In diesem Fall entferne man den Utriculus (Fruchtschlauch), also das häutige, bisweilen geschnäbelte Organ, das die eigentliche Frucht (eine kleine Nuß) umhüllt und prüfe diese: ist sie dreikantig, waren 3 Narben da, ist sie linsenförmig, waren es 2.

3.4.14 *Typhaceae* (Rohrkolbengewächse) (1/4; ⚁)

Die Blätter sind sehr einheitlich: bandförmig, mit ± gewölbter Unterseite und in ihrer zumeist dichten, oft einen Scheinstamm bildenden 2zeiligen Anordnung unverkennbar; bisweilen sind die Spreiten in sich schraubig gedreht. Unterschiedlich ist nur die Blattbreite, wobei aber die Unterscheidung der beiden häufigen Arten *Typha latifolia* und *T. angustifolia* (>10 bzw. <10 mm) nur bei vollständig entwickelten Blättern möglich ist (die stärkere Wölbung der Blattunterseite bei *T. angustifolia* ist kein zuverlässiges Merkmal).

3.4.15 *Sparganiaceae* (Igelkolbengewächse) (1/4; ⚁)

Auch hier sind die dichtstehenden Blätter 2zeilig gestellt, im Querschnitt jedoch sind sie – zumindest bei den häufigeren Arten – 3kantig oder doch gekielt und im häufigsten Fall auch kürzer (selten >1 m). Ein ± gitterartiges Adersystem läßt sich zumeist gut erkennen. Eine Unterscheidung der einzelnen Arten ist bis zu einem gewissen Grad an der Blattspitze möglich. Im Gegensatz zu *Typha* werden häufig flutende Unterwasserblätter ausgebildet.

3.4.16 *Gramineae (Poaceae)* (Süßgräser, Echte Gräser) (ca. 60/210[44]; ⚁, ☉)

Als Familie lassen sich die Echten Gräser i.d.R. gut erkennen: der typische „Grashabitus", die 2zeilige Blattstellung (die allerdings durch Torsionen gestört sein kann), der zumeist deutlich in verdickte Knoten[45] und hohle Internodien gegliederte „Halm", die wohlentwickelte und gut kenntliche Blattscheide sowie eine charakteristische Ligula, die nur selten rückgebil-

---

[44] Die Gattungsabgrenzung wird sehr unterschiedlich gehandhabt, eine genaue Artenzahl läßt sich wegen des unklaren Status' etlicher Neophyten nicht näher festlegen.

[45] Die Verdickung des Knotens ist allerdings weniger eine des eigentlichen Halms als vielmehr des untersten Teils der Blattscheide.

det ist – alle diese Merkmale führen (in dieser Kombination) mit großer Sicherheit zu den Gramineen. *Gattungs*-Merkmale jedoch lassen sich nur selten angeben – höchstens Anhaltspunkte: bei *Phragmites*, *Setaria*, *Eragrostis* u.a. ist die Ligula in einen Haarkranz aufgelöst, bei *Bromus* ist die Blattscheide – im Gegensatz zu den meisten der habituell bisweilen ähnlichen *Festuca*-Arten – in aller Regel geschlossen (bildet also eine Röhre), bei *Poa*, *Helictotrichon* u.a. verläuft beiderseits der Mittelrippe eine Rinne („Skispur", daher auch „Schienenblatt"; ein nicht immer überzeugendes Merkmal).

Dennoch bieten die Gramineen eine Reihe vegetativer Kriterien, die in vielen Fällen – und bei einiger Übung[46] – eine Bestimmung bis zur Art ermöglichen. Es existieren auch gute Schlüssel, die auf vegetativen Merkmalen aufbauen. Wichtig sind:

– *Blattform*: plan/zusammengerollt, aber entfaltbar (Vorsicht bei „angetrockneten" oder Herbarexemplaren!)/borstlich (d.h. nicht entfaltbar)
– *metrische Merkmale*: v.a. Blattbreite
– *Knospenlage*: gerollt/gefaltet
– *Ligula*: Länge; spitz/gestutzt; bewimpert? usw.
– *Blattgrund*: z.B. Vorhandensein von Öhrchen (z.B. Abb. 294)
– *Blattscheide*: offen/geschlossen (vgl. oben)
– *Behaarung* der Blattspreite (überall? nur auf den Nerven?), der Blattscheide und des Halms (nicht immer zuverlässig)
– *Blattspitze*: allmählich/plötzlich verschmälert; „Kahnspitze" (Abb. 295)
– *Nervatur*: als Rippen hervortretend? Schienenblatt (vgl. oben); Höckerchen oder ähnliche Bildungen; bei „kritischen" Formenkreisen, z.B. bei *Festuca ovina* agg. auch Zahl und Anordnung der Nerven auf dem Blattquerschnitt
– *Bereifung* (± bläulicher, abwischbarer Belag)
– *unterirdische Organe*: Horst-/Rhizomgras[47]; ein-/mehrjährig (vgl. unten).

Einige Beispiele sind in Abb. 289 bis 296 dargestellt; sie entstammen, um einen ± einheitlichen Bezugsraum zu berücksichtigen, vor allem dem Biotop-Typ „Wald". Entsprechende Abbildungen für Grünlandgräser findet man z.B. in VOLGER (1994). Eine Gegenüberstellung der wichtigen Getreidearten ist häufig in Bestimmungsbüchern vorgenommen und ermöglicht deren Ansprache auch als Jungpflanze.

Eine Bestimmung der Art nach vegetativen Merkmalen im Gelände hat nur dann Sinn, wenn man die Zahl der Möglichkeiten aufgrund seiner Kenntnisse von vornherein stark einengen kann: man sucht dann gezielt die Angaben zu den in Frage kommenden Arten. Eine Bestimmung „von Anfang an" erfolgt hingegen am besten zu Hause; dafür muß man Material aus dem Gelände mitnehmen (in einer Plastiktüte

---

[46] Es wird hier, ähnlich wie bei *Carex*, empfohlen, den Umgang mit Blattmerkmalen an generativ bestimmten Individuen zu üben.
[47] Besser wäre der Begriff „Ausläufergras", da echte, d.h. vorwiegend der Nährstoffspeicherung dienende und demzufolge verdickte Rhizome den einheimischen Gräsern fehlen.

und möglichst wenig geknickt), soweit dies mit den Anforderungen des Naturschutzes zu vereinbaren ist. Um die unterirdischen Teile zu schonen, genügt es, sich die Wuchsform zu notieren (vor allem horst- oder rasenförmigen Wuchs); auch die Alternative ein-/mehrjährig ist bei den meisten Gräsern leicht per Augenschein zu entscheiden: die Annuellen wachsen fast immer vereinzelt oder in Büscheln (nicht in ± dichten Rasen und nicht in dichten Horsten) und bilden neben den blühenden Trieben in der Regel keine sterilen, beblätterten Seitenachsen aus. Die Gramineen sind übrigens eine der ganz wenigen monokotylen Familien, in der die einjährige Lebensform überhaupt eine größere Rolle spielt.

3.4.17 *Araceae* (Aronstabgewächse) (3/3; ♃)

Auffällig – innerhalb der Monokotylen – sind die deutlich in Stiel und Spreite gegliederten Blätter von *Arum* (diese zudem mit Netznervatur, vgl. Abb. 297) und *Calla*; das Blatt von *Acorus* (Abb. 298) – bei dem das Stengelblatt, vergleichbar mit dem mancher *Junci,* die Sproßachse scheinbar fortsetzt – erinnert an *Iris*.

3.4.18 *Lemnaceae* (Wasserlinsengewächse) (3/6; ♃)

Der millimetergroße Vegetationskörper der auf oder im Wasser treibenden Wasserlinsen ist nicht in Sproßachse und Blätter gegliedert, sondern – außer bei *Lemna trisulca* – ± rundlich und mit 0 (*Wolffia*, sehr selten) – 1 (*Lemna*) – einigen (*Spirodela*) unverzweigten Wurzeln versehen. Da sämtliche Arten bei uns kaum einmal blühen, sie vermehren sich durch „Sprossung", werden sie fast immer anhand ihrer vegetativen Merkmale bestimmt.

Abbildungsteil

Der Abbildungsteil ist so konzipiert, daß er, von wenigen Ausnahmen abgesehen, auch unabhängig vom Textteil „gelesen" werden kann.

Innerhalb der Familien sind die dargestellten Blätter zu „Ähnlichkeitsgruppen" zusammengefaßt, wo dies zweckmäßig erschien; in diesen Fällen entspricht die Reihenfolge der Gattungen also nicht der eines der gängigen Bestimmungsbücher.

Der Abbildungsmaßstab ist unterschiedlich und kann aus der beigefügten Strichmarke (= 1 cm) erschlossen werden; dieser Maßstab gilt nicht für Detailabbildungen.

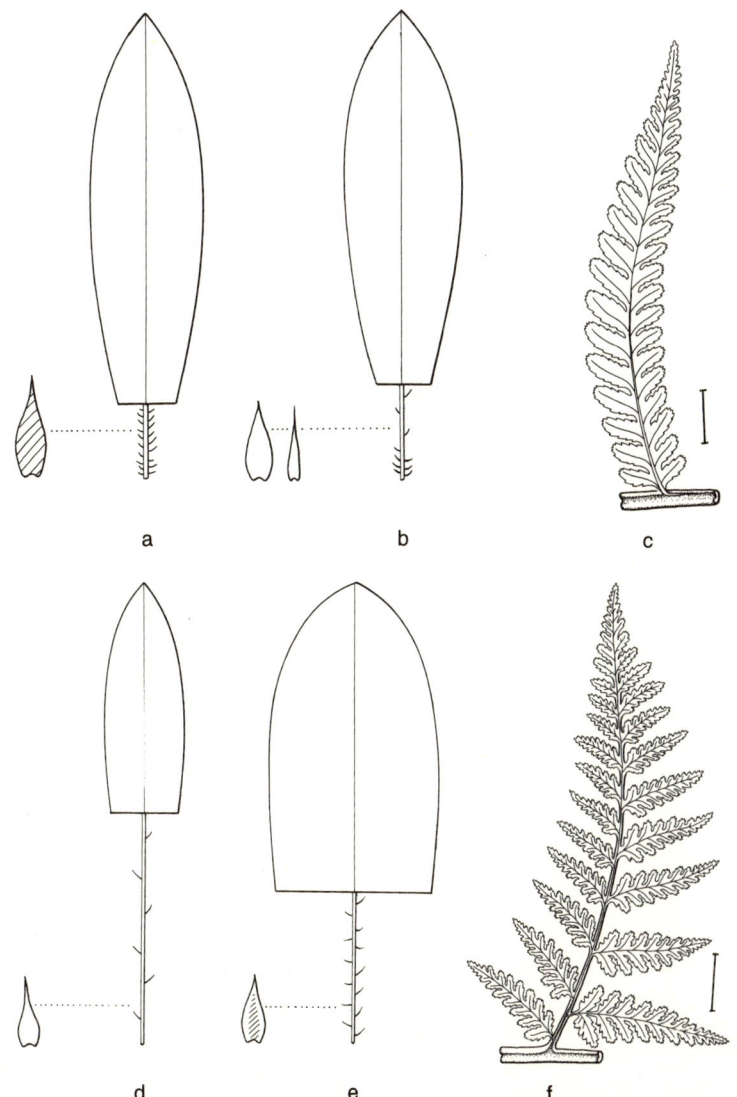

Abb. 1: *Dryopteris* (Wurmfarn). a, b, d, e: Wedel, schematisch, die Proportionen und den Besatz mit Spreuschuppen (diese jeweils links dargestellt) zeigend. c, f: Einzelfieder 1. Ordnung, diese in c fiederschnittig, in f gefiedert. – a: *Dryopteris affinis*; b, c: *D. filix-mas*; d: *D. carthusiana*; e, f: *D. dilatata*. – Beachte die unterschiedlichen Längen/Breiten-Verhältnisse der Spreiten und die jeweilige Stiel/Spreiten-Relation.

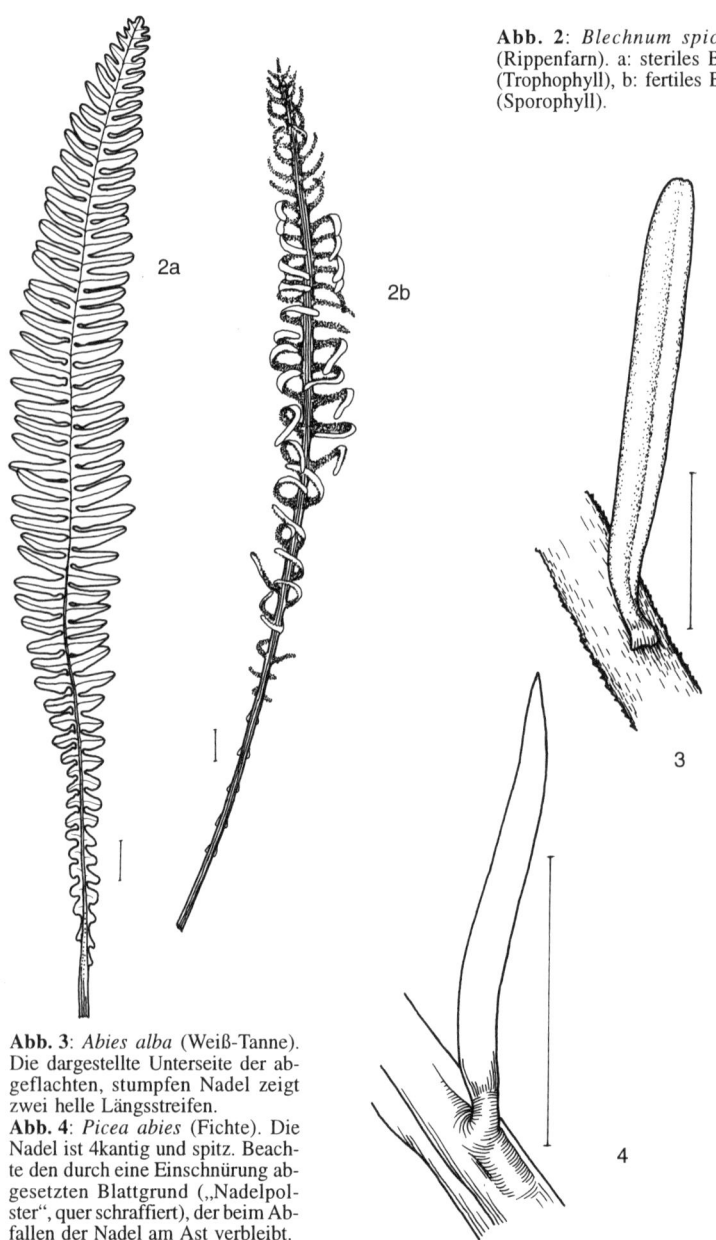

Abb. 2: *Blechnum spicant* (Rippenfarn). a: steriles Blatt (Trophophyll), b: fertiles Blatt (Sporophyll).

2a

2b

3

Abb. 3: *Abies alba* (Weiß-Tanne). Die dargestellte Unterseite der abgeflachten, stumpfen Nadel zeigt zwei helle Längsstreifen.

Abb. 4: *Picea abies* (Fichte). Die Nadel ist 4kantig und spitz. Beachte den durch eine Einschnürung abgesetzten Blattgrund („Nadelpolster", quer schraffiert), der beim Abfallen der Nadel am Ast verbleibt.

4

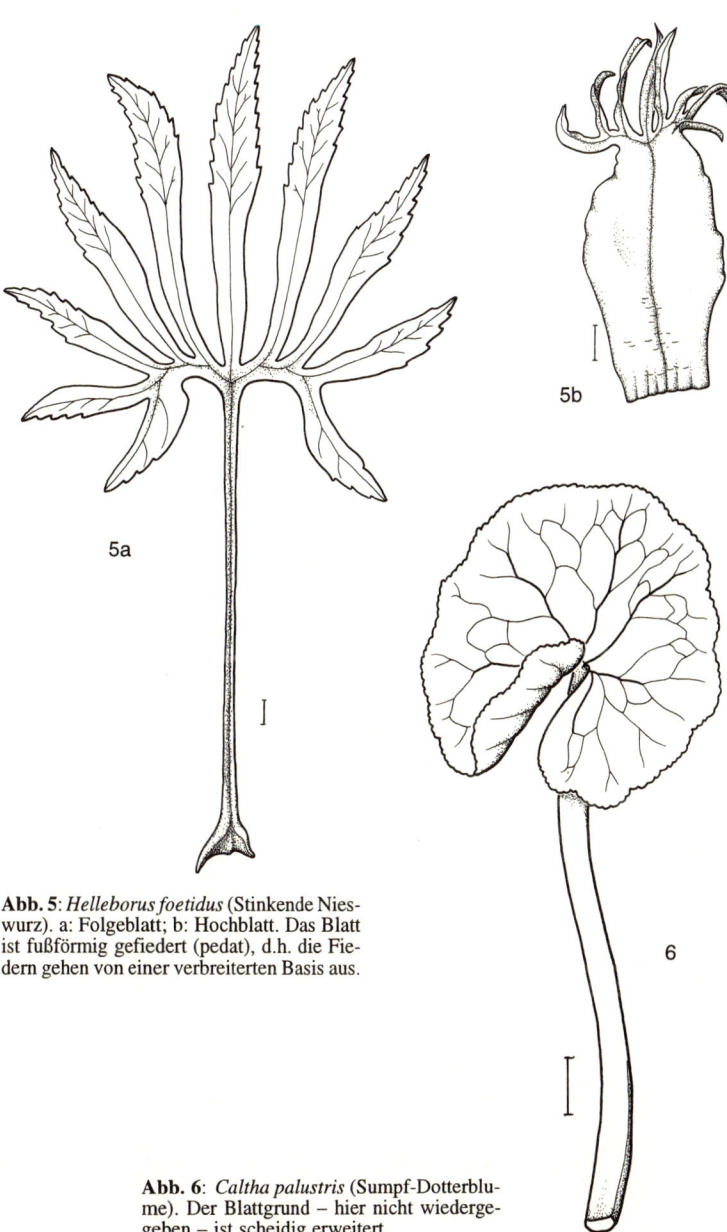

5a

5b

6

Abb. 5: *Helleborus foetidus* (Stinkende Nies-
wurz). a: Folgeblatt; b: Hochblatt. Das Blatt
ist fußförmig gefiedert (pedat), d.h. die Fiedern gehen von einer verbreiterten Basis aus.

Abb. 6: *Caltha palustris* (Sumpf-Dotterblu-
me). Der Blattgrund – hier nicht wiedergegeben – ist scheidig erweitert.

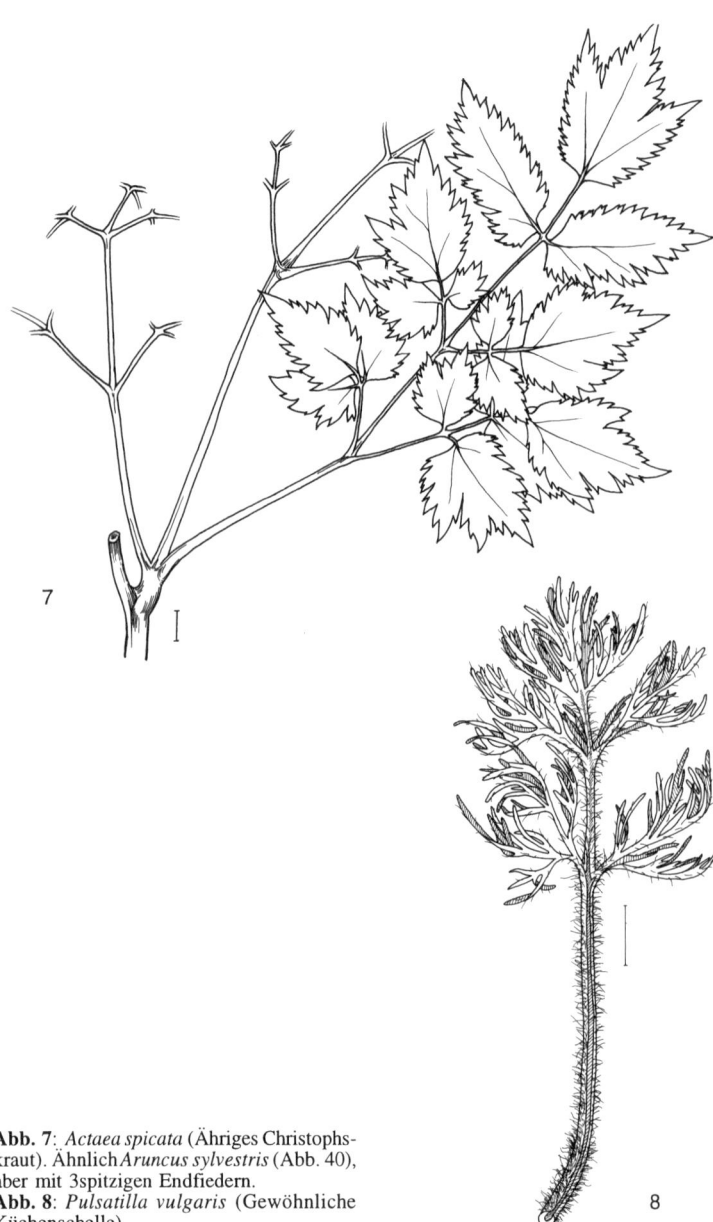

Abb. 7: *Actaea spicata* (Ähriges Christophs-
kraut). Ähnlich *Aruncus sylvestris* (Abb. 40),
aber mit 3spitzigen Endfiedern.
Abb. 8: *Pulsatilla vulgaris* (Gewöhnliche
Küchenschelle).

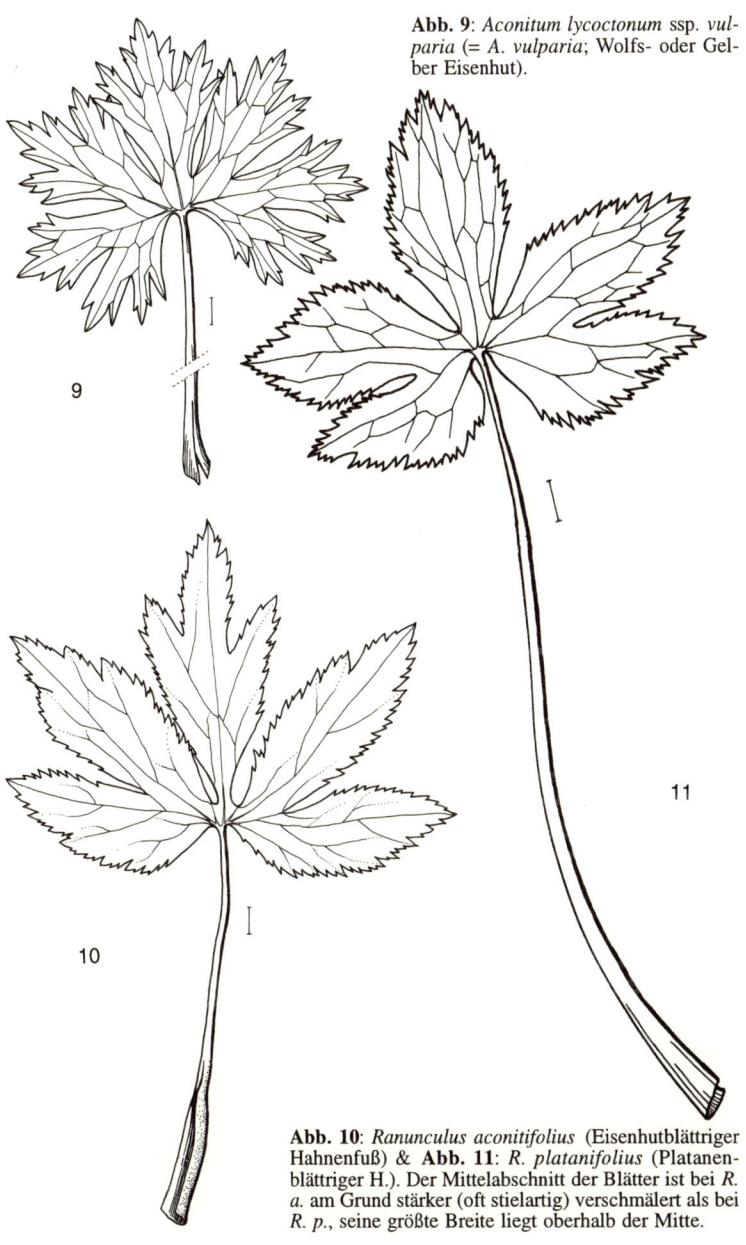

Abb. 9: *Aconitum lycoctonum* ssp. *vulparia* (= *A. vulparia*; Wolfs- oder Gelber Eisenhut).

Abb. 10: *Ranunculus aconitifolius* (Eisenhutblättriger Hahnenfuß) & **Abb. 11**: *R. platanifolius* (Platanenblättriger H.). Der Mittelabschnitt der Blätter ist bei *R. a.* am Grund stärker (oft stielartig) verschmälert als bei *R. p.*, seine größte Breite liegt oberhalb der Mitte.

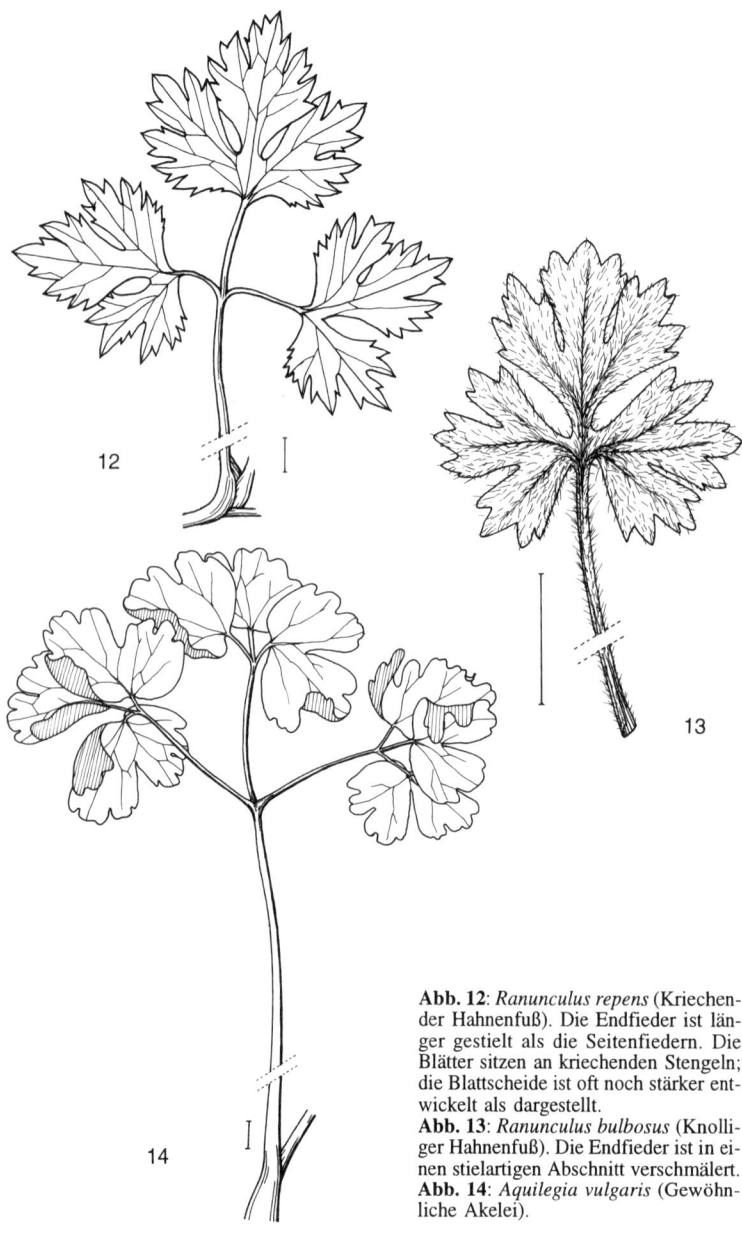

Abb. 12: *Ranunculus repens* (Kriechender Hahnenfuß). Die Endfieder ist länger gestielt als die Seitenfiedern. Die Blätter sitzen an kriechenden Stengeln; die Blattscheide ist oft noch stärker entwickelt als dargestellt.
Abb. 13: *Ranunculus bulbosus* (Knolliger Hahnenfuß). Die Endfieder ist in einen stielartigen Abschnitt verschmälert.
Abb. 14: *Aquilegia vulgaris* (Gewöhnliche Akelei).

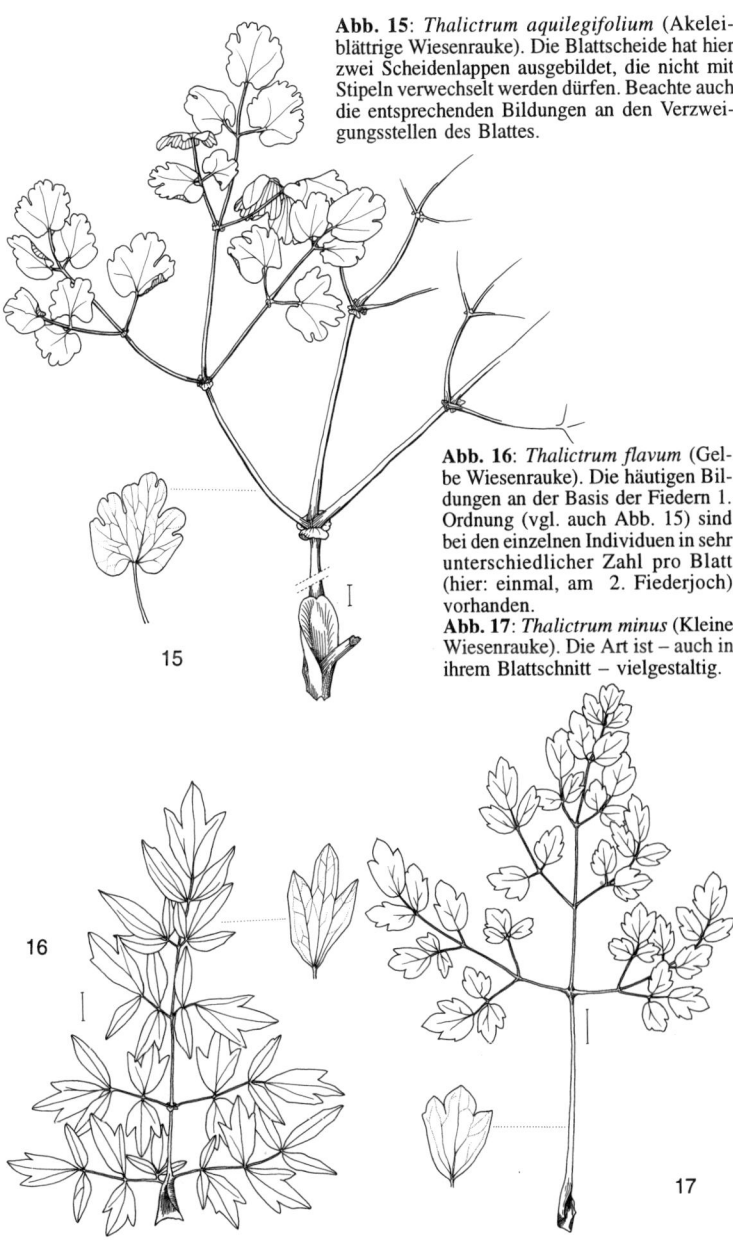

Abb. 15: *Thalictrum aquilegifolium* (Akeleiblättrige Wiesenrauke). Die Blattscheide hat hier zwei Scheidenlappen ausgebildet, die nicht mit Stipeln verwechselt werden dürfen. Beachte auch die entsprechenden Bildungen an den Verzweigungsstellen des Blattes.

Abb. 16: *Thalictrum flavum* (Gelbe Wiesenrauke). Die häutigen Bildungen an der Basis der Fiedern 1. Ordnung (vgl. auch Abb. 15) sind bei den einzelnen Individuen in sehr unterschiedlicher Zahl pro Blatt (hier: einmal, am 2. Fiederjoch) vorhanden.

Abb. 17: *Thalictrum minus* (Kleine Wiesenrauke). Die Art ist – auch in ihrem Blattschnitt – vielgestaltig.

15

16

17

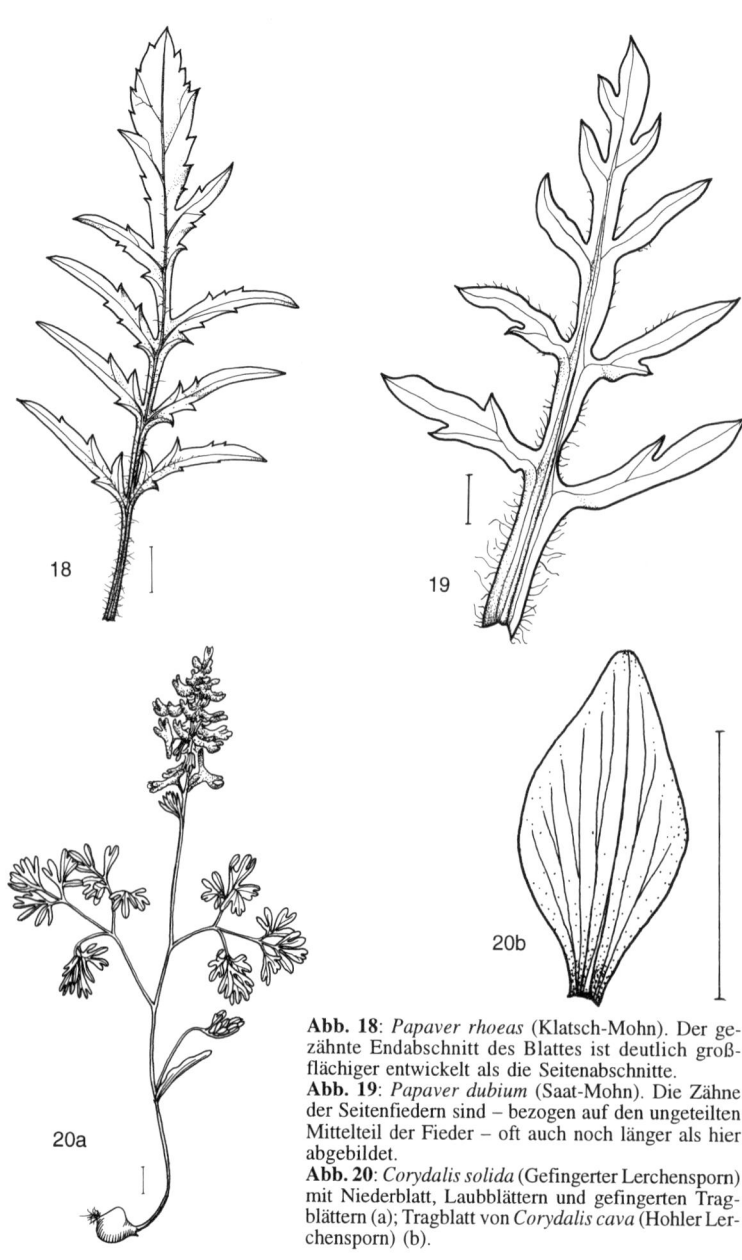

Abb. 18: *Papaver rhoeas* (Klatsch-Mohn). Der ge-zähnte Endabschnitt des Blattes ist deutlich groß-flächiger entwickelt als die Seitenabschnitte.

Abb. 19: *Papaver dubium* (Saat-Mohn). Die Zähne der Seitenfiedern sind – bezogen auf den ungeteilten Mittelteil der Fieder – oft auch noch länger als hier abgebildet.

Abb. 20: *Corydalis solida* (Gefingerter Lerchensporn) mit Niederblatt, Laubblättern und gefingerten Trag-blättern (a); Tragblatt von *Corydalis cava* (Hohler Ler-chensporn) (b).

Abb. 21: *Fumaria officinalis* (Gewöhnlicher Erdrauch). Ähnlich sehen auch die Blätter der meisten anderen *Fumaria*-Arten aus.
Abb. 22: *Platanus hybrida* (Platane). Die Blätter sind wechselständig, die beiden untersten der 5 Hauptnerven entspringen nicht dem Spreitengrund; vgl. *Acer platanoides* (Abb. 90).
Abb. 23: *Quercus robur* (Stiel-Eiche). Das Blatt ist im oberen Drittel am breitesten (a), die Blattunterseite ist (±) kahl (b).

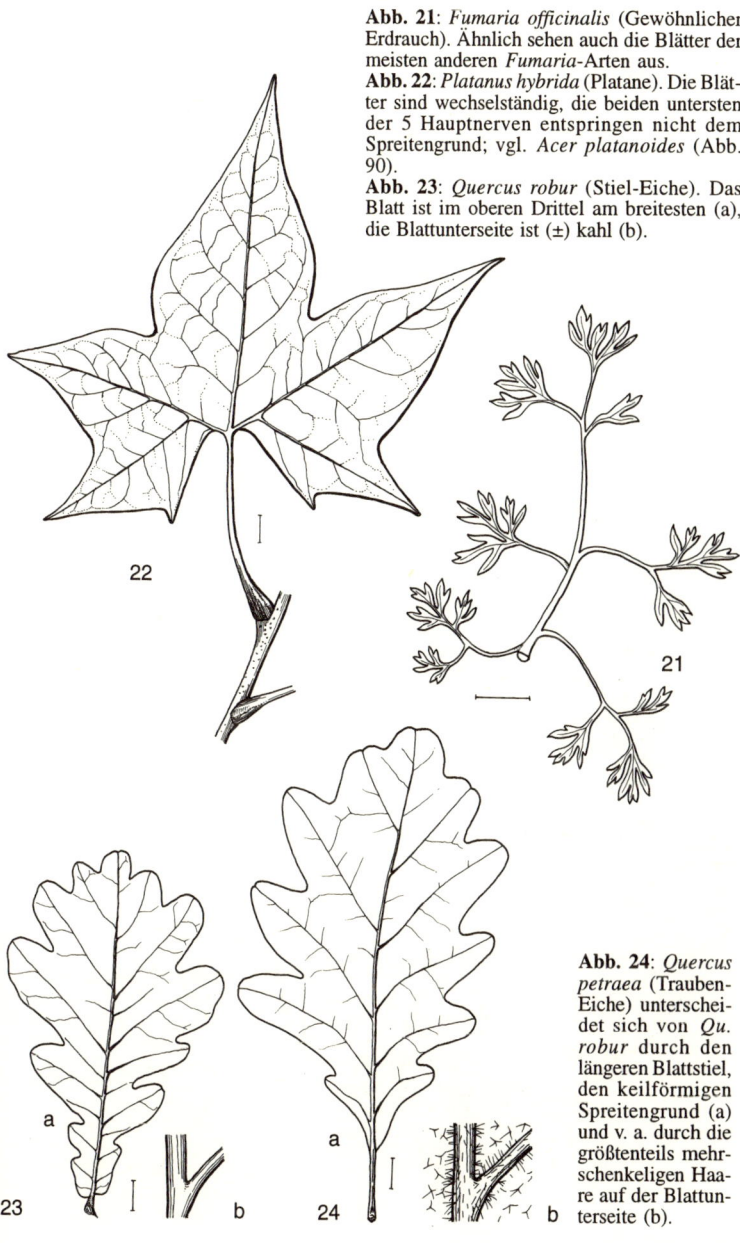

Abb. 24: *Quercus petraea* (Trauben-Eiche) unterscheidet sich von *Qu. robur* durch den längeren Blattstiel, den keilförmigen Spreitengrund (a) und v. a. durch die größtenteils mehrschenkeligen Haare auf der Blattunterseite (b).

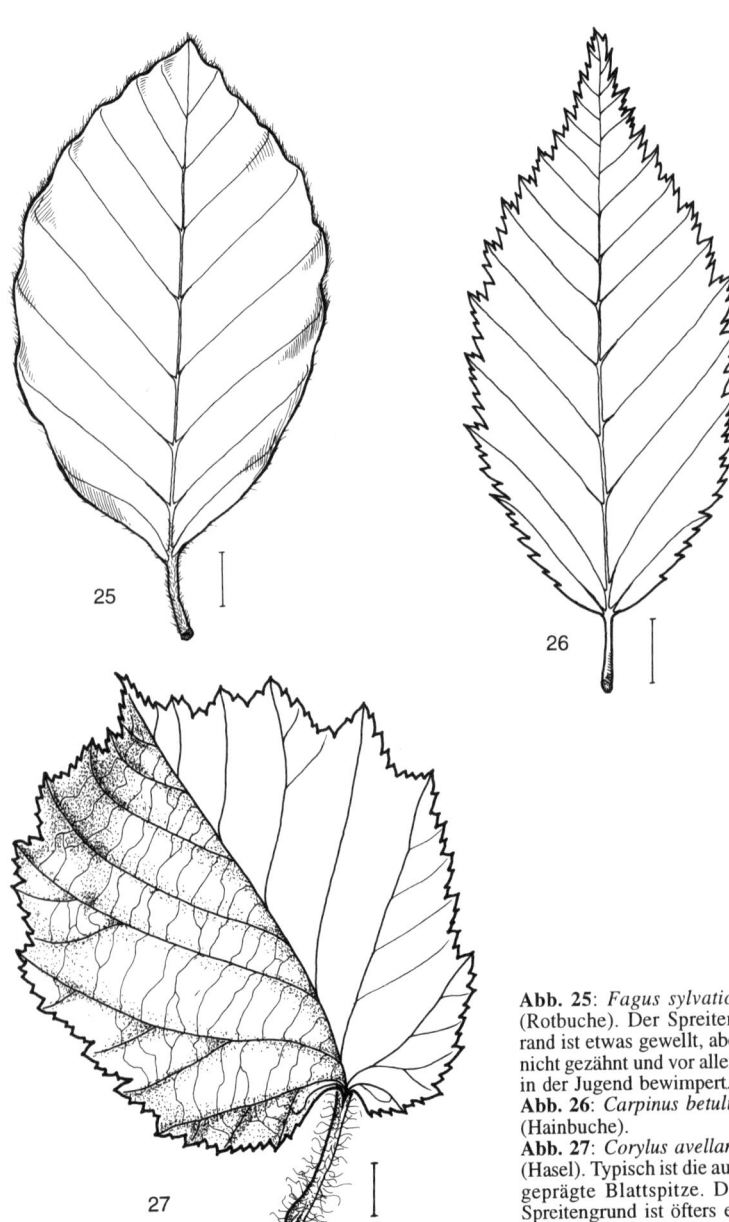

25

26

27

Abb. 25: *Fagus sylvatica* (Rotbuche). Der Spreitenrand ist etwas gewellt, aber nicht gezähnt und vor allem in der Jugend bewimpert.
Abb. 26: *Carpinus betulus* (Hainbuche).
Abb. 27: *Corylus avellana* (Hasel). Typisch ist die ausgeprägte Blattspitze. Der Spreitengrund ist öfters etwas asymmetrisch.

Abb. 28: *Ulmus laevis* (Flatter-Ulme). Die Asymmetrie des Spreitengrundes ist bei dieser Ulme am ausgeprägtesten (die Blattränder sind bis über 1,5 cm versetzt!). Die Seitennerven verzweigen sich – wenn überhaupt – erst kurz vor dem Blattrand. Die dargestellte Blattunterseite ist ± regelmäßig behaart.
Abb. 29: *Ulmus minor* (Feld-Ulme). Die Zahl der Seitennerven (der „größeren Hälfte") beträgt meist <12. Blattunterseits sind nur die Nerven (mit den Domatien) behaart.
Abb. 30: *Ulmus glabra* (Berg-Ulme). Die Zahl der Seitennerven beträgt meist >12. Einige Blätter am Baum sind 3spitzig.

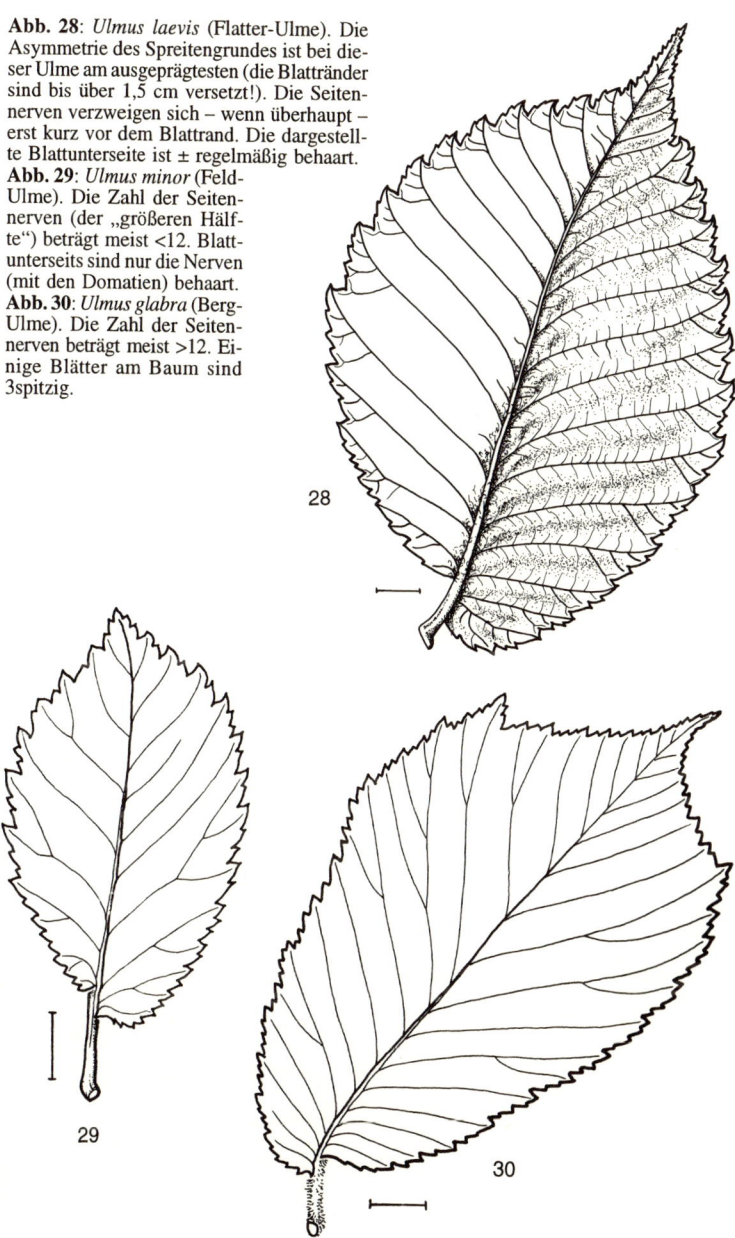

28

29

30

Abb. 31: *Ribes alpinum* (Alpen-Johan-
nisbeere). Der Endlappen kann auch größer sein als hier dargestellt.
Abb. 32: *Ribes pe-
traeum* (Felsen-Johan-
nisbeere). Das voll ent-
wickelte Blatt ist mit
6-10 cm Breite etwa
doppelt so groß wie
das von *R. alpinum*.

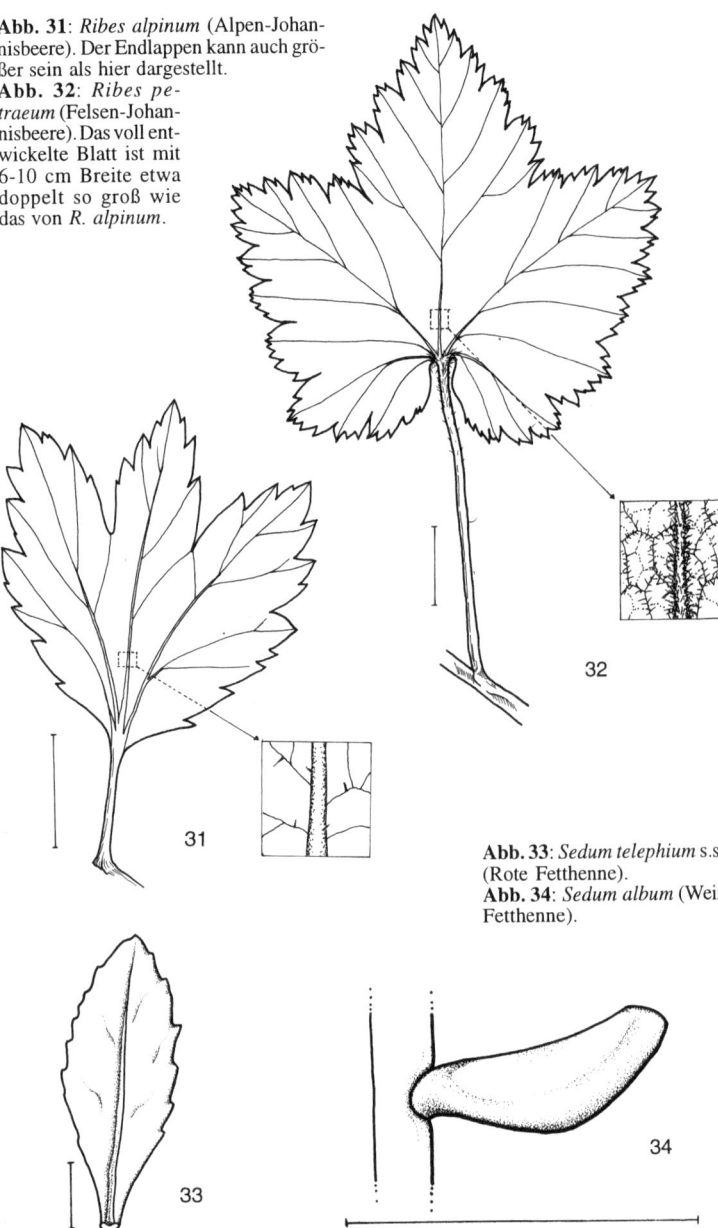

Abb. 33: *Sedum telephium* s.str.
(Rote Fetthenne).
Abb. 34: *Sedum album* (Weiße
Fetthenne).

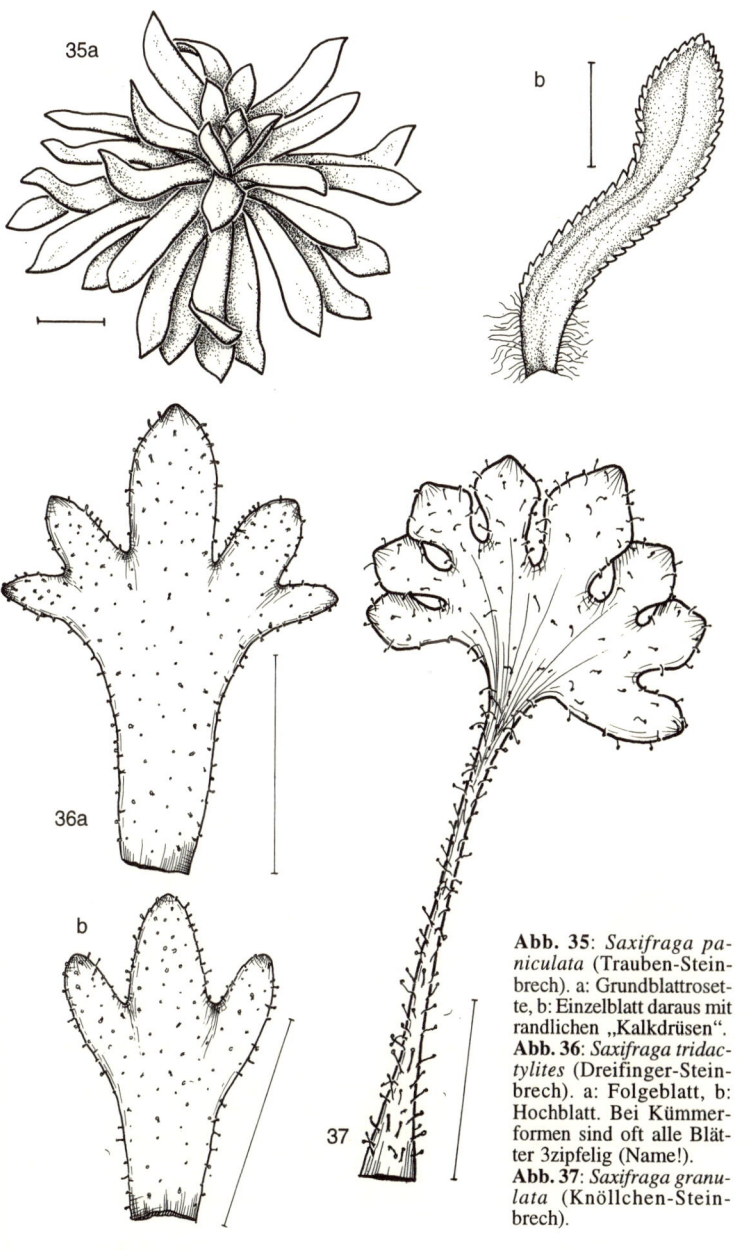

Abb. 35: *Saxifraga paniculata* (Trauben-Steinbrech). a: Grundblattrosette, b: Einzelblatt daraus mit randlichen „Kalkdrüsen".
Abb. 36: *Saxifraga tridactylites* (Dreifinger-Steinbrech). a: Folgeblatt, b: Hochblatt. Bei Kümmerformen sind oft alle Blätter 3zipfelig (Name!).
Abb. 37: *Saxifraga granulata* (Knöllchen-Steinbrech).

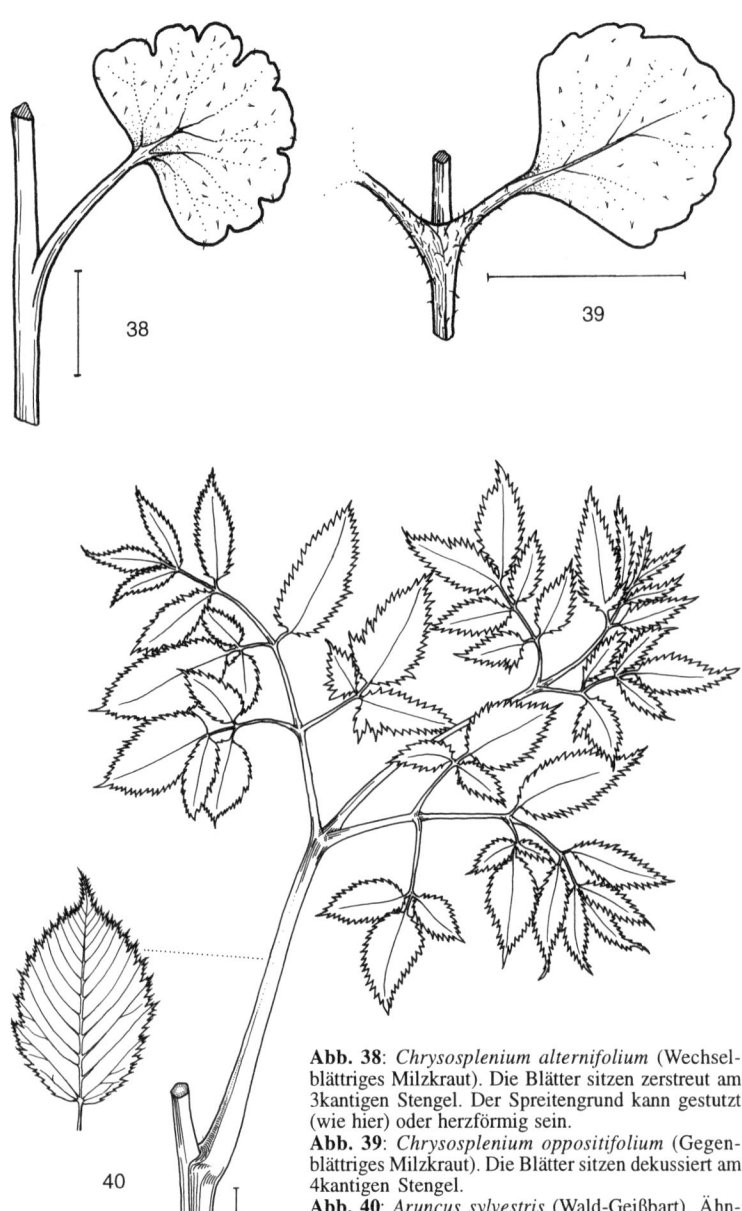

Abb. 38: *Chrysosplenium alternifolium* (Wechsel-blättriges Milzkraut). Die Blätter sitzen zerstreut am 3kantigen Stengel. Der Spreitengrund kann gestutzt (wie hier) oder herzförmig sein.

Abb. 39: *Chrysosplenium oppositifolium* (Gegen-blättriges Milzkraut). Die Blätter sitzen dekussiert am 4kantigen Stengel.

Abb. 40: *Aruncus sylvestris* (Wald-Geißbart). Ähn-lich *Actaea* (Abb. 7), aber Endfieder nicht 3zipfelig.

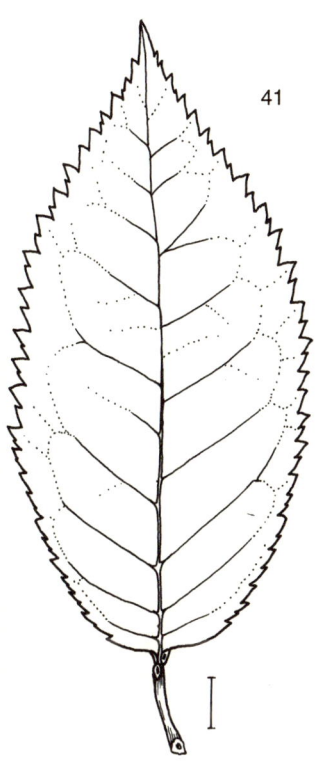

41

Abb. 41: *Prunus avium* (Vogel-Kirsche). Beachte die (hier: 2) napfförmigen Drüsen am Spreitengrund.

Abb. 42: *Prunus mahaleb* (Weichsel-Kirsche). Das Blatt ist (für eine *Prunus*-Art) auffällig rundlich.

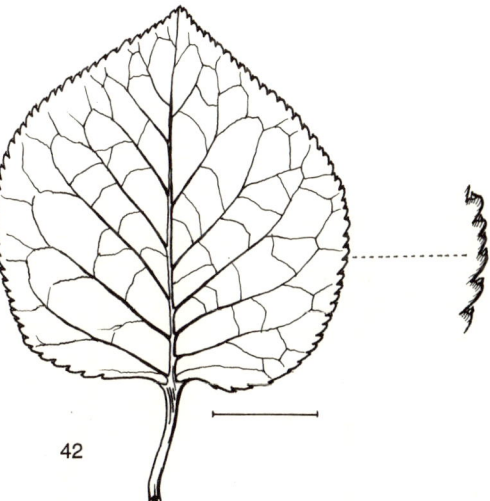

42

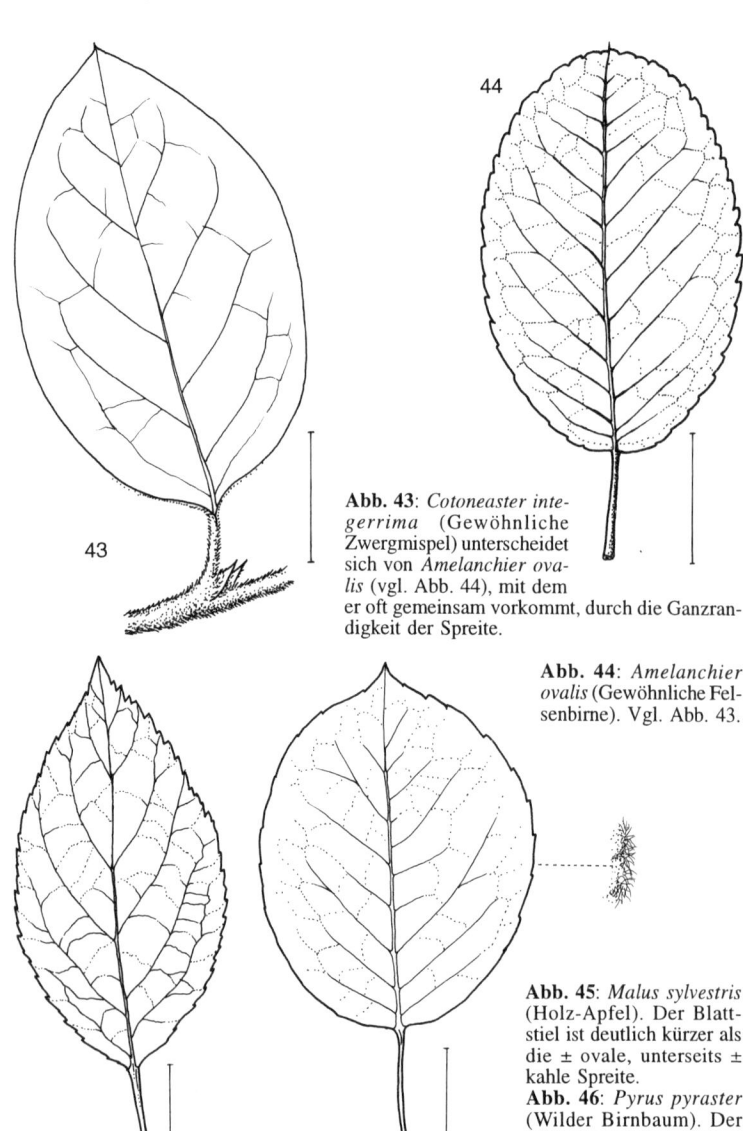

Abb. 43: *Cotoneaster integerrima* (Gewöhnliche Zwergmispel) unterscheidet sich von *Amelanchier ovalis* (vgl. Abb. 44), mit dem er oft gemeinsam vorkommt, durch die Ganzrandigkeit der Spreite.

Abb. 44: *Amelanchier ovalis* (Gewöhnliche Felsenbirne). Vgl. Abb. 43.

Abb. 45: *Malus sylvestris* (Holz-Apfel). Der Blattstiel ist deutlich kürzer als die ± ovale, unterseits ± kahle Spreite.
Abb. 46: *Pyrus pyraster* (Wilder Birnbaum). Der Blattstiel ist fast so lang wie die ± rundliche Spreite. Behaarung der Blattunterseite und Zähnung sind individuell sehr unterschiedlich.

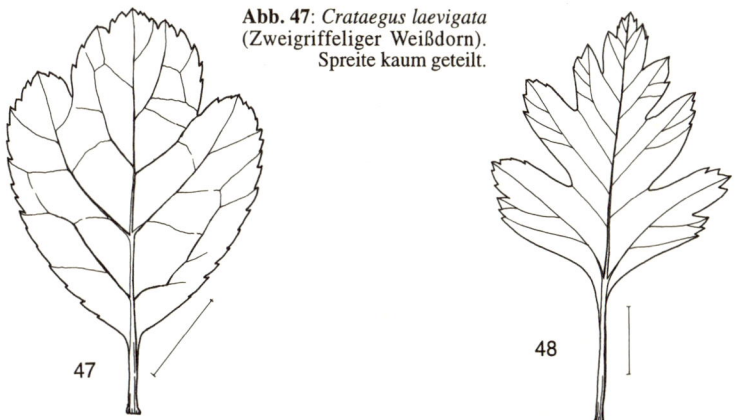

Abb. 47: *Crataegus laevigata* (Zweigriffeliger Weißdorn). Spreite kaum geteilt.

47

48

Abb. 48: *Crataegus monogyna* (Eingriffeliger Weißdorn). Spreite tief gelappt, die Lappen haben aber glatte Seitenränder und nur wenige apikale Zähne. Einen ähnlichen Blattschnitt hat *C. rosiformis* (= *curvisepala*), dort sind die Lappenränder aber gezähnelt. – Stipeln nicht gezeichnet.

Abb. 49: *Sorbus aucuparia* (Eberesche) & **Abb. 50**: *S. domestica* (Speierling). Die Fiedern sind bei *S. a.* tief hinab (oft bis zum Grund), bei *S. d.* nur in den beiden oberen Dritteln gezähnt. Die Knospen sind behaart (*S. a.*) bzw. fast kahl (und in der Jugend klebrig; *S. d.*). Die Stipeln fallen früh ab. – Diese Merkmale sind nicht sehr zuverlässig. Am schnellsten unterscheidet man größere Exemplare der beiden Arten über die glatte (*S. a.*) bzw. rauhe (*S. d.*) Borke.

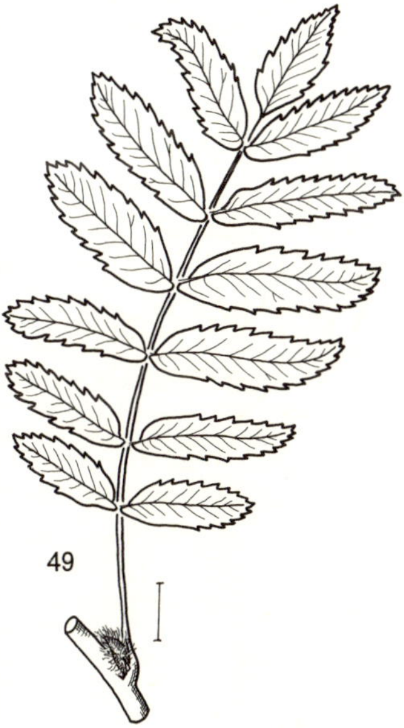

49

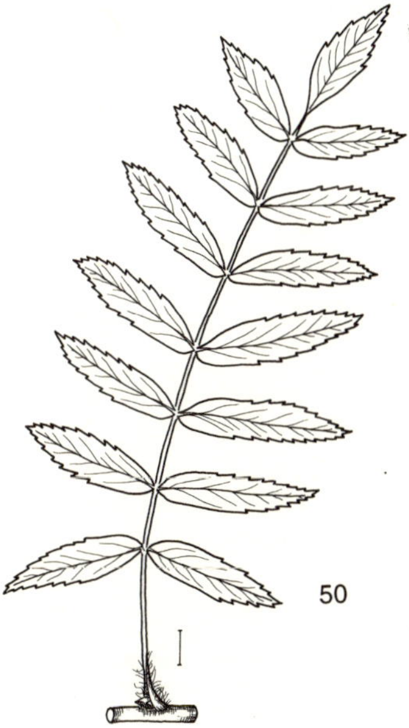

50

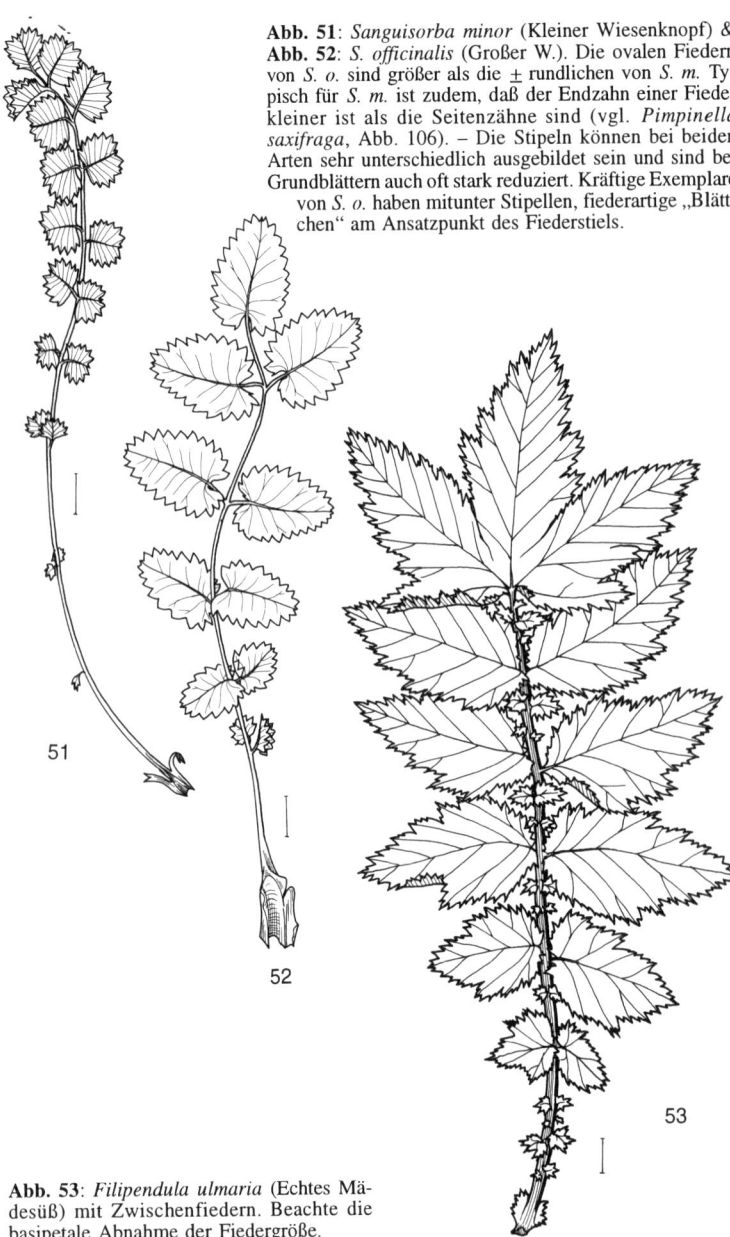

Abb. 51: *Sanguisorba minor* (Kleiner Wiesenknopf) &
Abb. 52: *S. officinalis* (Großer W.). Die ovalen Fiedern
von *S. o.* sind größer als die $\pm$ rundlichen von *S. m.* Typisch für *S. m.* ist zudem, daß der Endzahn einer Fieder
kleiner ist als die Seitenzähne sind (vgl. *Pimpinella
saxifraga*, Abb. 106). – Die Stipeln können bei beiden
Arten sehr unterschiedlich ausgebildet sein und sind bei
Grundblättern auch oft stark reduziert. Kräftige Exemplare
von *S. o.* haben mitunter Stipellen, fiederartige „Blättchen" am Ansatzpunkt des Fiederstiels.

Abb. 53: *Filipendula ulmaria* (Echtes Mä-
desüß) mit Zwischenfiedern. Beachte die
basipetale Abnahme der Fiedergröße.

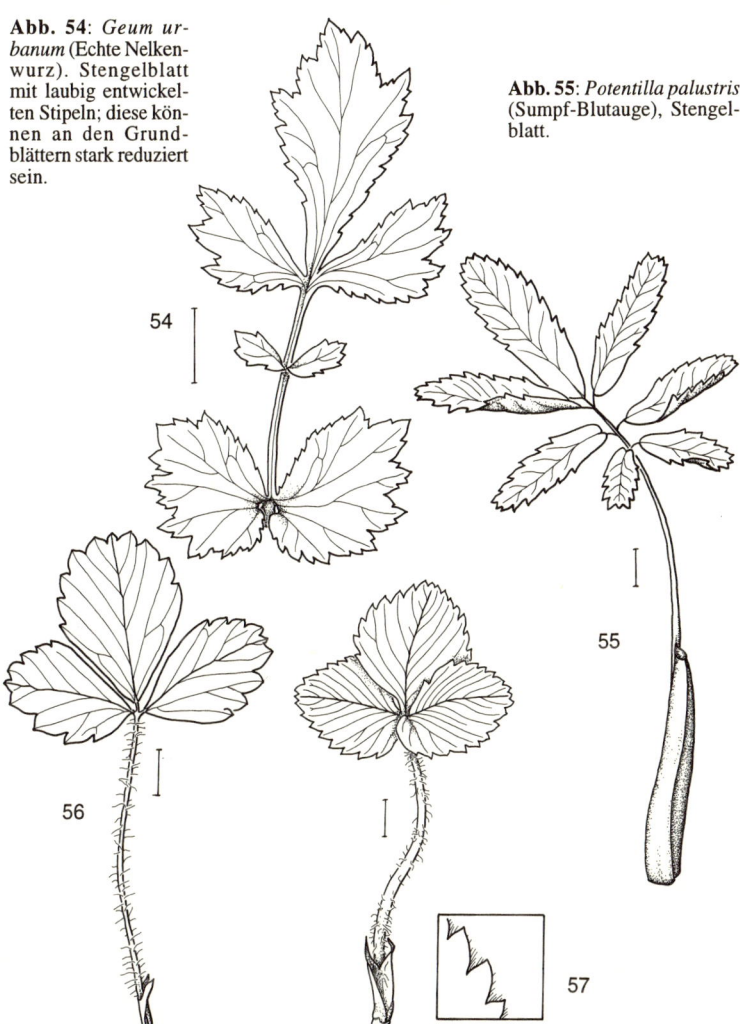

Abb. 54: *Geum urbanum* (Echte Nelkenwurz). Stengelblatt mit laubig entwickelten Stipeln; diese können an den Grundblättern stark reduziert sein.

Abb. 55: *Potentilla palustris* (Sumpf-Blutauge), Stengelblatt.

Abb. 56: *Potentilla sterilis* (Erdbeer-Fingerkraut) & **Abb. 57**: *Fragaria vesca* (Wald-Erdbeere). Beachte die unterschiedliche Blattzähnung. Das Blatt von *P. s.* ist unterseits abstehend behaart, die Pflanze ist ohne Ausläufer. Bei *F. v.* ist das Blatt unterseits anliegend behaart, die Pflanze bildet oberirdische Ausläufer aus, wobei jedes der fädlichen Internodien ein schuppenförmiges Niederblatt trägt. – Die Blätter anderer *Fragaria*-Arten ähneln Abb. 57, doch ist bei *F. moschata* (Zimt-Erdbeere) die Blattunterseite aufwärts-abstehend behaart; bei *F. viridis* (Knackelbeere) hat nur das erste Internodium des Ausläufers ein Schuppenblatt. – Behaarung und Morphologie des Ausläufers sind jedoch nicht immer zuverlässige Merkmale.

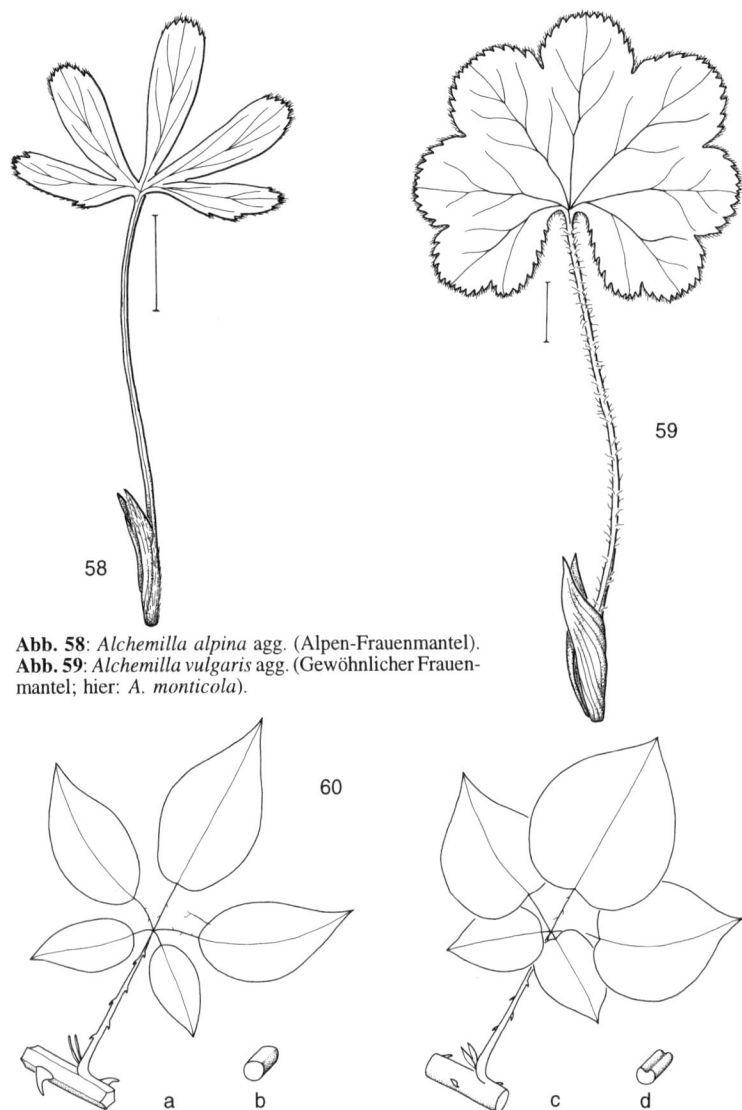

Abb. 58: *Alchemilla alpina* agg. (Alpen-Frauenmantel).
Abb. 59: *Alchemilla vulgaris* agg. (Gewöhnlicher Frauen-
mantel; hier: *A. monticola*).

Abb. 60: *Rubus „fruticosus"* (Echte Brombeere). Innerhalb dieser – in Floren häufig
nicht weiter aufgeschlüsselten – Sammelart sollte man zumindest die beiden Hauptgrup-
pen um *R. fruticosus* im engeren Sinn (a, b) und *R. corylifolius* (c, d) zu unterscheiden
versuchen. – a, c: Stück eines Schößlings mit Blatt; b, d: Blattstiel quer. – Nach WEBER
(1995).

Abb. 61: *Hippocrepis comosa* (Hufeisenklee). Die Blätter sind im Gegensatz zu denen von *Coronilla* lang gestielt.
Abb. 62: *Coronilla varia* (Bunte Kronwicke).
Abb. 63: *Coronilla vaginalis* (Scheiden-Kronwicke). Beachte das bauchseitig verwachsene Stipelpaar (Name!).
Abb. 64: *Vicia cracca* (Vogel-Wicke). Die hier dargestellte Blattform ist innerhalb der Gattung *Vicia* weit verbreitet und für die Bestimmung nicht sehr hilfreich.

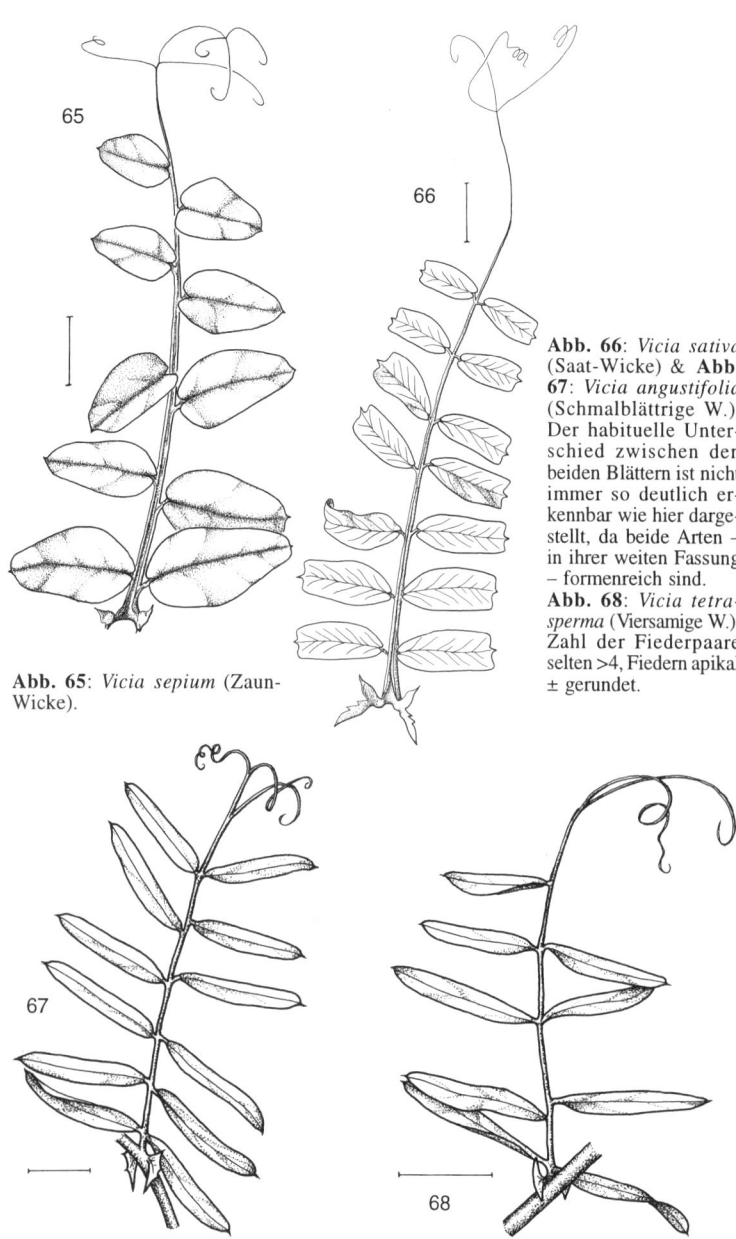

Abb. 65: *Vicia sepium* (Zaun-Wicke).

Abb. 66: *Vicia sativa* (Saat-Wicke) & **Abb. 67**: *Vicia angustifolia* (Schmalblättrige W.). Der habituelle Unterschied zwischen den beiden Blättern ist nicht immer so deutlich erkennbar wie hier dargestellt, da beide Arten – in ihrer weiten Fassung – formenreich sind.
Abb. 68: *Vicia tetrasperma* (Viersamige W.). Zahl der Fiederpaare selten >4, Fiedern apikal ± gerundet.

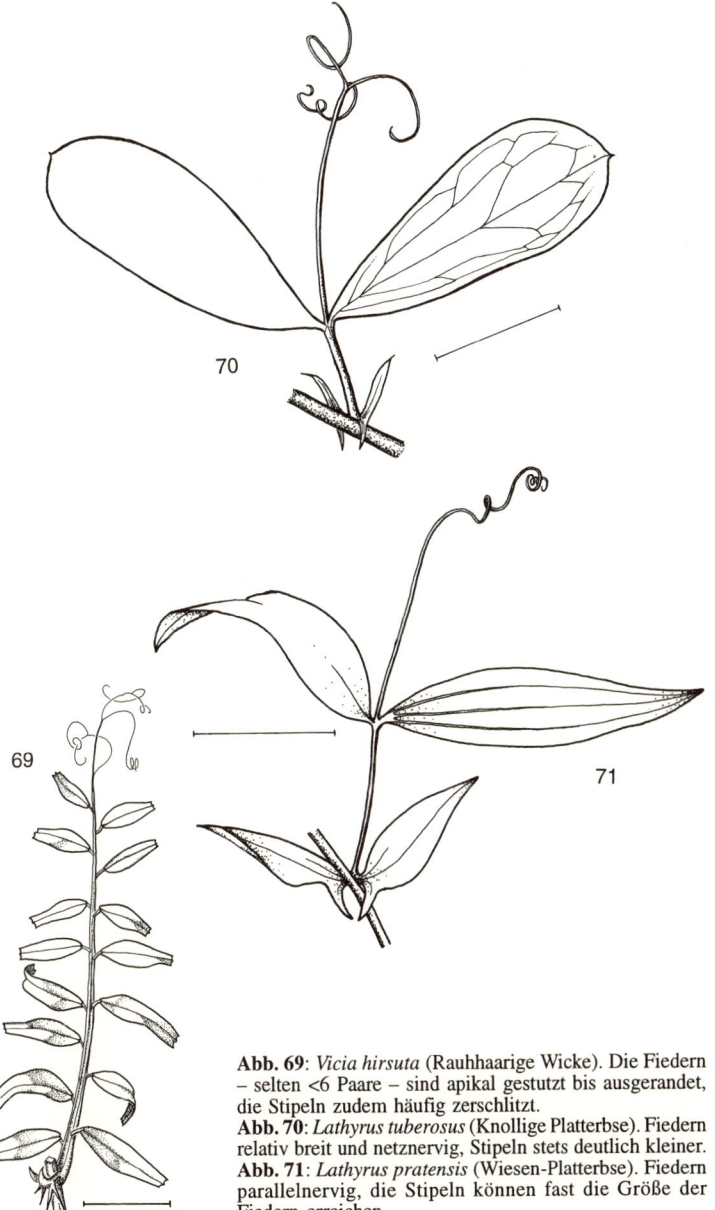

Abb. 69: *Vicia hirsuta* (Rauhhaarige Wicke). Die Fiedern
– selten <6 Paare – sind apikal gestutzt bis ausgerandet,
die Stipeln zudem häufig zerschlitzt.
Abb. 70: *Lathyrus tuberosus* (Knollige Platterbse). Fiedern
relativ breit und netznervig, Stipeln stets deutlich kleiner.
Abb. 71: *Lathyrus pratensis* (Wiesen-Platterbse). Fiedern
parallelnervig, die Stipeln können fast die Größe der
Fiedern erreichen.

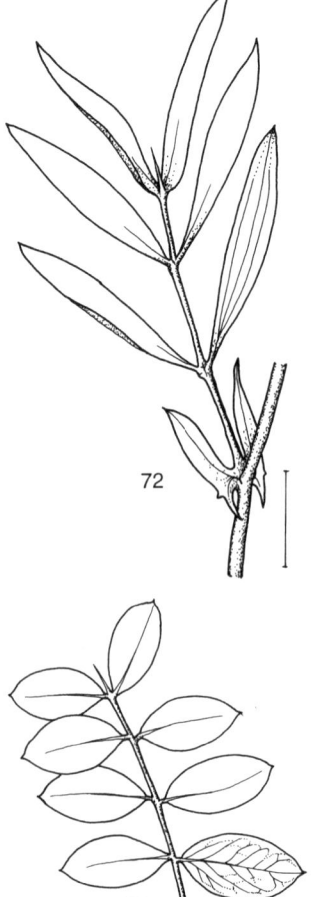

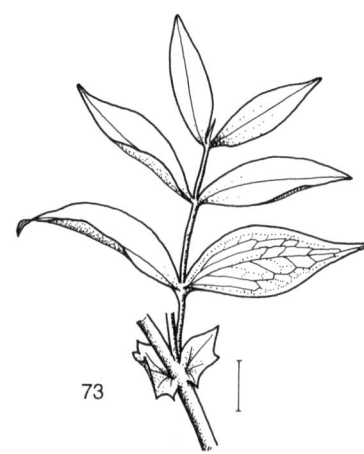

72

73

Abb. 72: *Lathyrus linifolius* (Berg-Platterbse) &
Abb. 73: *L. vernus* (Frühlings-P.). Bei *L. l.* sind
die ± parallelnervigen Fiedern unterseits blaugrün,
der Stengel ist schmal, aber deutlich geflügelt. Die
± netznervigen Fiedern von *L. v.* sind unterseits
rein grün, der Stengel ist nicht geflügelt. Das Län-
gen/Breiten-Verhältnis der Fiedern kann bei beiden Arten stark schwanken; insgesamt sind die
Fiedern von *L. l.* schmäler.

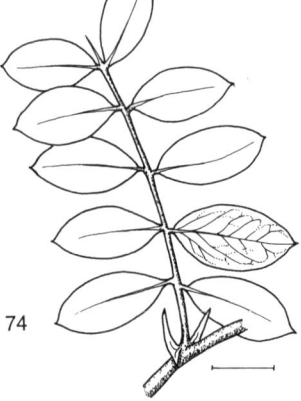

74

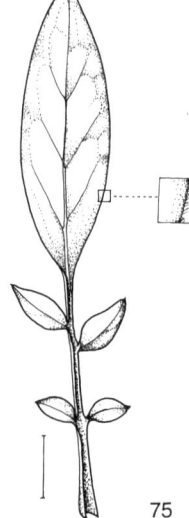

Abb. 74: *Lathyrus niger* (Schwarzwerdende Platterbse).
Das Blatt erinnert ein wenig an die Gattung *Vicia* (relativ
zahlreiche Fiedern mit Netznervatur), doch sind paarig
gefiederte Blätter ohne Ranken bei *Vicia* selten. – Das
Blatt färbt sich beim Trocknen schwarz (Name!).
Abb. 75: *Anthyllis vulneraria* (Wundklee). Die Zahl der
kleinen Seitenfiedern schwankt sehr.

75

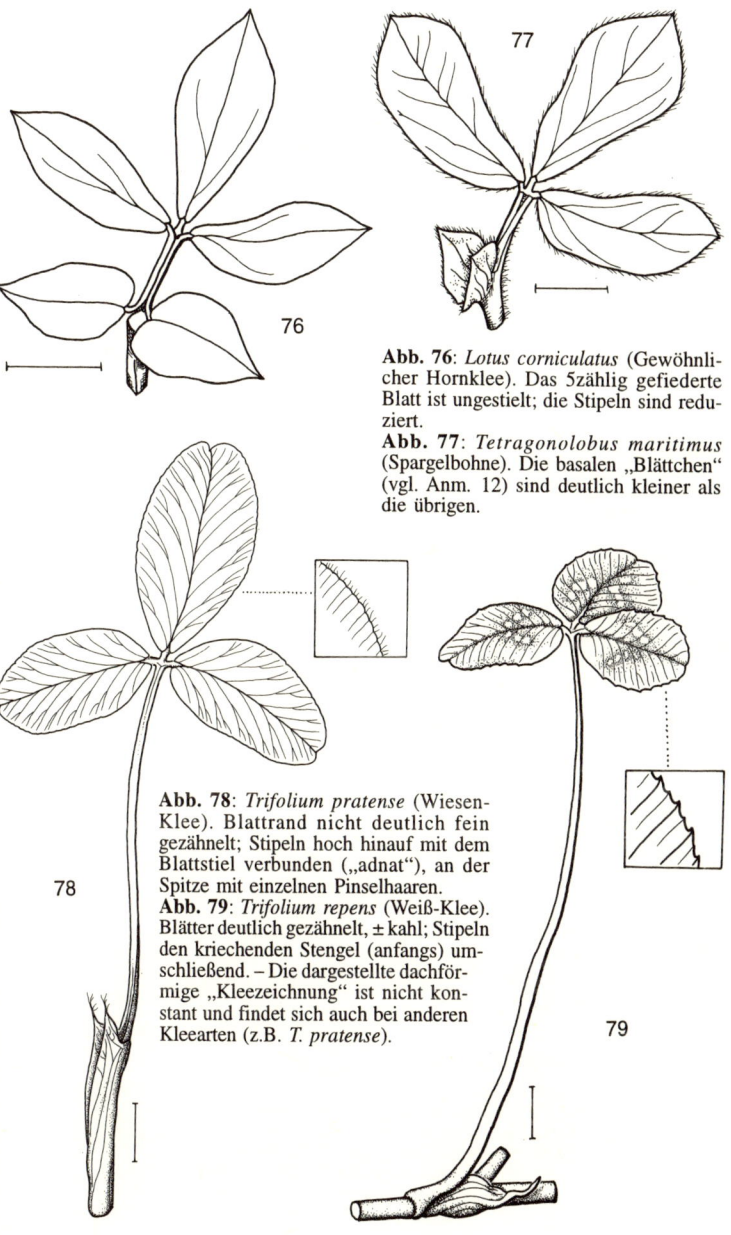

Abb. 76: *Lotus corniculatus* (Gewöhnlicher Hornklee). Das 5zählig gefiederte Blatt ist ungestielt; die Stipeln sind reduziert.

Abb. 77: *Tetragonolobus maritimus* (Spargelbohne). Die basalen „Blättchen" (vgl. Anm. 12) sind deutlich kleiner als die übrigen.

Abb. 78: *Trifolium pratense* (Wiesen-Klee). Blattrand nicht deutlich fein gezähnelt; Stipeln hoch hinauf mit dem Blattstiel verbunden („adnat"), an der Spitze mit einzelnen Pinselhaaren.

Abb. 79: *Trifolium repens* (Weiß-Klee). Blätter deutlich gezähnelt, ± kahl; Stipeln den kriechenden Stengel (anfangs) umschließend. – Die dargestellte dachförmige „Kleezeichnung" ist nicht konstant und findet sich auch bei anderen Kleearten (z.B. *T. pratense*).

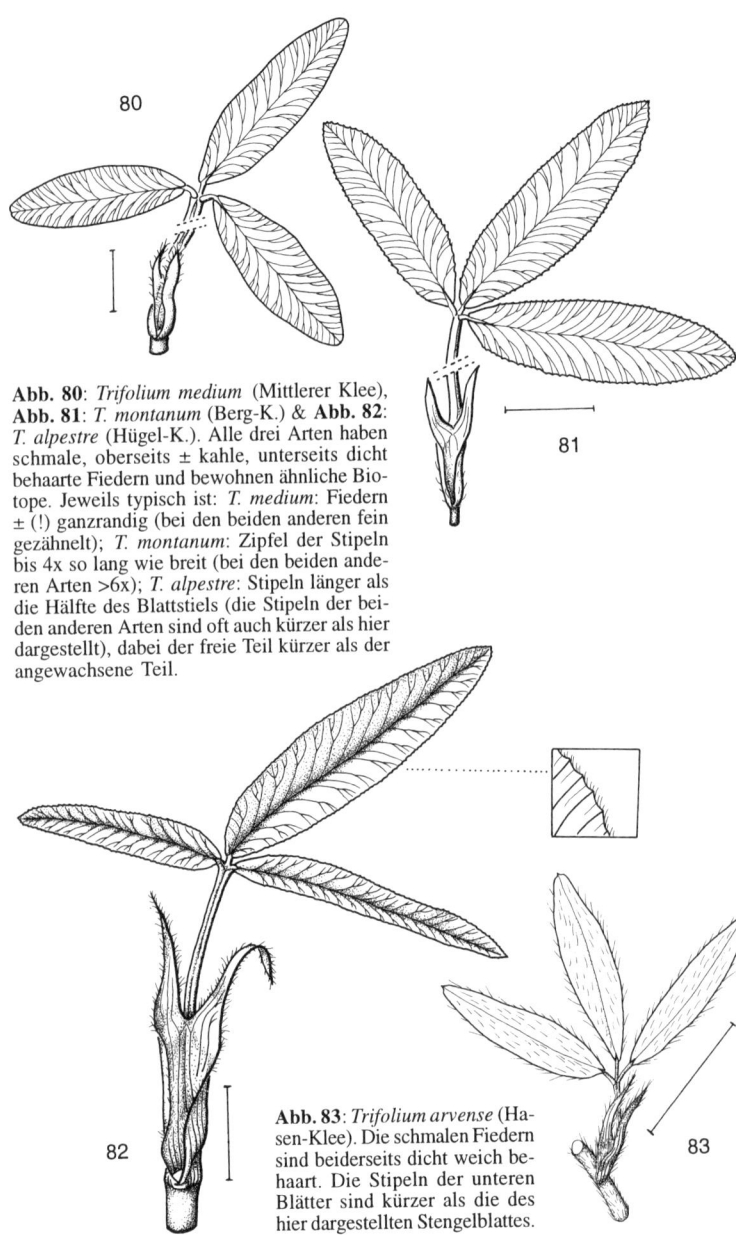

Abb. 80: *Trifolium medium* (Mittlerer Klee),
Abb. 81: *T. montanum* (Berg-K.) & **Abb. 82**:
T. alpestre (Hügel-K.). Alle drei Arten haben
schmale, oberseits ± kahle, unterseits dicht
behaarte Fiedern und bewohnen ähnliche Biotope. Jeweils typisch ist: *T. medium*: Fiedern
± (!) ganzrandig (bei den beiden anderen fein
gezähnelt); *T. montanum*: Zipfel der Stipeln
bis 4x so lang wie breit (bei den beiden anderen Arten >6x); *T. alpestre*: Stipeln länger als
die Hälfte des Blattstiels (die Stipeln der beiden anderen Arten sind oft auch kürzer als hier
dargestellt), dabei der freie Teil kürzer als der
angewachsene Teil.

Abb. 83: *Trifolium arvense* (Ha-
sen-Klee). Die schmalen Fiedern
sind beiderseits dicht weich behaart. Die Stipeln der unteren
Blätter sind kürzer als die des
hier dargestellten Stengelblattes.

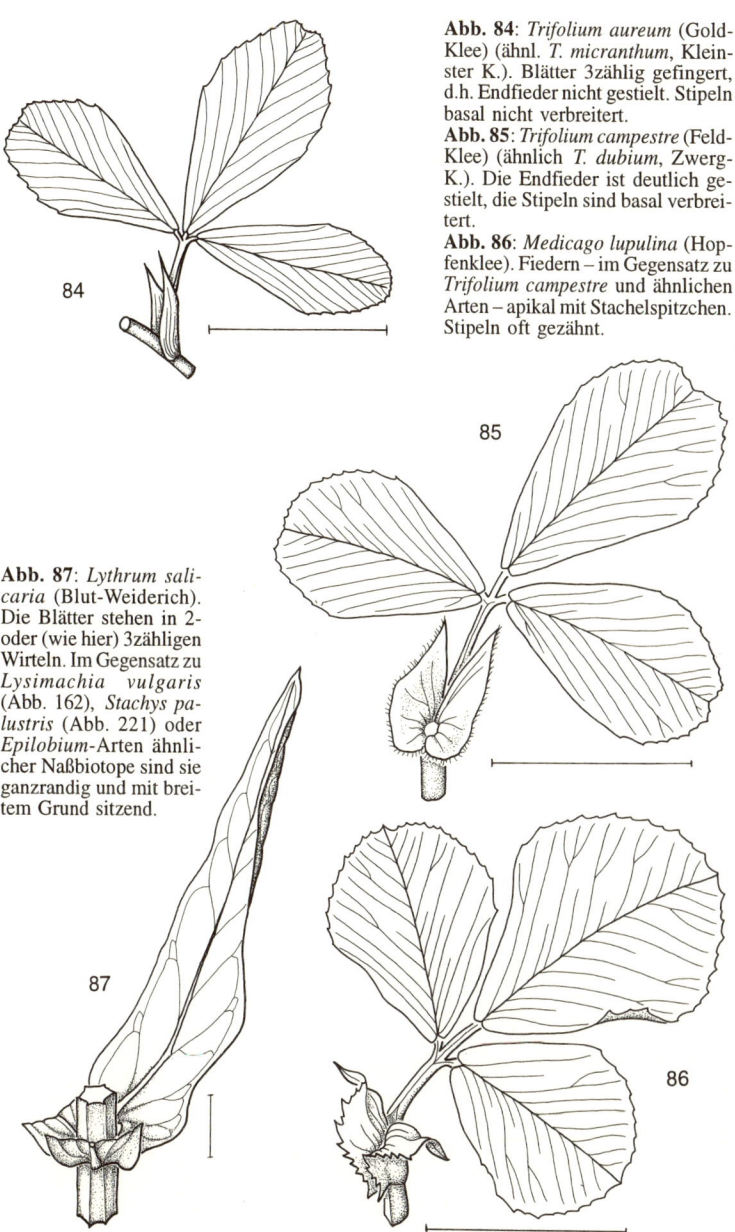

Abb. 84: *Trifolium aureum* (Gold-Klee) (ähnl. *T. micranthum*, Kleinster K.). Blätter 3zählig gefingert, d.h. Endfieder nicht gestielt. Stipeln basal nicht verbreitert.

Abb. 85: *Trifolium campestre* (Feld-Klee) (ähnlich *T. dubium*, Zwerg-K.). Die Endfieder ist deutlich gestielt, die Stipeln sind basal verbreitert.

Abb. 86: *Medicago lupulina* (Hopfenklee). Fiedern – im Gegensatz zu *Trifolium campestre* und ähnlichen Arten – apikal mit Stachelspitzchen. Stipeln oft gezähnt.

Abb. 87: *Lythrum salicaria* (Blut-Weiderich). Die Blätter stehen in 2- oder (wie hier) 3zähligen Wirteln. Im Gegensatz zu *Lysimachia vulgaris* (Abb. 162), *Stachys palustris* (Abb. 221) oder *Epilobium*-Arten ähnlicher Naßbiotope sind sie ganzrandig und mit breitem Grund sitzend.

84

85

87

86

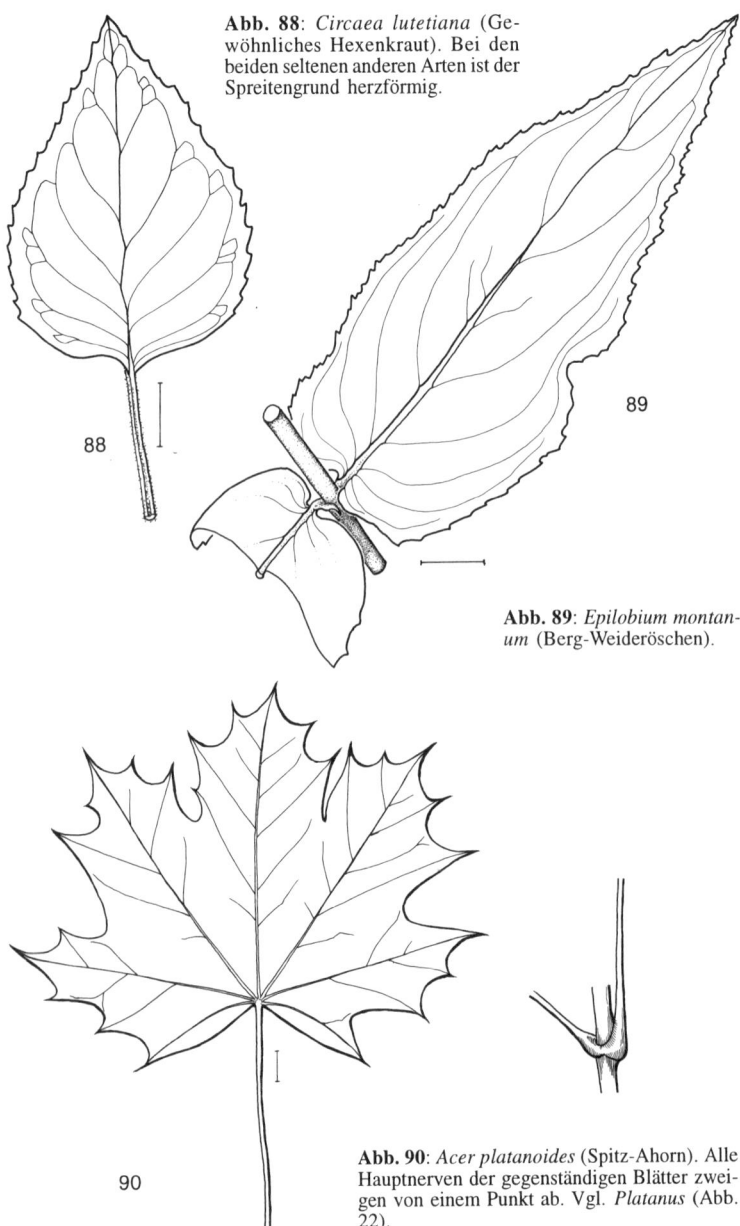

Abb. 88: *Circaea lutetiana* (Gewöhnliches Hexenkraut). Bei den beiden seltenen anderen Arten ist der Spreitengrund herzförmig.

88

89

Abb. 89: *Epilobium montanum* (Berg-Weideröschen).

90

Abb. 90: *Acer platanoides* (Spitz-Ahorn). Alle Hauptnerven der gegenständigen Blätter zweigen von einem Punkt ab. Vgl. *Platanus* (Abb. 22).

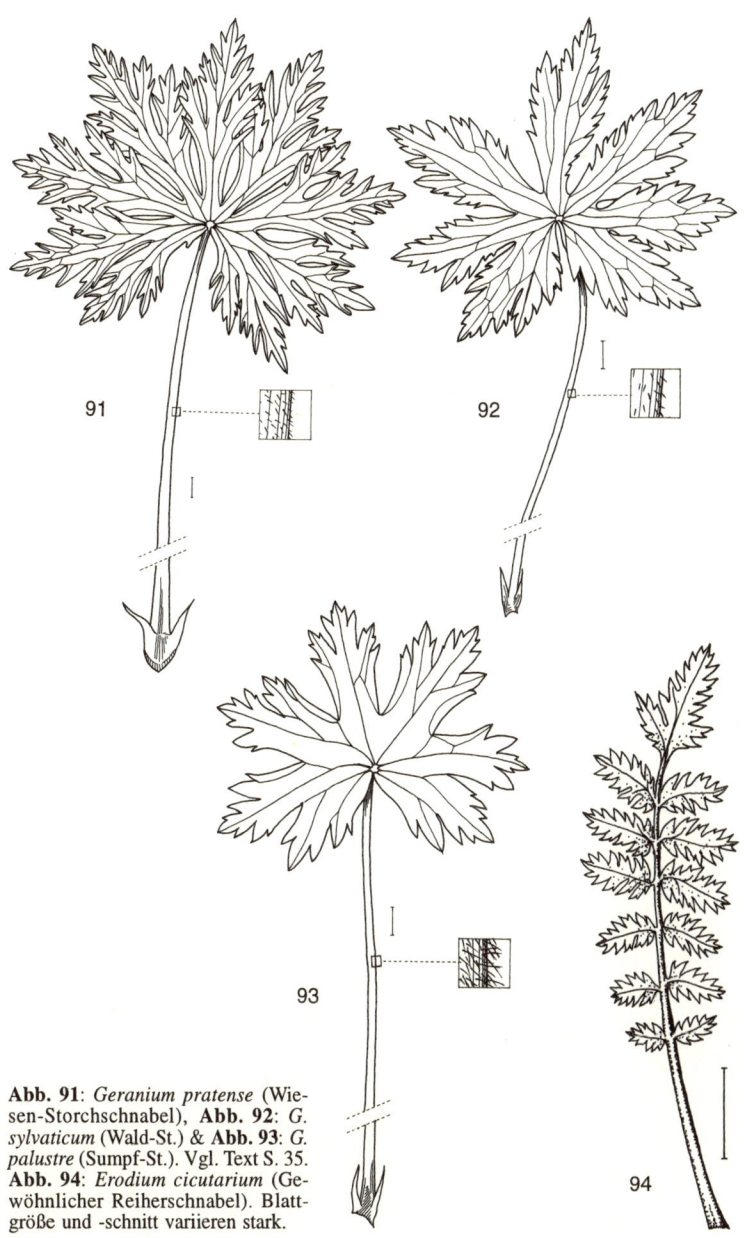

Abb. 91: *Geranium pratense* (Wiesen-Storchschnabel), **Abb. 92**: *G. sylvaticum* (Wald-St.) & **Abb. 93**: *G. palustre* (Sumpf-St.). Vgl. Text S. 35. **Abb. 94**: *Erodium cicutarium* (Gewöhnlicher Reiherschnabel). Blattgröße und -schnitt variieren stark.

95

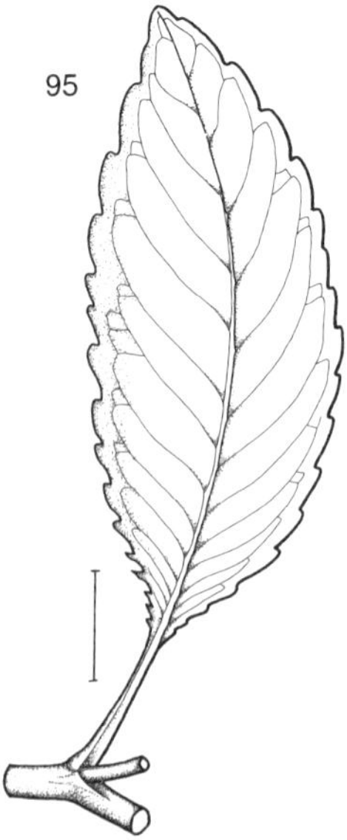

96

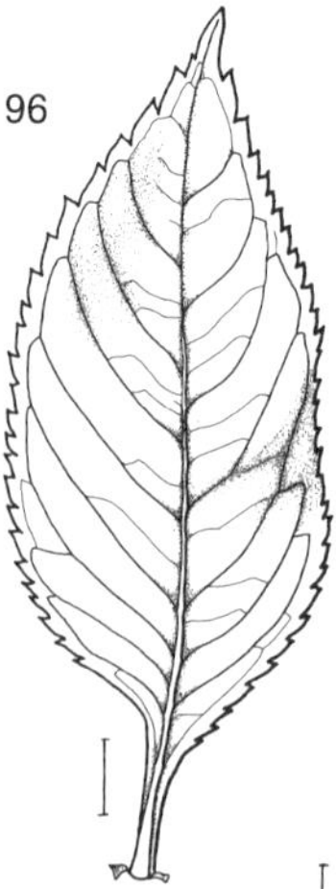

97

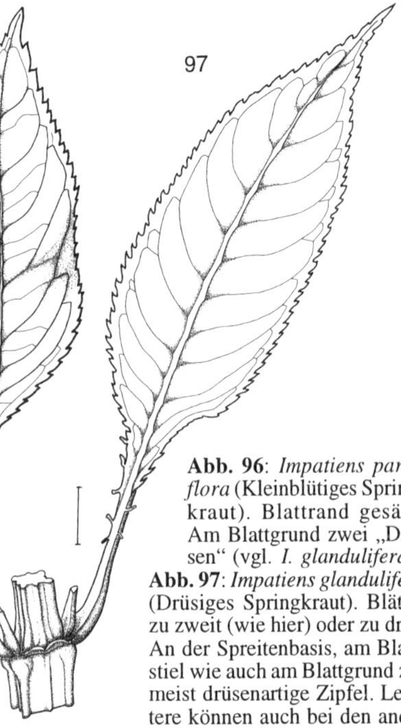

Abb. 96: *Impatiens parviflora* (Kleinblütiges Springkraut). Blattrand gesägt.
Am Blattgrund zwei „Drü-
sen" (vgl. *I. glandulifera*).
Abb. 97: *Impatiens glandulifera*
(Drüsiges Springkraut). Blätter
zu zweit (wie hier) oder zu dritt.
An der Spreitenbasis, am Blattstiel wie auch am Blattgrund zumeist drüsenartige Zipfel. Letztere können auch bei den anderen beiden Arten auftreten (vgl.
Abb. 96).

Abb. 95: *Impatiens noli-tangere*
(Rührmichnichtan). Blattrand
stumpf gezähnt.

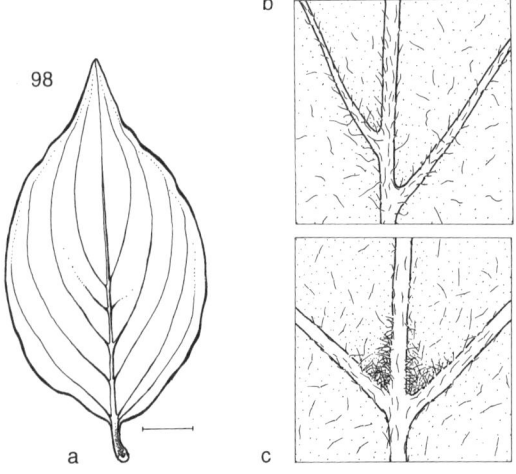

98

b

a

c

Abb. 98: *Cornus san-
guinea* (Roter Hartrie-
gel: a, b) & *C. mas*
(Kornelkirsche: c).
Die Blätter beider Ar-
ten sind gegenständig,
ganzrandig, mit aus-
gezogener Spitze und
mit ± 4 Paar bogenför-
miger Seitennerven
(a). Bei *C. m.* bilden
die Haare in den Ner-
venachseln der Unter-
seite Domatien (c), bei
C. s. nicht (b). – Vgl.
Rhamnus mit gezähn-
ten (Abb. 124) und
Frangula mit wech-
selständigen Blättern.

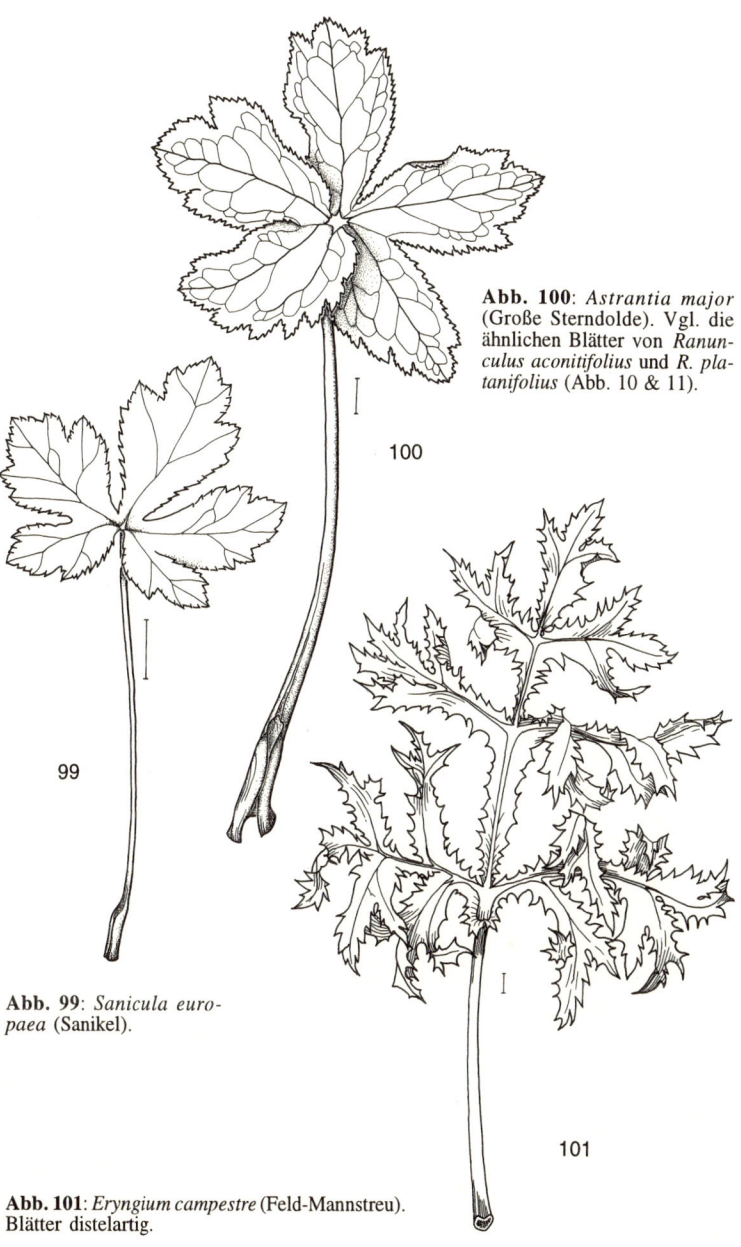

Abb. 100: *Astrantia major* (Große Sterndolde). Vgl. die ähnlichen Blätter von *Ranunculus aconitifolius* und *R. platanifolius* (Abb. 10 & 11).

100

99

Abb. 99: *Sanicula europaea* (Sanikel).

Abb. 101: *Eryngium campestre* (Feld-Mannstreu). Blätter distelartig.

101

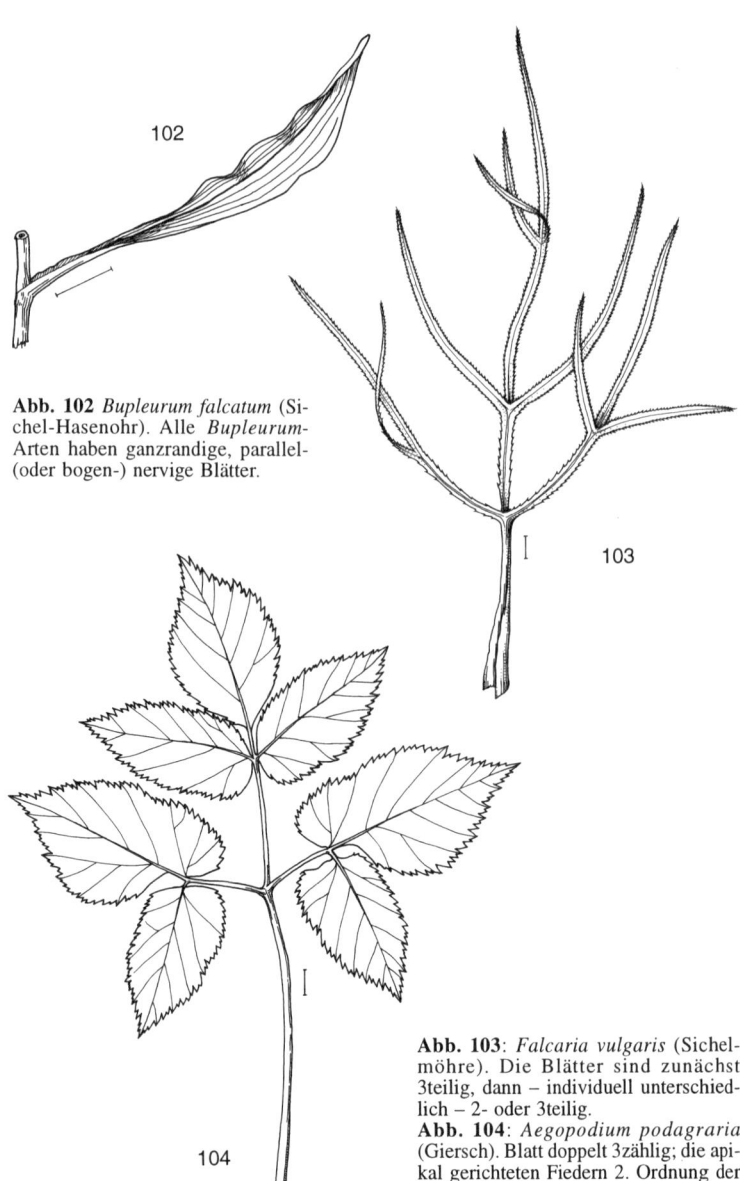

Abb. 102 *Bupleurum falcatum* (Si-
chel-Hasenohr). Alle *Bupleurum*-
Arten haben ganzrandige, parallel-
(oder bogen-) nervige Blätter.

Abb. 103: *Falcaria vulgaris* (Sichel-
möhre). Die Blätter sind zunächst
3teilig, dann – individuell unterschiedlich – 2- oder 3teilig.
Abb. 104: *Aegopodium podagraria*
(Giersch). Blatt doppelt 3zählig; die apikal gerichteten Fiedern 2. Ordnung der
Seitenfiedern sind aber mit dem jeweiligen Endabschnitt der Fieder verwachsen.

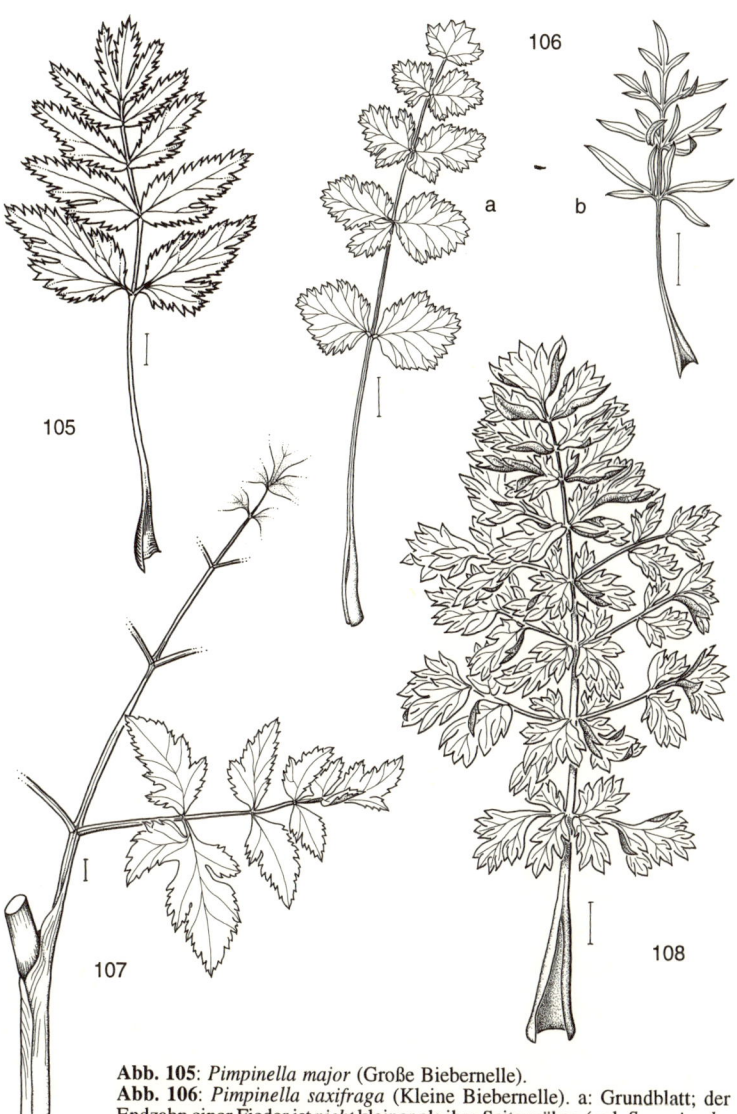

Abb. 105: *Pimpinella major* (Große Biebernelle).
Abb. 106: *Pimpinella saxifraga* (Kleine Biebernelle). a: Grundblatt; der Endzahn einer Fieder ist *nicht* kleiner als ihre Seitenzähne (vgl. *Sanguisorba minor*, Abb. 51); b: oberes Stengelblatt.
Abb. 107: *Peucedanum cervaria* (Hirschwurz). Stengelblatt.
Abb. 108: *Libanotis montana* (= *L. pyrenaica* ssp. *m.*) (Berg-Heilwurz). Fiedern 1. Ordnung ungestielt, daher stehen die basalen Fiedern 2. Ordnung kreuzweise an der Rhachis gegenüber.

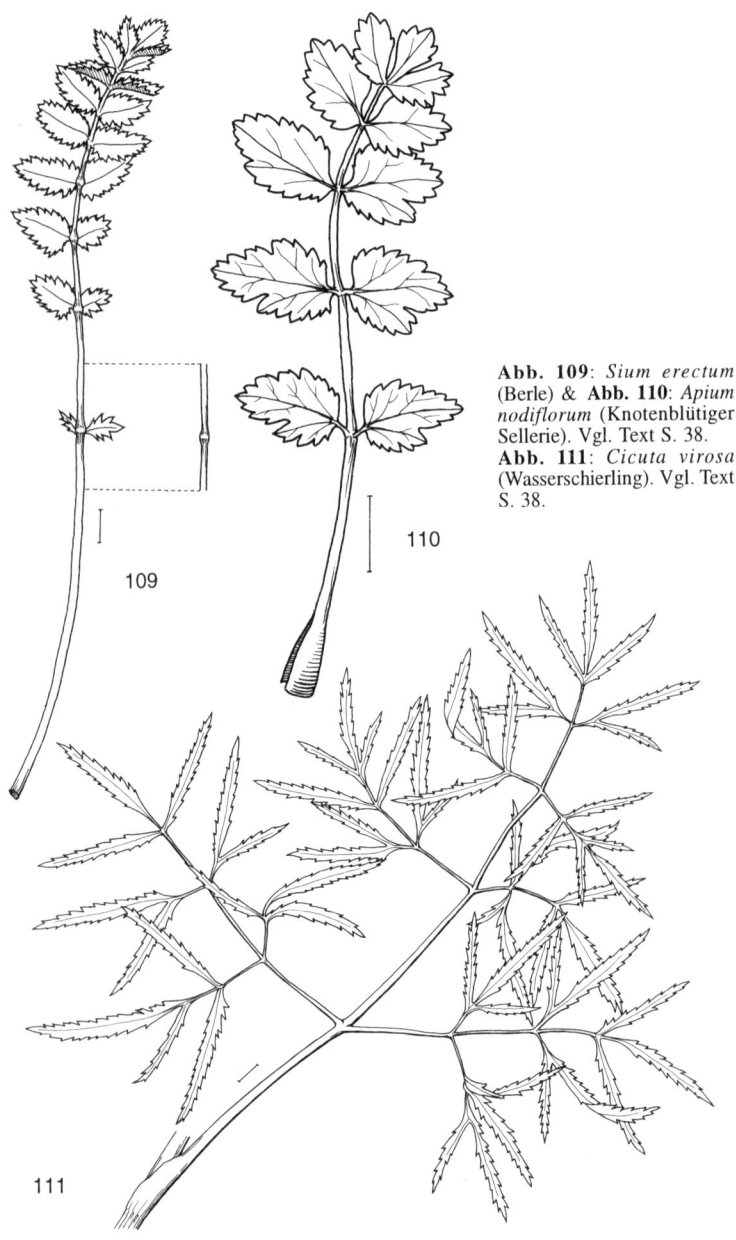

Abb. 109: *Sium erectum* (Berle) & **Abb. 110**: *Apium nodiflorum* (Knotenblütiger Sellerie). Vgl. Text S. 38.
Abb. 111: *Cicuta virosa* (Wasserschierling). Vgl. Text S. 38.

109

110

111

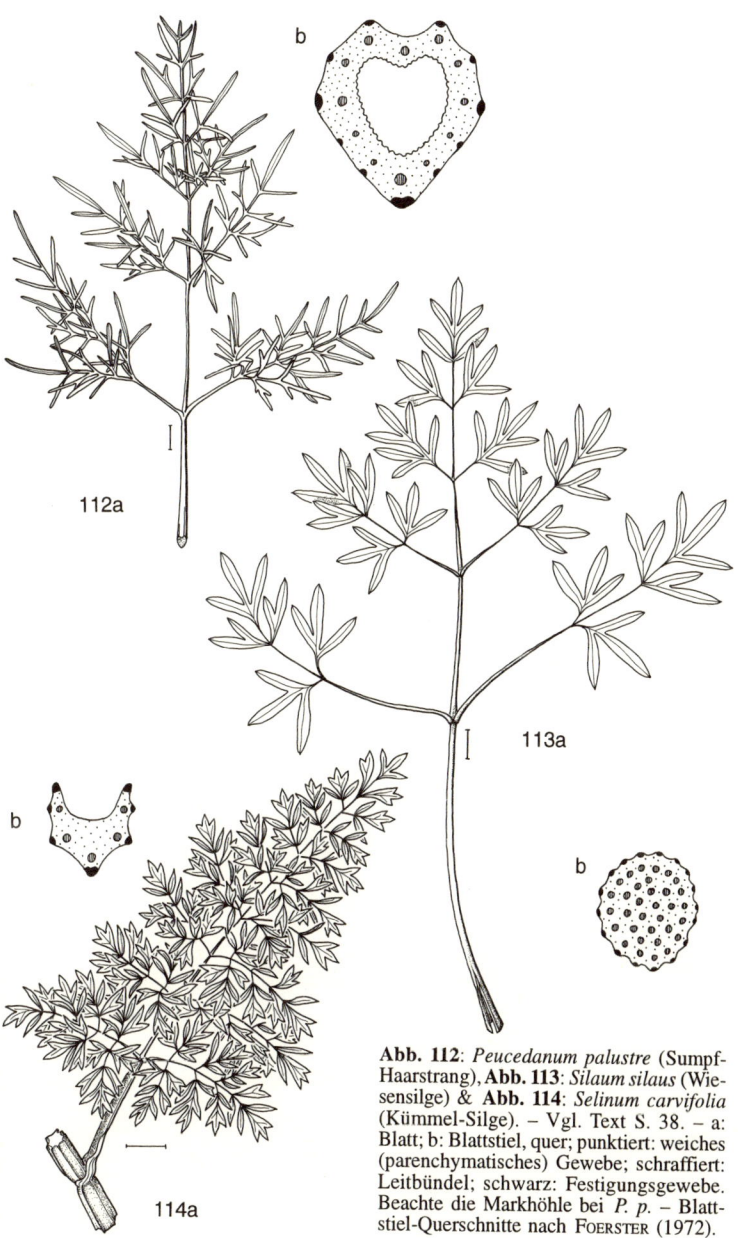

b

112a

113a

b

114a

Abb. 112: *Peucedanum palustre* (Sumpf-Haarstrang), **Abb. 113**: *Silaum silaus* (Wiesensilge) & **Abb. 114**: *Selinum carvifolia* (Kümmel-Silge). – Vgl. Text S. 38. – a: Blatt; b: Blattstiel, quer; punktiert: weiches (parenchymatisches) Gewebe; schraffiert: Leitbündel; schwarz: Festigungsgewebe. Beachte die Markhöhle bei *P. p.* – Blatt-stiel-Querschnitte nach FOERSTER (1972).

Abb. 115: *Chaerophyllum hirsutum* (Behaarter Kälberkropf), **Abb. 116**: *Anthriscus nitidus* (Glänzender Kerbel), **Abb. 117**: *Anthriscus sylvestris* (Wiesen-Kerbel) & **Abb. 118**: *Chaerophyllum aureum* (Gold-Kälberkropf). Vgl. Text S. 38f.

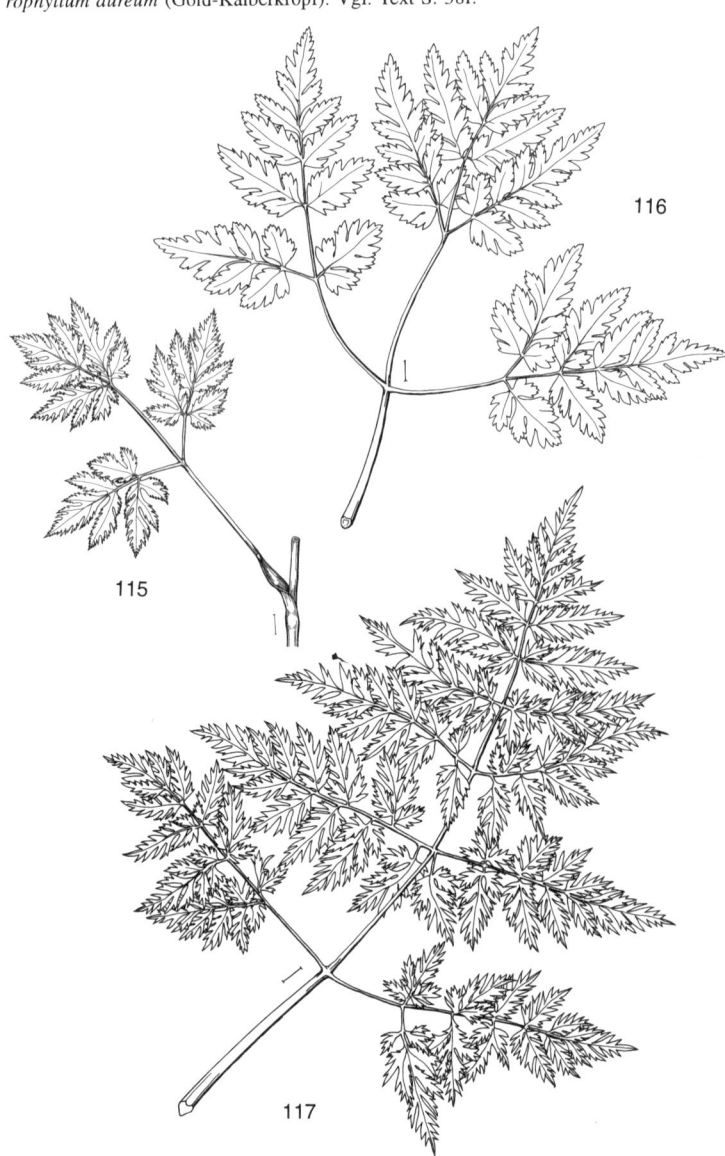

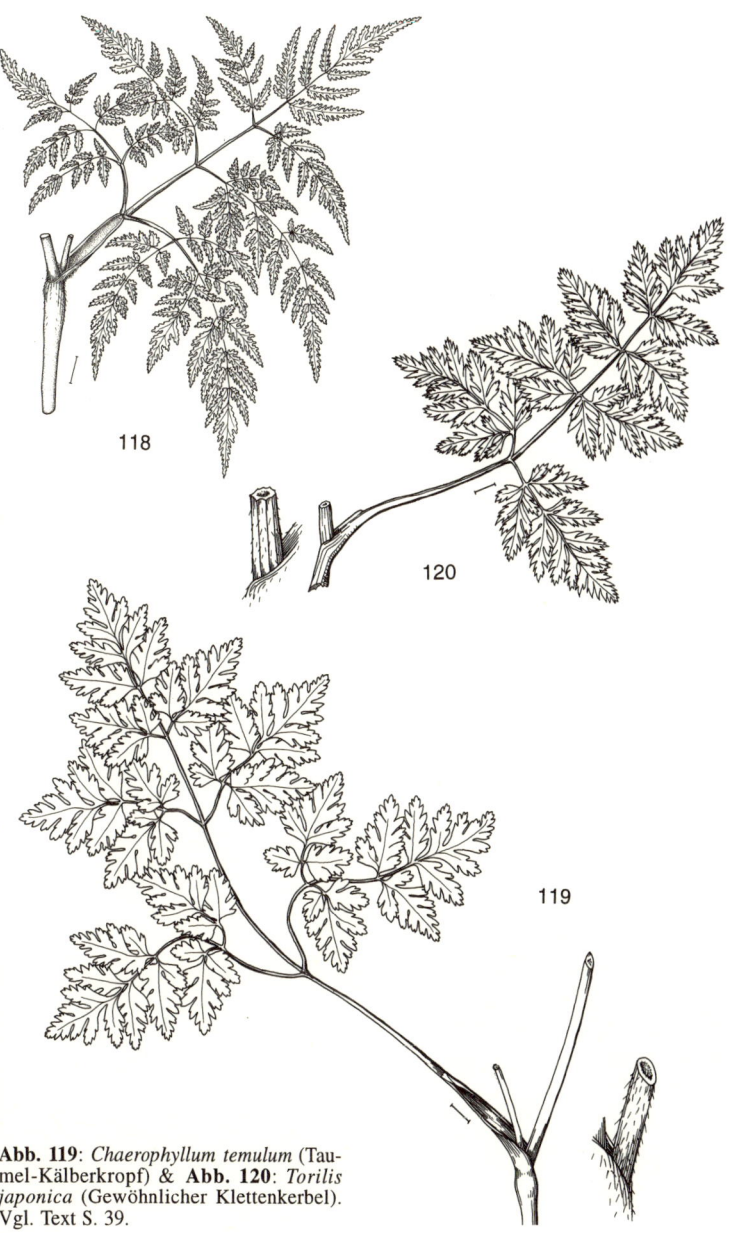

Abb. 119: *Chaerophyllum temulum* (Tau-mel-Kälberkropf) & **Abb. 120**: *Torilis japonica* (Gewöhnlicher Klettenkerbel). Vgl. Text S. 39.

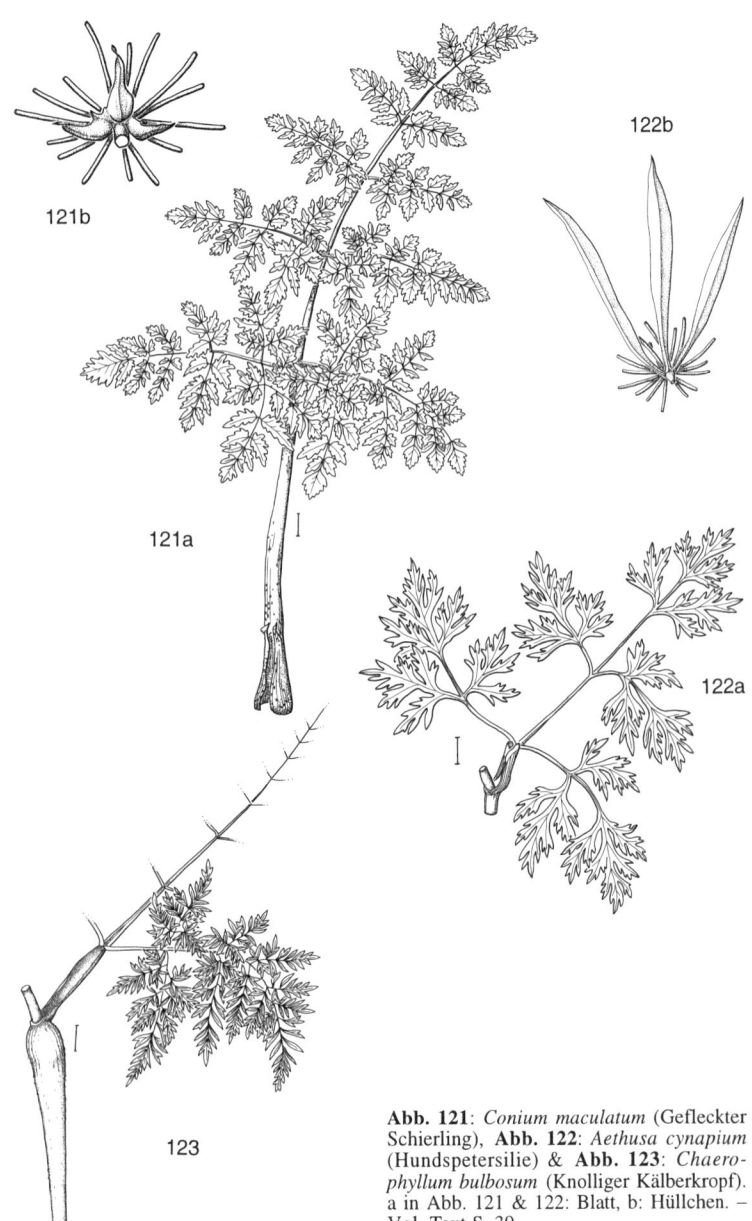

Abb. 121: *Conium maculatum* (Gefleckter Schierling), **Abb. 122**: *Aethusa cynapium* (Hundspetersilie) & **Abb. 123**: *Chaerophyllum bulbosum* (Knolliger Kälberkropf). a in Abb. 121 & 122: Blatt, b: Hüllchen. – Vgl. Text S. 39.

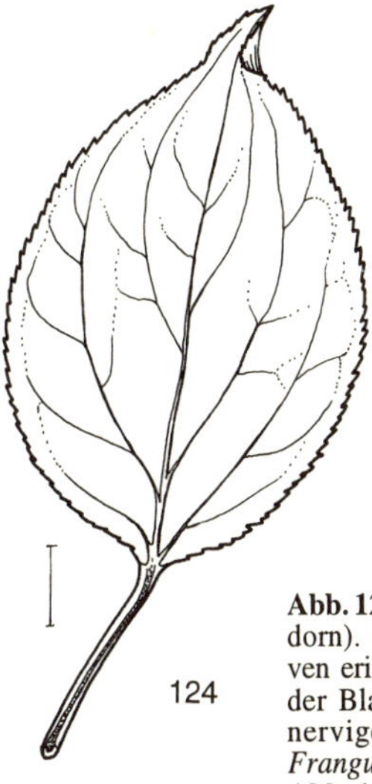

a   b

c   d   125

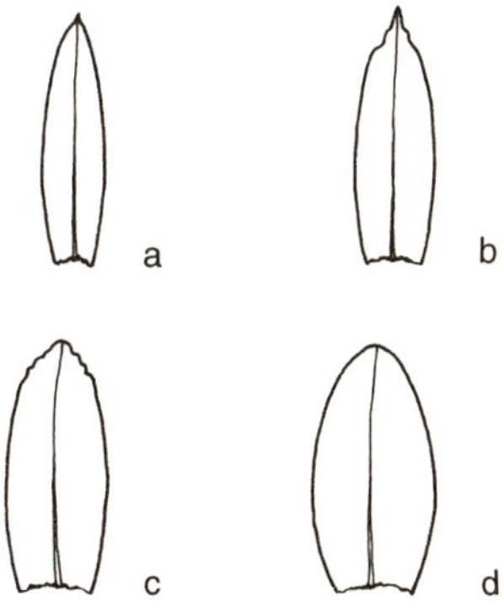

124

Abb. 124: *Rhamnus cathartica* (Echter Kreuzdorn). Dekussation und bogenförmige Nerven erinnern an *Cornus* (Abb. 98), doch ist der Blattrand gesägt. Die ebenfalls bogennervigen, aber ganzrandigen Blätter von *Frangula* (Faulbaum) sind wechselständig.

Abb. 125: Kelchblätter von *Hypericum*-Taxa. „Übergangsreihe" von *H. perforatum* (Tüpfel-Johanniskraut) zu *H. maculatum* (Geflecktes J.). – a: *H. perforatum*; b: *H. maculatum* ssp. *desetangsii* (oft auch nur *eine* Einkerbung auf jeder Seite der Kelchblattspitze); c: *H. m.* ssp. *obtusiusculum*; d: *H. m.* ssp. *maculatum*. – Dunkle Drüsen nicht gezeichnet.

Abb. 126: *Viola reichenbachiana* (Wald-Veilchen) & **Abb. 127**: *V. riviniana* (Hain-V.). Die Stipelfransen (a) sind bei *V. reichenbachiana* meist länger als der ungeteilte Teil der Stipeln, das „Kelchblattanhängsel" – also die Fortsetzung des Kelchblattes nach hinten – ist viel kürzer als hoch (b). Beachte in b auch die unterschiedlichen Spornproportionen. – Im Kontaktgebiet der beiden Arten gibt es alle Übergänge.

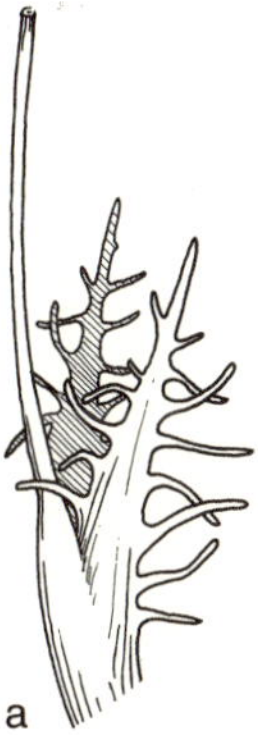

a

a

126   127

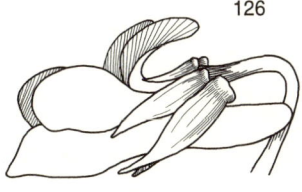

b

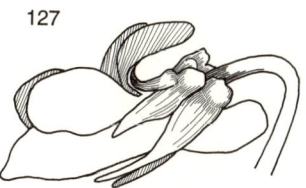

b

Abb. 128: *Viola arvensis* (Acker-Stiefmütterchen) & **Abb. 129**: *V. tricolor* (Gewöhnliches St.). Stengelblätter; die basal gefransten Stipeln ähneln bei *V. a.* dem Oberblatt noch stärker als bei *V. t.*

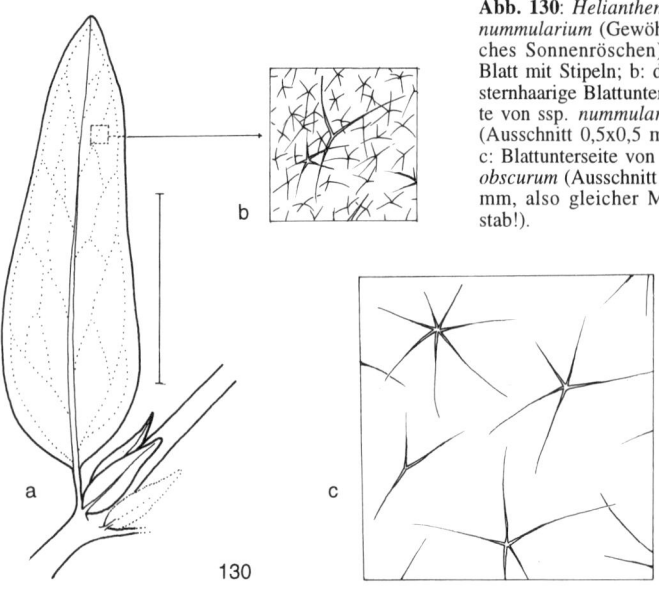

Abb. 130: *Helianthemum nummularium* (Gewöhnliches Sonnenröschen). a: Blatt mit Stipeln; b: dicht sternhaarige Blattunterseite von ssp. *nummularium* (Ausschnitt 0,5x0,5 mm); c: Blattunterseite von ssp. *obscurum* (Ausschnitt 1x1 mm, also gleicher Maßstab!).

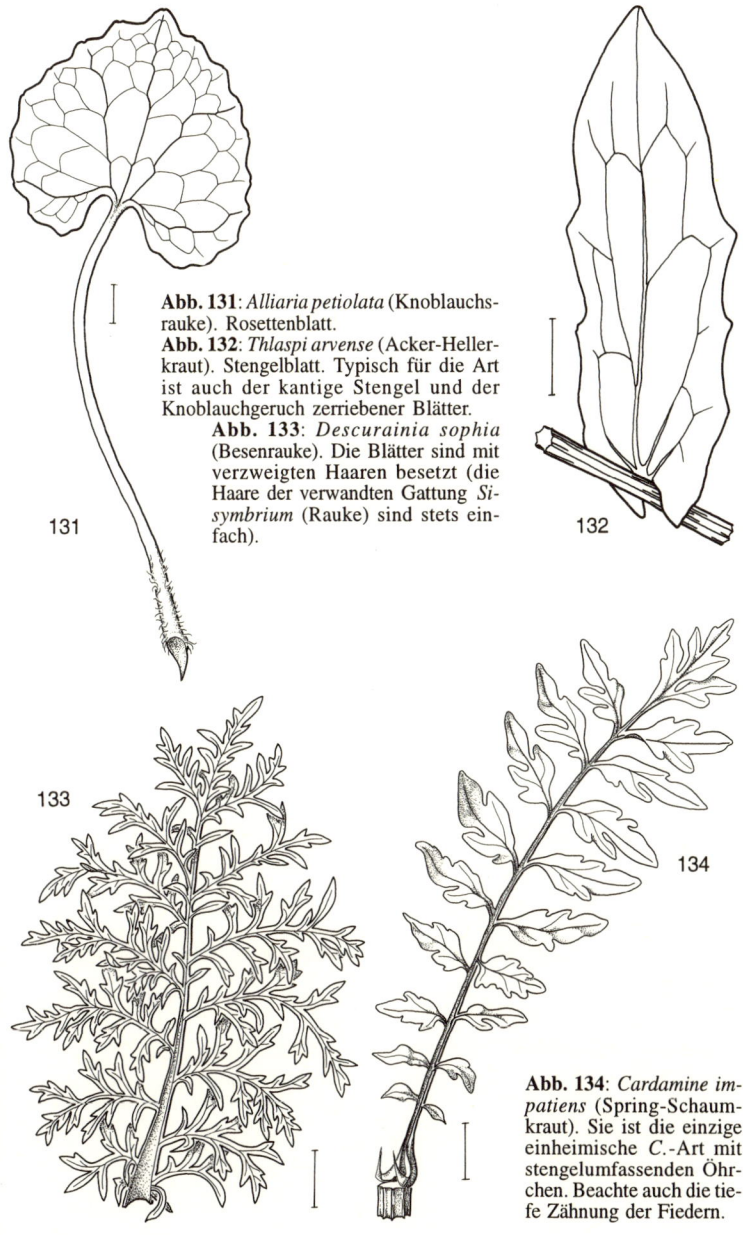

Abb. 131: *Alliaria petiolata* (Knoblauchs-rauke). Rosettenblatt.

Abb. 132: *Thlaspi arvense* (Acker-Heller-kraut). Stengelblatt. Typisch für die Art ist auch der kantige Stengel und der Knoblauchgeruch zerriebener Blätter.

Abb. 133: *Descurainia sophia* (Besenrauke). Die Blätter sind mit verzweigten Haaren besetzt (die Haare der verwandten Gattung *Sisymbrium* (Rauke) sind stets ein-fach).

131

132

133

134

Abb. 134: *Cardamine impatiens* (Spring-Schaum-kraut). Sie ist die einzige einheimische *C.*-Art mit stengelumfassenden Öhr-chen. Beachte auch die tie-fe Zähnung der Fiedern.

135

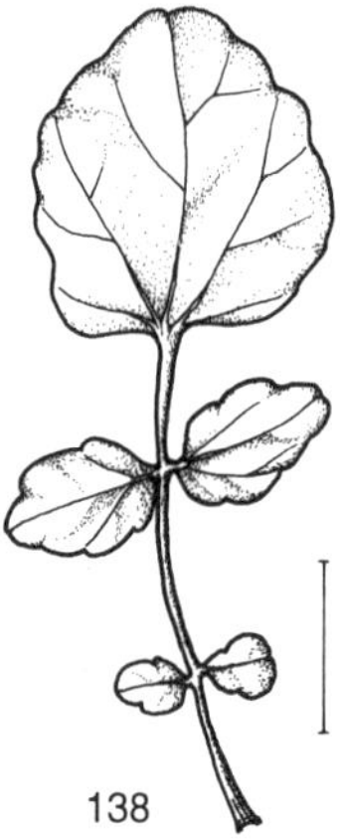

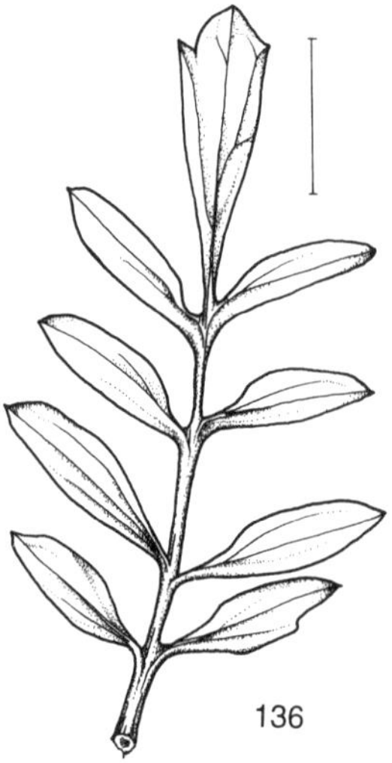

136

138

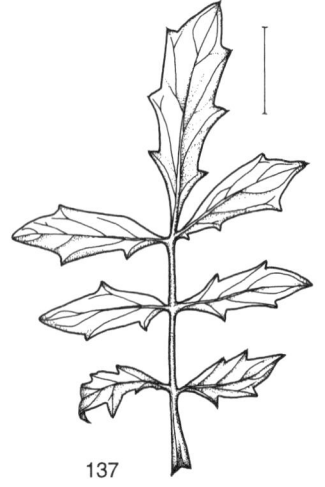

137

Abb. 135: *Cardamine flexuosa* (Wald-Schaumkraut). Die apikalen Fiedern sind häufig stärker genähert als hier dargestellt und überlappen sich dann, wenn man das Blatt flachdrückt.

Abb. 136: *Cardamine pratensis* (Wiesen-Schaumkraut) & **Abb. 137**: *C. amara* (Bitteres Sch.). Untere Stengelblätter. Die Fiedern der oberen Blätter sind jeweils deutlich schmäler. – Die beiden Arten unterscheiden sich zumeist in der Zähnung der Fiedern, doch ist die Blattform recht variabel. Konstanter ist die Ausbildung einer Grundblattrosette bei *C. p.*, die der (ausläufertreibenden!) *C. a.* fehlt. Außerdem ist der Stengel bei *C. p.* rund und hohl, bei *C. a.* kantig und markig. Vgl. auch *Nasturtium*, Abb. 138.

Abb. 138: *Nasturtium officinale* (Echte Brunnenkresse). Der Stengel ist hohl.

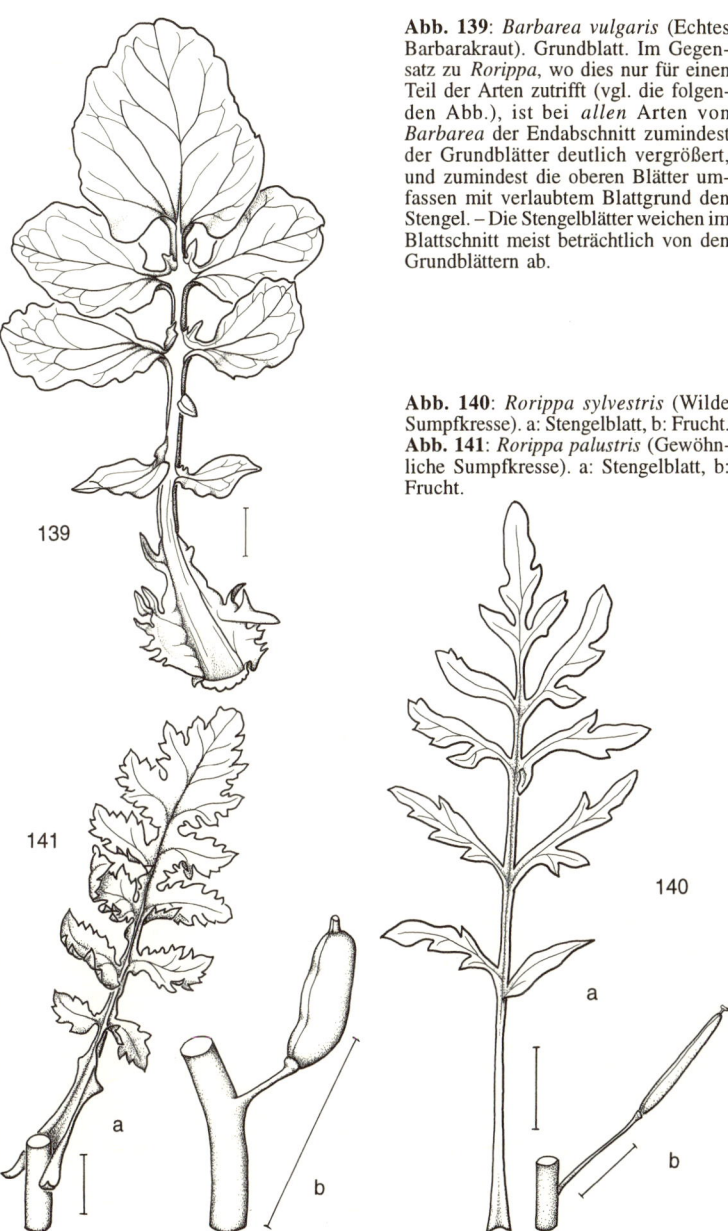

Abb. 139: *Barbarea vulgaris* (Echtes Barbarakraut). Grundblatt. Im Gegensatz zu *Rorippa*, wo dies nur für einen Teil der Arten zutrifft (vgl. die folgenden Abb.), ist bei *allen* Arten von *Barbarea* der Endabschnitt zumindest der Grundblätter deutlich vergrößert, und zumindest die oberen Blätter umfassen mit verlaubtem Blattgrund den Stengel. – Die Stengelblätter weichen im Blattschnitt meist beträchtlich von den Grundblättern ab.

Abb. 140: *Rorippa sylvestris* (Wilde Sumpfkresse). a: Stengelblatt, b: Frucht. **Abb. 141**: *Rorippa palustris* (Gewöhnliche Sumpfkresse). a: Stengelblatt, b: Frucht.

139

141

140

a

b

a

b

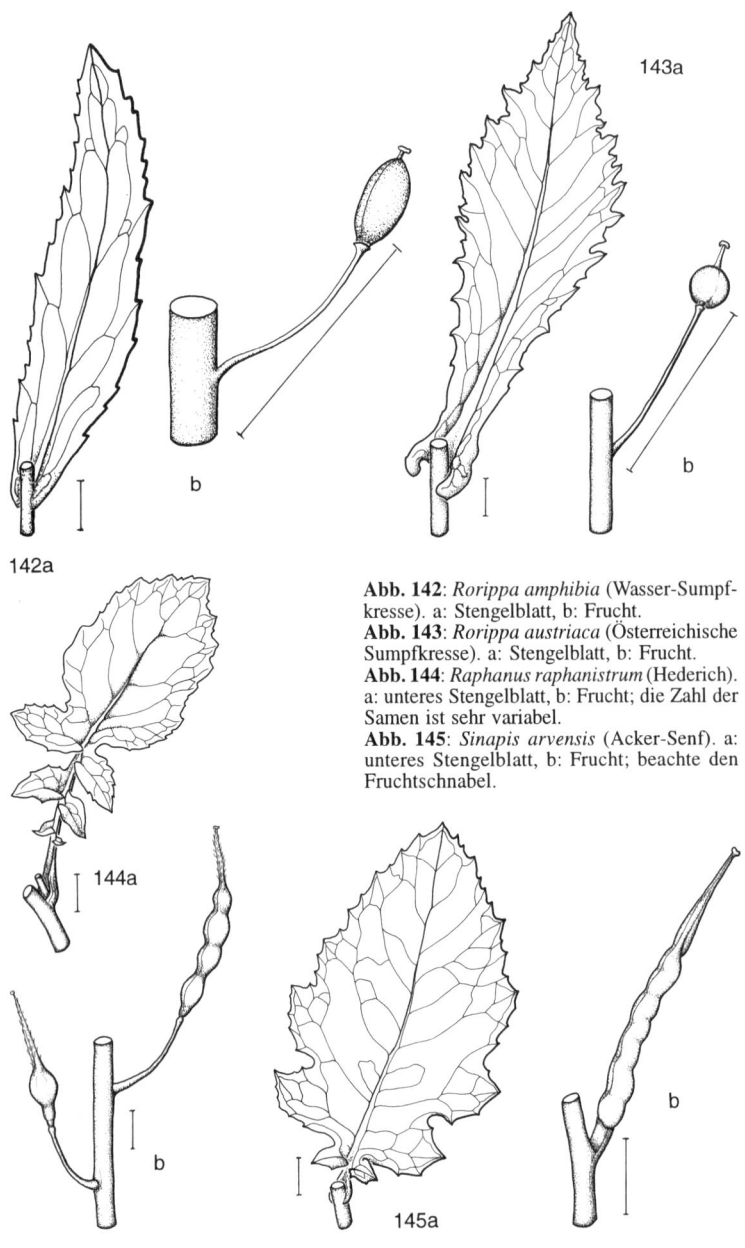

Abb. 142: *Rorippa amphibia* (Wasser-Sumpf-kresse). a: Stengelblatt, b: Frucht.
Abb. 143: *Rorippa austriaca* (Österreichische Sumpfkresse). a: Stengelblatt, b: Frucht.
Abb. 144: *Raphanus raphanistrum* (Hederich). a: unteres Stengelblatt, b: Frucht; die Zahl der Samen ist sehr variabel.
Abb. 145: *Sinapis arvensis* (Acker-Senf). a: unteres Stengelblatt, b: Frucht; beachte den Fruchtschnabel.

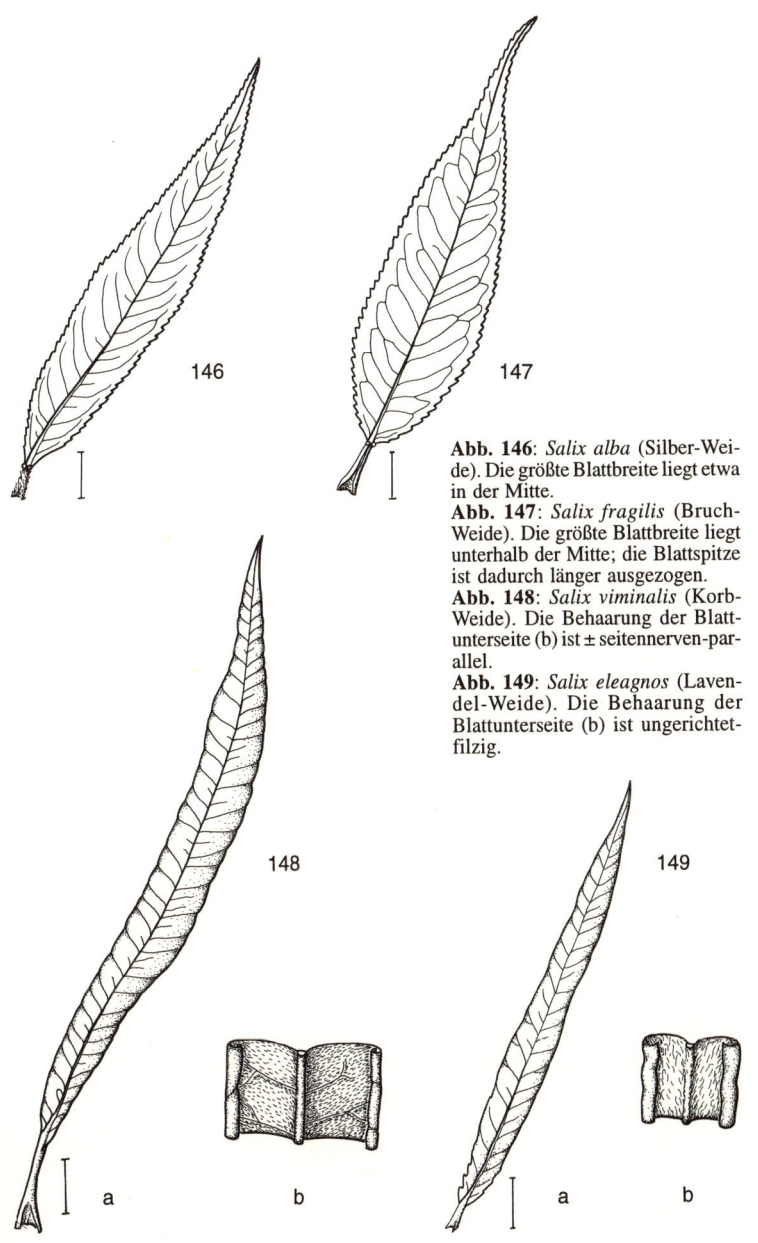

Abb. 146: *Salix alba* (Silber-Weide). Die größte Blattbreite liegt etwa in der Mitte.

Abb. 147: *Salix fragilis* (Bruch-Weide). Die größte Blattbreite liegt unterhalb der Mitte; die Blattspitze ist dadurch länger ausgezogen.

Abb. 148: *Salix viminalis* (Korb-Weide). Die Behaarung der Blatt-unterseite (b) ist ± seitennerven-parallel.

Abb. 149: *Salix eleagnos* (Lavendel-Weide). Die Behaarung der Blattunterseite (b) ist ungerichtet-filzig.

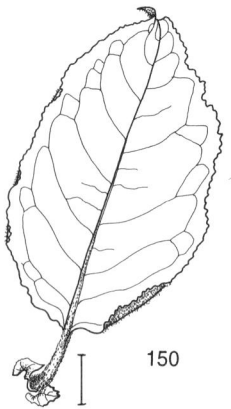

150

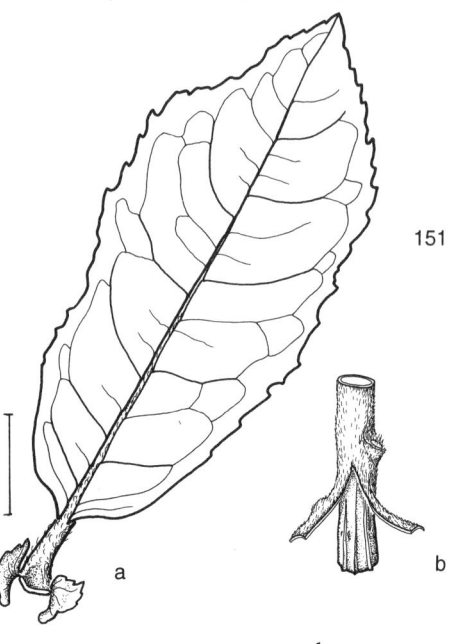

151

Abb. 150: *Salix caprea* (Sal-Weide).
Abb. 151: *Salix cinerea* (Grau-Weide, Asch-Weide). a: Blatt, b: Striemen am entrindeten Holz.

a

b

Abb. 152: *Salix aurita* (Ohr-Weide). Beachte die eingedrehte Knospenspitze und den – gegenüber *S. cinerea* – stärker „ausgebissenen" Blattrand. Die Striemen entsprechen denen von Abb. 151 b.
Abb. 153: *Salix dasyclados* (Filzast-Weide). Diese häufig gepflanzte Weide ist wahrscheinlich ein Tripelbastard aus *S. caprea*, *S. viminalis* und *S. cinerea*. Blattform und die (schwachen) Striemen (b) liegen entsprechend zwischen denen der Eltern.

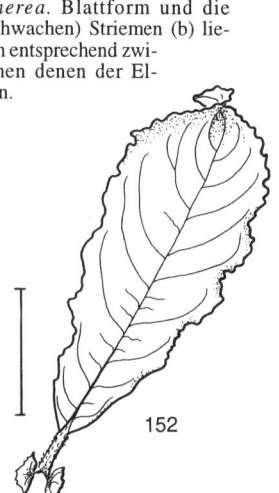

152

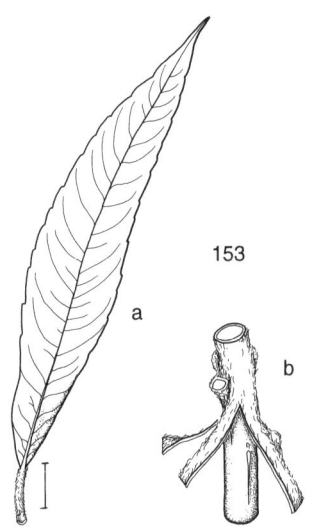

153

a

b

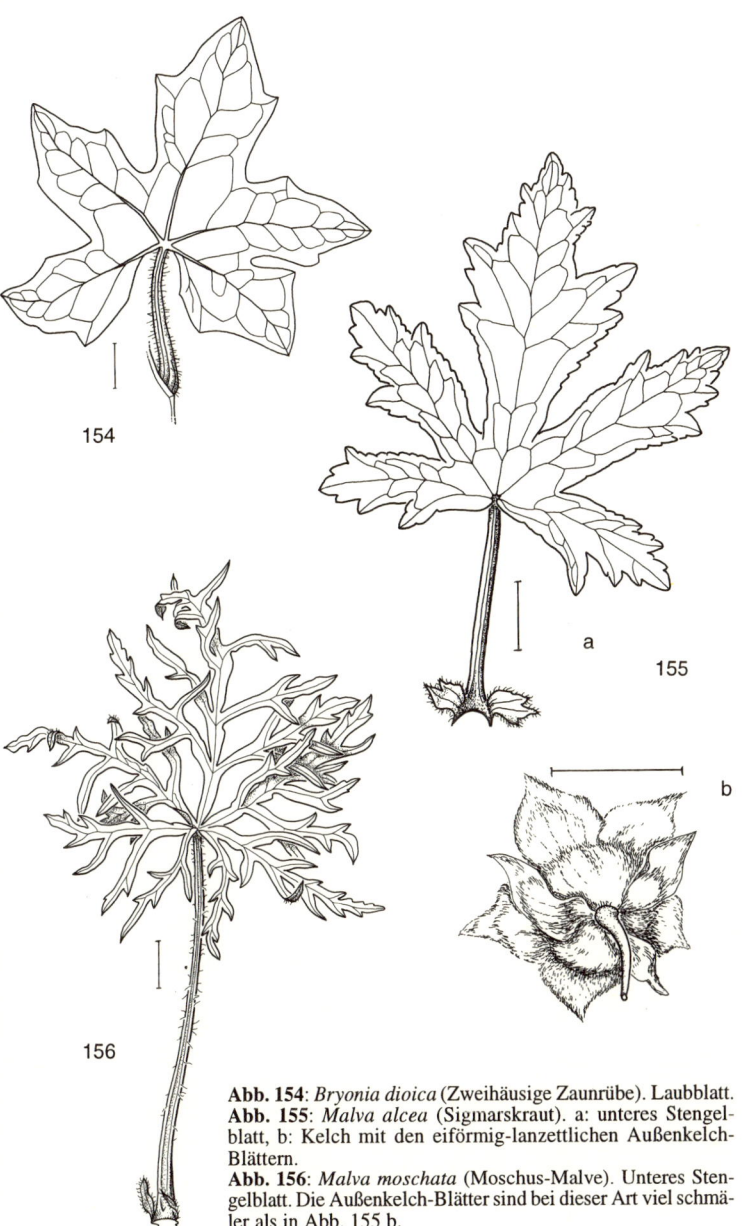

Abb. 154: *Bryonia dioica* (Zweihäusige Zaunrübe). Laubblatt.
Abb. 155: *Malva alcea* (Sigmarskraut). a: unteres Stengelblatt, b: Kelch mit den eiförmig-lanzettlichen Außenkelch-
Blättern.
Abb. 156: *Malva moschata* (Moschus-Malve). Unteres Stengelblatt. Die Außenkelch-Blätter sind bei dieser Art viel schmäler als in Abb. 155 b.

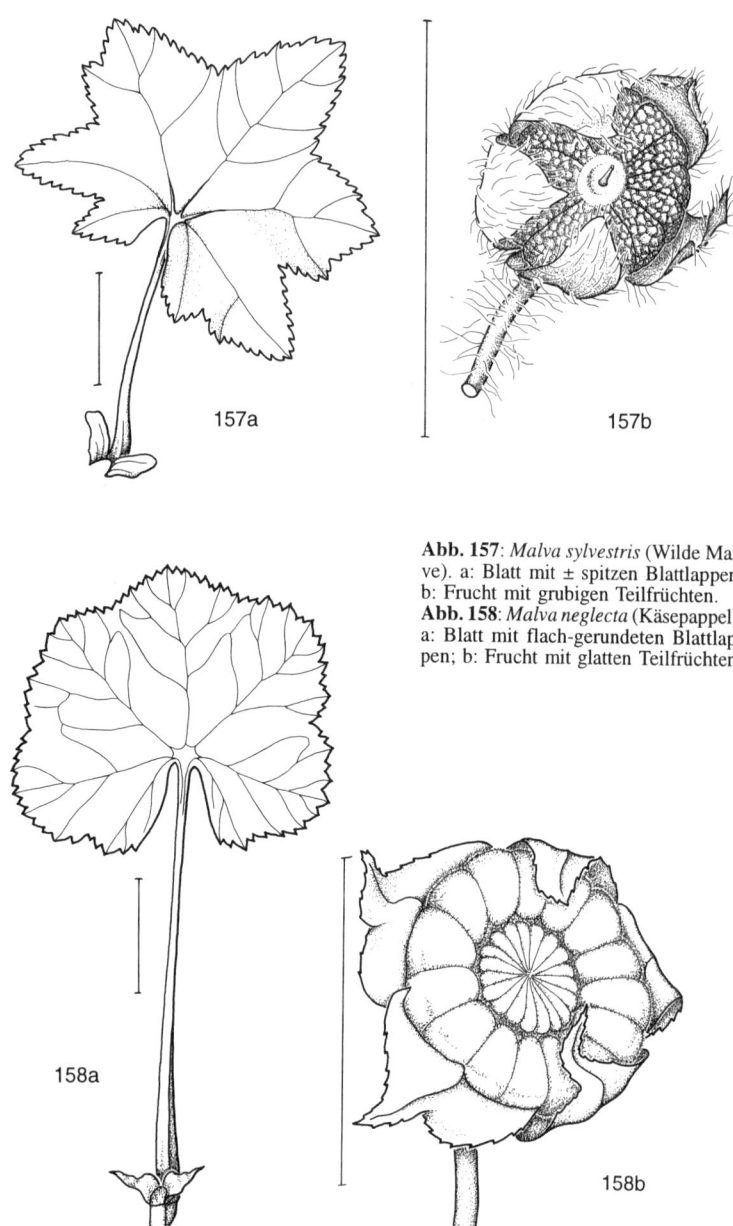

157a

157b

Abb. 157: *Malva sylvestris* (Wilde Malve). a: Blatt mit ± spitzen Blattlappen; b: Frucht mit grubigen Teilfrüchten.
Abb. 158: *Malva neglecta* (Käsepappel). a: Blatt mit flach-gerundeten Blattlappen; b: Frucht mit glatten Teilfrüchten.

158a

158b

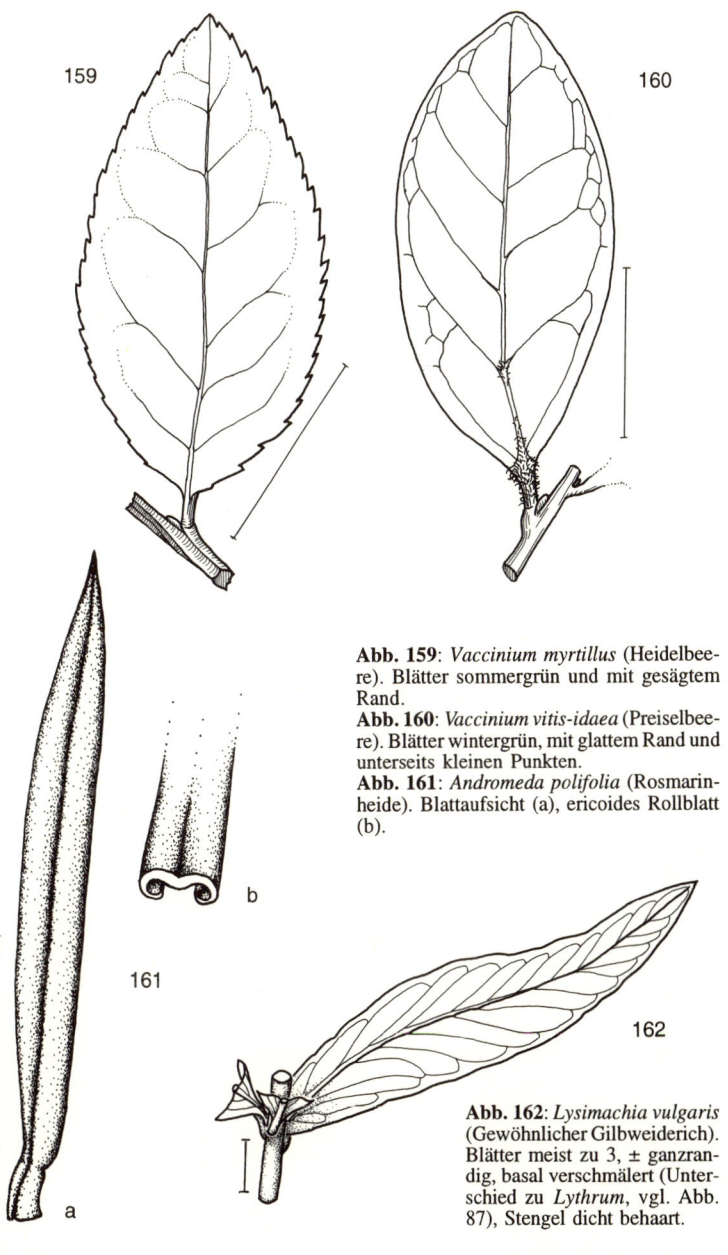

Abb. 159: *Vaccinium myrtillus* (Heidelbeere). Blätter sommergrün und mit gesägtem Rand.
Abb. 160: *Vaccinium vitis-idaea* (Preiselbeere). Blätter wintergrün, mit glattem Rand und unterseits kleinen Punkten.
Abb. 161: *Andromeda polifolia* (Rosmarinheide). Blattaufsicht (a), ericoides Rollblatt (b).

Abb. 162: *Lysimachia vulgaris* (Gewöhnlicher Gilbweiderich). Blätter meist zu 3, ± ganzrandig, basal verschmälert (Unterschied zu *Lythrum*, vgl. Abb. 87), Stengel dicht behaart.

Abb. 163: *Lysimachia nummularium* (Pfennigkraut) & **Abb. 164**: *L. nemorum* (Hain-Gilbweiderich) haben eine ähnliche kriechende Wuchsform.

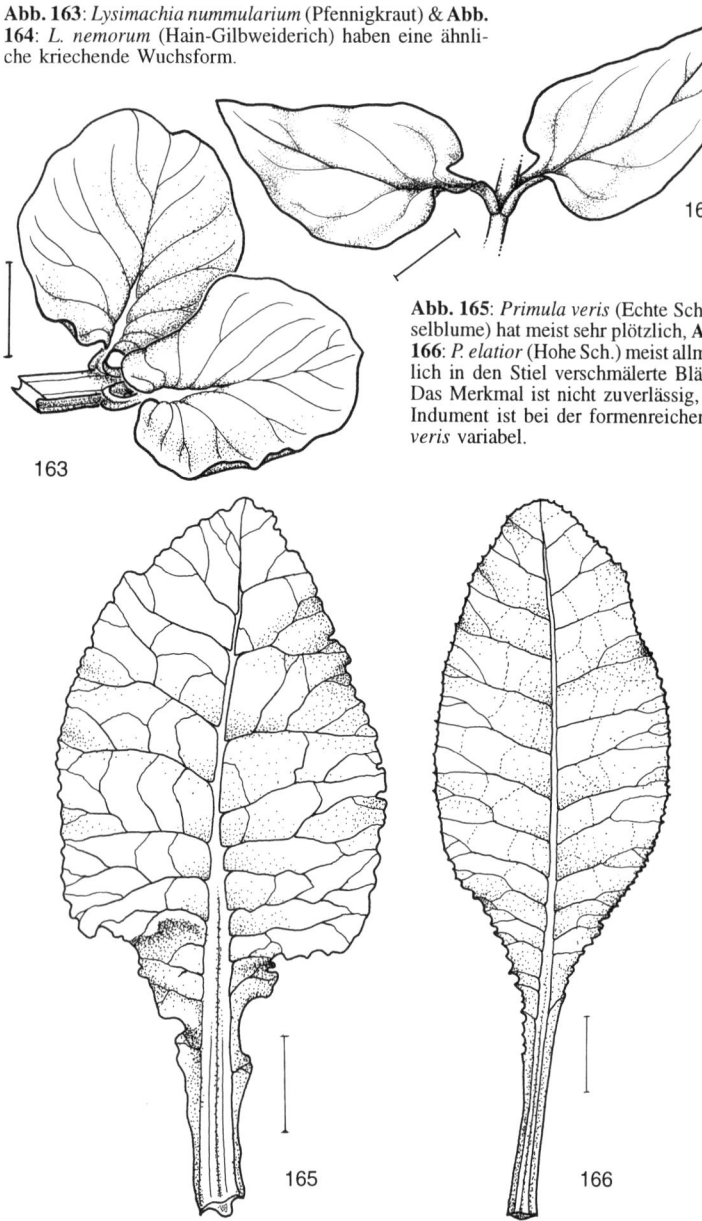

Abb. 165: *Primula veris* (Echte Schlüsselblume) hat meist sehr plötzlich, **Abb. 166**: *P. elatior* (Hohe Sch.) meist allmählich in den Stiel verschmälerte Blätter. Das Merkmal ist nicht zuverlässig, das Indument ist bei der formenreichen *P. veris* variabel.

163

164

165

166

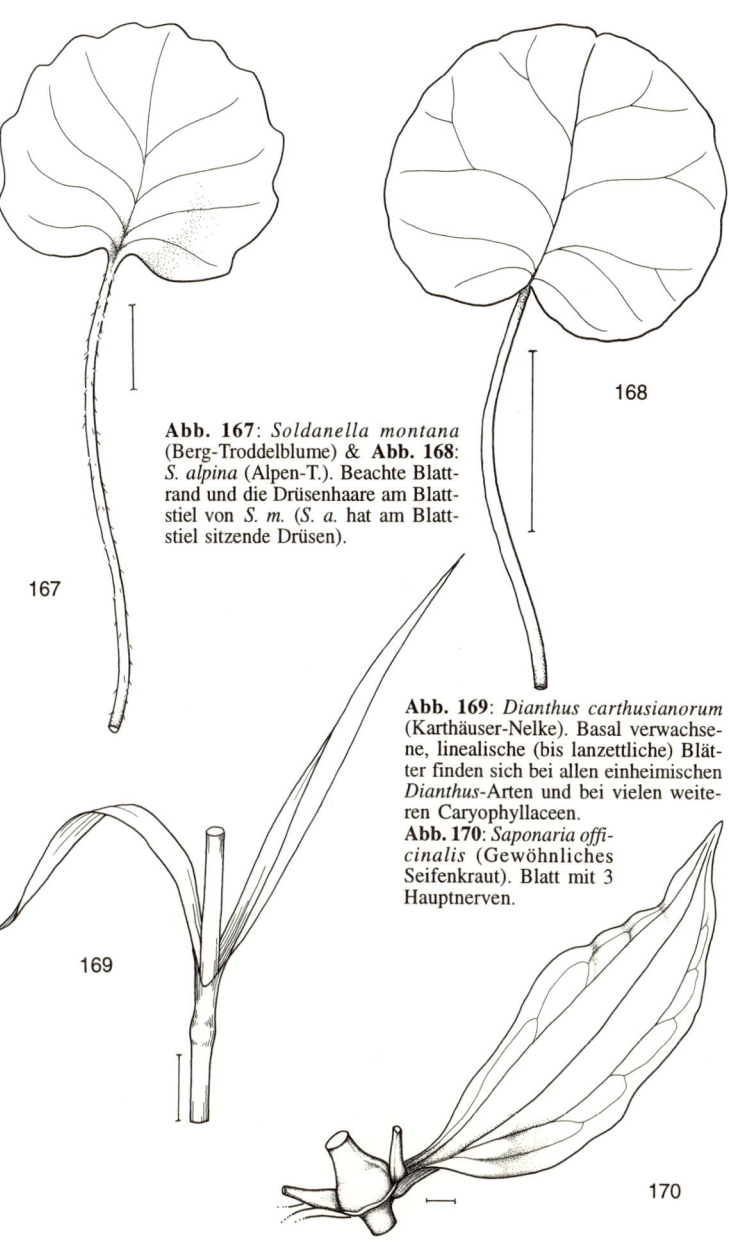

Abb. 167: *Soldanella montana* (Berg-Troddelblume) & **Abb. 168**: *S. alpina* (Alpen-T.). Beachte Blattrand und die Drüsenhaare am Blattstiel von *S. m.* (*S. a.* hat am Blattstiel sitzende Drüsen).

Abb. 169: *Dianthus carthusianorum* (Karthäuser-Nelke). Basal verwachsene, linealische (bis lanzettliche) Blätter finden sich bei allen einheimischen *Dianthus*-Arten und bei vielen weiteren Caryophyllaceen.
Abb. 170: *Saponaria officinalis* (Gewöhnliches Seifenkraut). Blatt mit 3 Hauptnerven.

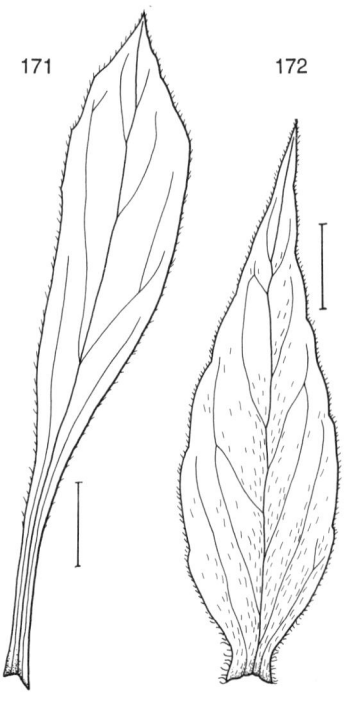

171   172

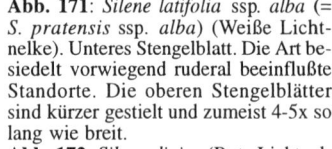

Abb. 171: *Silene latifolia* ssp. *alba* (= *S. pratensis* ssp. *alba*) (Weiße Lichtnelke). Unteres Stengelblatt. Die Art besiedelt vorwiegend ruderal beeinflußte Standorte. Die oberen Stengelblätter sind kürzer gestielt und zumeist 4-5x so lang wie breit.

Abb. 172: *Silene dioica* (Rote Lichtnelke). Sie bevorzugt (luft-)feuchte Biotope vor allem höherer Lagen. Die Stengelblätter (wie hier dargestellt) sind im Durchschnitt 2-3,5x so lang wie breit, die Grundblätter in einen Stiel verschmälert (ähnlich Abb. 171).

Abb. 173: *Moehringia trinervia* (Dreinervige Nabelmiere).

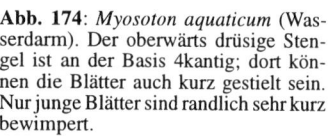

173

Abb. 174: *Myosoton aquaticum* (Wasserdarm). Der oberwärts drüsige Stengel ist an der Basis 4kantig; dort können die Blätter auch kurz gestielt sein. Nur junge Blätter sind randlich sehr kurz bewimpert.

Abb. 175: *Stellaria nemorum* (Hain-Sternmiere). Die unteren und mittleren Stengelblätter sind ± lang gestielt und randlich bewimpert. Der Stengel ist durchweg rund und drüsenlos.

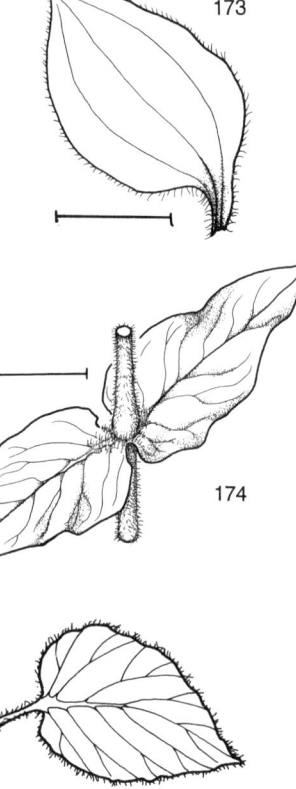

174

175

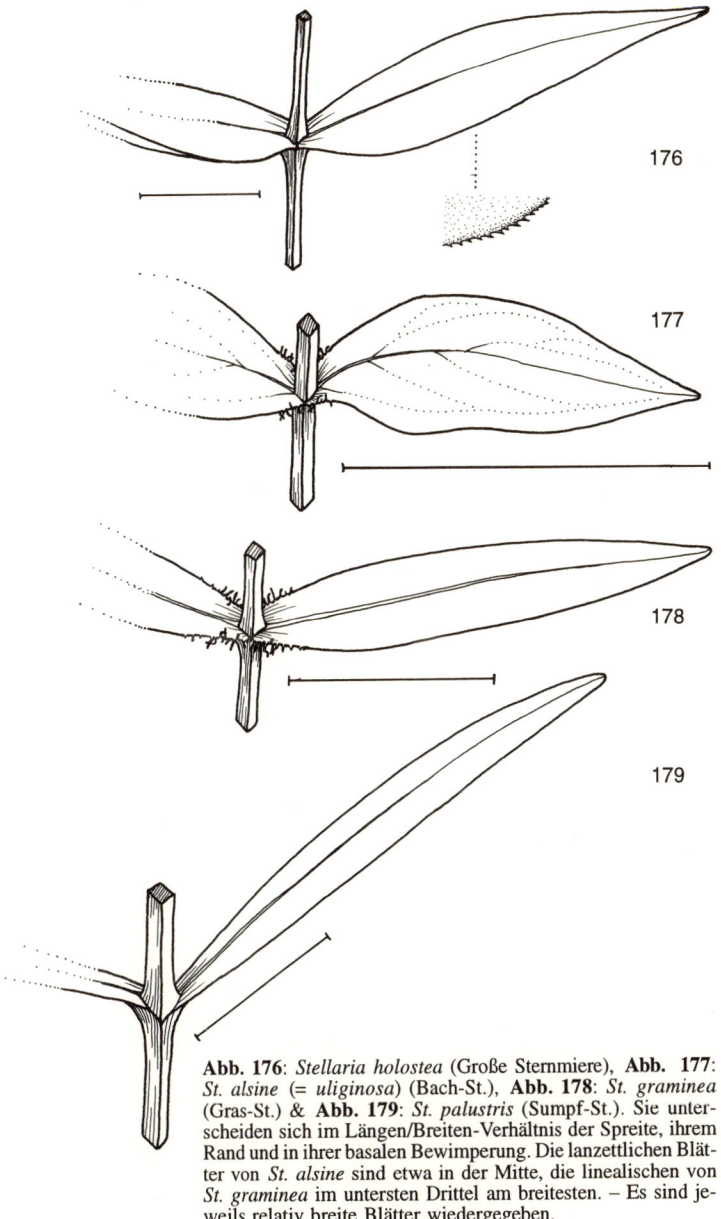

Abb. 176: *Stellaria holostea* (Große Sternmiere), **Abb. 177**: *St. alsine* (= *uliginosa*) (Bach-St.), **Abb. 178**: *St. graminea* (Gras-St.) & **Abb. 179**: *St. palustris* (Sumpf-St.). Sie unterscheiden sich im Längen/Breiten-Verhältnis der Spreite, ihrem Rand und in ihrer basalen Bewimperung. Die lanzettlichen Blätter von *St. alsine* sind etwa in der Mitte, die linealischen von *St. graminea* im untersten Drittel am breitesten. – Es sind jeweils relativ breite Blätter wiedergegeben.

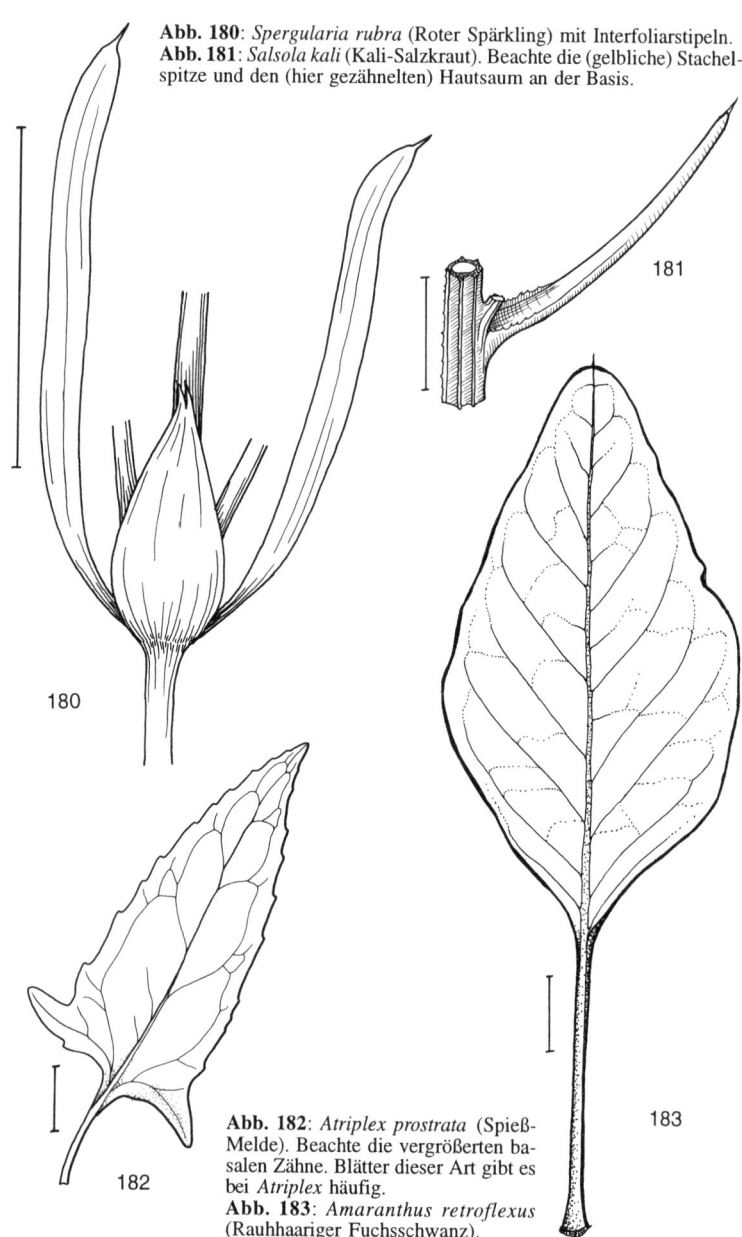

Abb. 180: *Spergularia rubra* (Roter Spärkling) mit Interfoliarstipeln.
Abb. 181: *Salsola kali* (Kali-Salzkraut). Beachte die (gelbliche) Stachelspitze und den (hier gezähnelten) Hautsaum an der Basis.

181

180

182

183

Abb. 182: *Atriplex prostrata* (Spieß-Melde). Beachte die vergrößerten basalen Zähne. Blätter dieser Art gibt es bei *Atriplex* häufig.
Abb. 183: *Amaranthus retroflexus* (Rauhhaariger Fuchsschwanz).

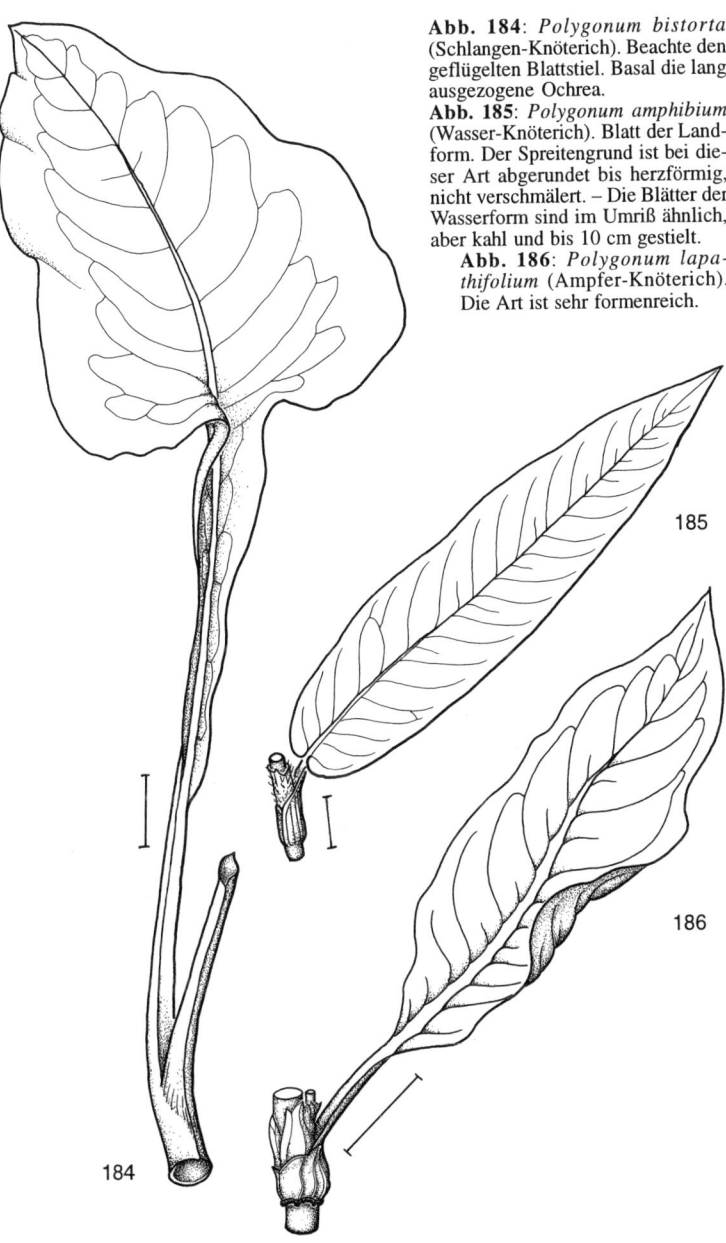

Abb. 184: *Polygonum bistorta* (Schlangen-Knöterich). Beachte den geflügelten Blattstiel. Basal die lang ausgezogene Ochrea.

Abb. 185: *Polygonum amphibium* (Wasser-Knöterich). Blatt der Landform. Der Spreitengrund ist bei dieser Art abgerundet bis herzförmig, nicht verschmälert. – Die Blätter der Wasserform sind im Umriß ähnlich, aber kahl und bis 10 cm gestielt.

Abb. 186: *Polygonum lapathifolium* (Ampfer-Knöterich). Die Art ist sehr formenreich.

185

186

184

Abb. 187: *Polygonum hydropiper* (Wasser-
pfeffer). Das (frische) Blatt schmeckt scharf.

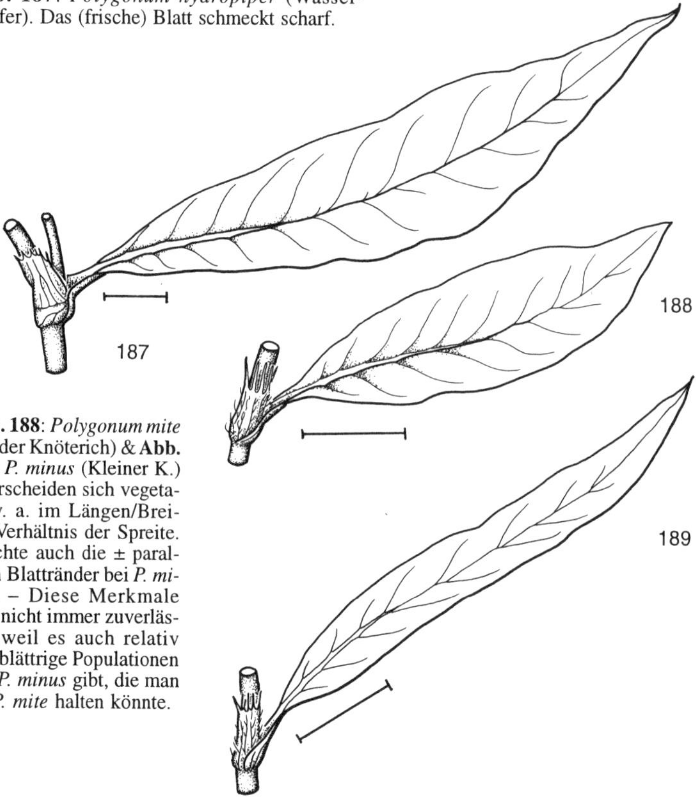

187

188

Abb. 188: *Polygonum mite*
(Milder Knöterich) & **Abb.
189**: *P. minus* (Kleiner K.)
unterscheiden sich vegetativ v. a. im Längen/Brei-
ten-Verhältnis der Spreite.
Beachte auch die ± paral-
lelen Blattränder bei *P. minus*. – Diese Merkmale
sind nicht immer zuverlässig, weil es auch relativ
breitblättrige Populationen
von *P. minus* gibt, die man
für *P. mite* halten könnte.

189

Abb. 190: Ochrea von *Polygonum*-Arten (halbschematisch) im Vergleich. a: *P. amphibium*
(kahl oder behaart; keine Borsten am oberen Rand der Ochrea); b: *P. lapathifolium* (Borsten <1 mm); c: *P. hydropiper* (Borsten ca. 1 mm); d: *P. persicaria* (Borsten ca. 2 mm); e:
P. mite & *P. minus* (Borsten bis 6 mm). Bei *P. lapathifolium* und *P. hydropiper* ist die
Ochrea meist kahl, bei den drei letztgenannten fast immer behaart.

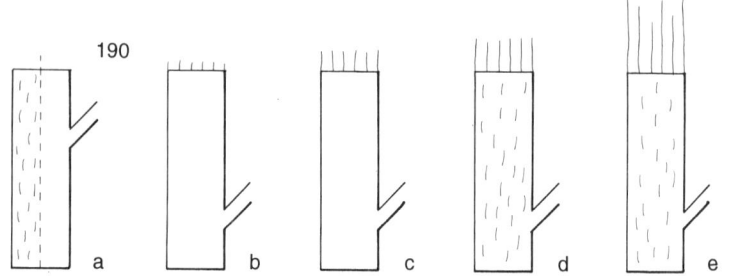

190

a   b   c   d   e

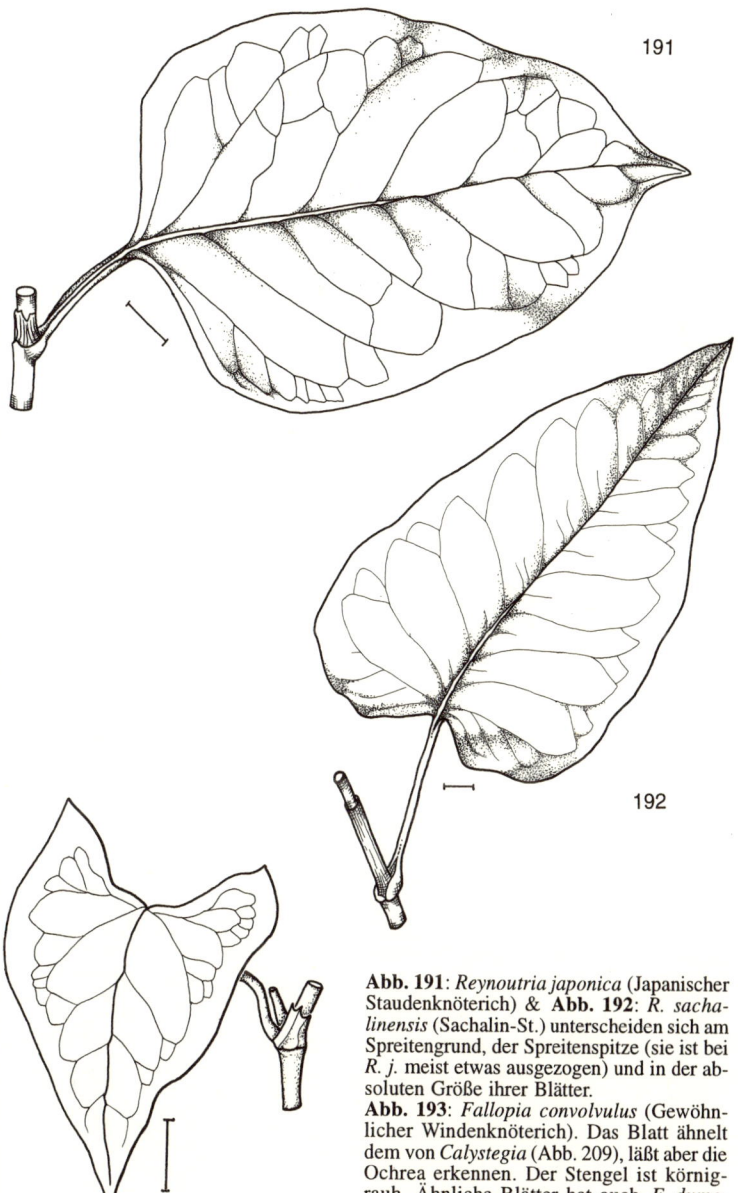

Abb. 191: *Reynoutria japonica* (Japanischer Staudenknöterich) & **Abb. 192**: *R. sachalinensis* (Sachalin-St.) unterscheiden sich am Spreitengrund, der Spreitenspitze (sie ist bei *R. j.* meist etwas ausgezogen) und in der absoluten Größe ihrer Blätter.
Abb. 193: *Fallopia convolvulus* (Gewöhnlicher Windenknöterich). Das Blatt ähnelt dem von *Calystegia* (Abb. 209), läßt aber die Ochrea erkennen. Der Stengel ist körnigrauh. Ähnliche Blätter hat auch *F. dumetorum* (Hecken-W.) mit ± glattem Stengel.

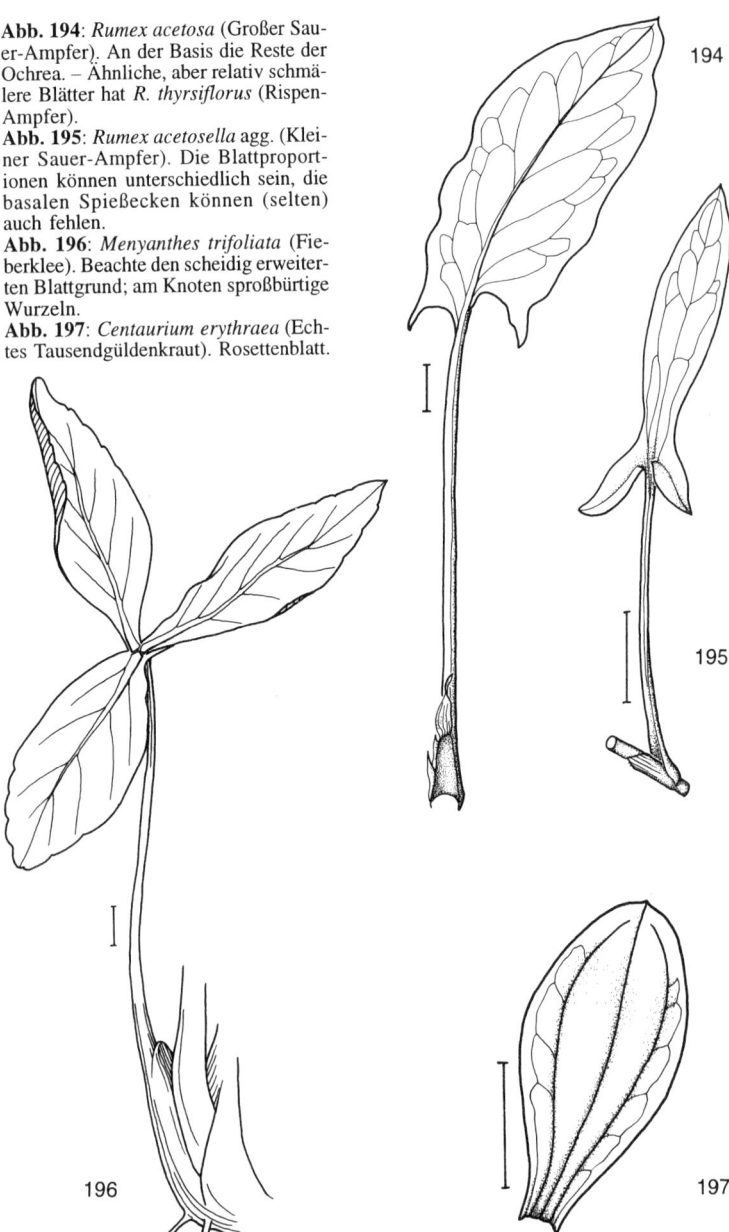

Abb. 194: *Rumex acetosa* (Großer Sauer-Ampfer). An der Basis die Reste der Ochrea. – Ähnliche, aber relativ schmälere Blätter hat *R. thyrsiflorus* (Rispen-Ampfer).

Abb. 195: *Rumex acetosella* agg. (Kleiner Sauer-Ampfer). Die Blattproportionen können unterschiedlich sein, die basalen Spießecken können (selten) auch fehlen.

Abb. 196: *Menyanthes trifoliata* (Fieberklee). Beachte den scheidig erweiterten Blattgrund; am Knoten sproßbürtige Wurzeln.

Abb. 197: *Centaurium erythraea* (Echtes Tausendgüldenkraut). Rosettenblatt.

194

195

196

197

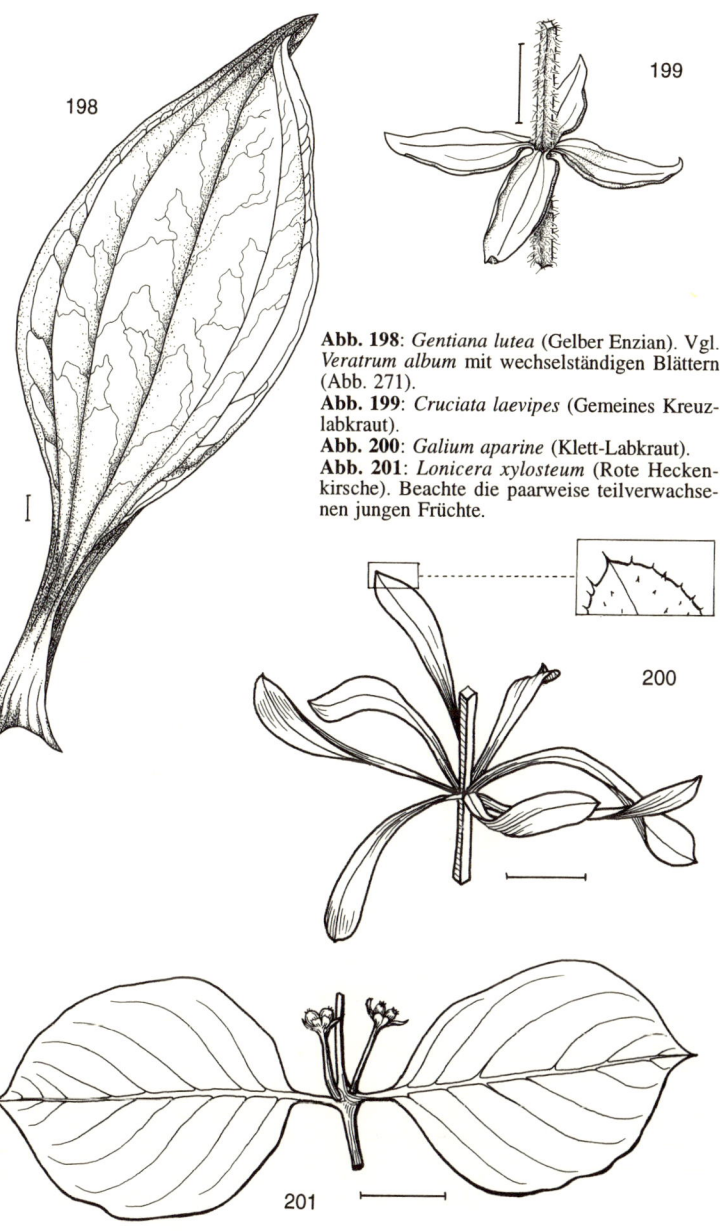

Abb. 198: *Gentiana lutea* (Gelber Enzian). Vgl. *Veratrum album* mit wechselständigen Blättern (Abb. 271).
Abb. 199: *Cruciata laevipes* (Gemeines Kreuz-labkraut).
Abb. 200: *Galium aparine* (Klett-Labkraut).
Abb. 201: *Lonicera xylosteum* (Rote Hecken-kirsche). Beachte die paarweise teilverwachse-nen jungen Früchte.

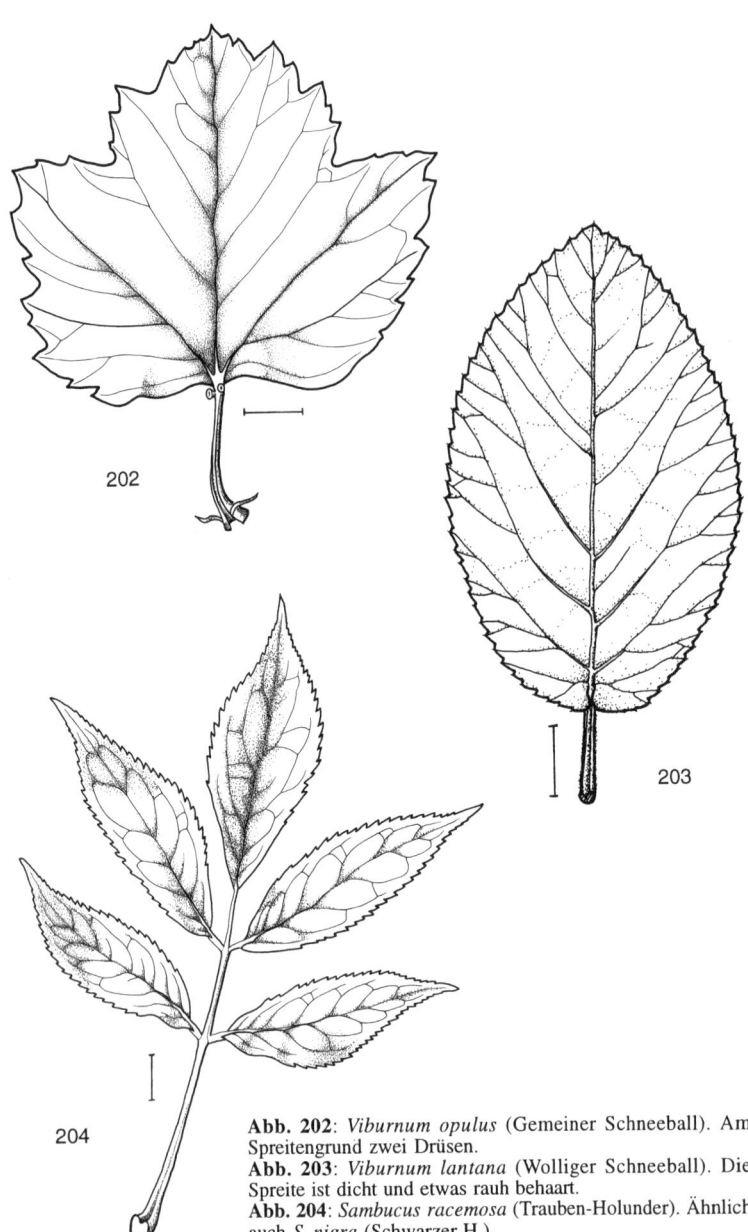

Abb. 202: *Viburnum opulus* (Gemeiner Schneeball). Am Spreitengrund zwei Drüsen.
Abb. 203: *Viburnum lantana* (Wolliger Schneeball). Die Spreite ist dicht und etwas rauh behaart.
Abb. 204: *Sambucus racemosa* (Trauben-Holunder). Ähnlich auch *S. nigra* (Schwarzer H.).

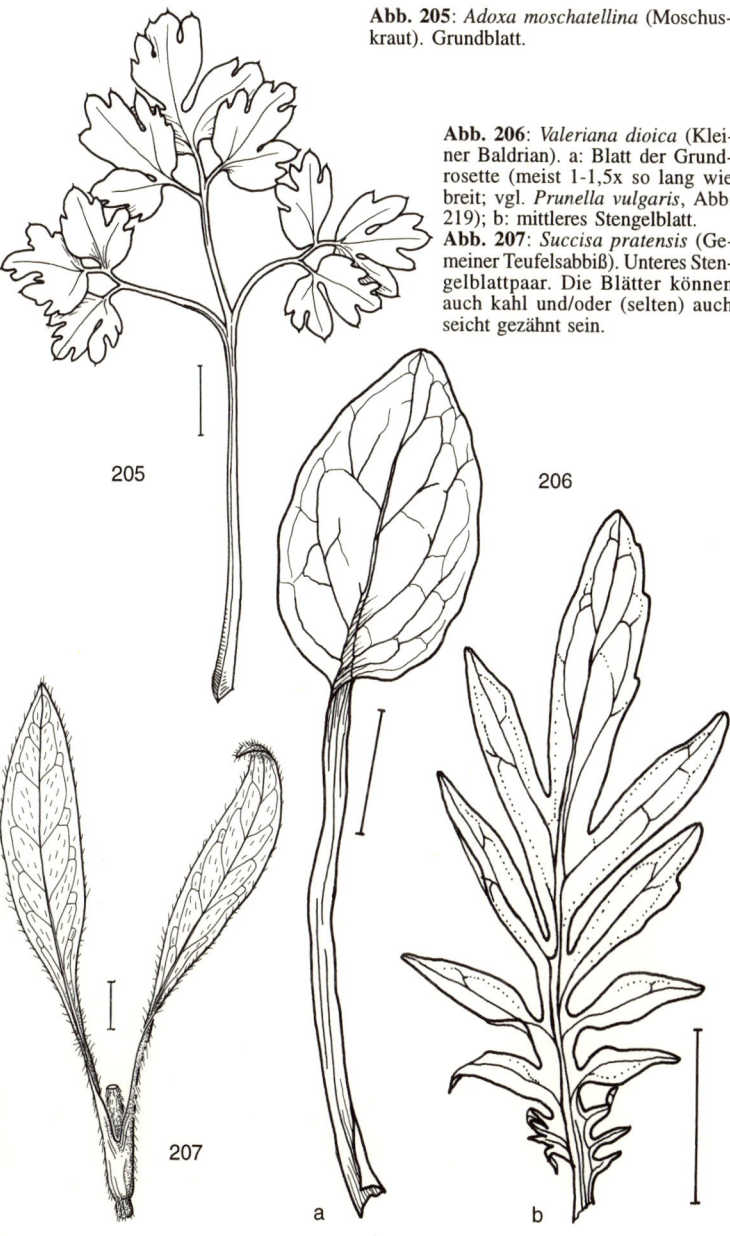

Abb. 205: *Adoxa moschatellina* (Moschus-kraut). Grundblatt.

Abb. 206: *Valeriana dioica* (Klei-ner Baldrian). a: Blatt der Grund-rosette (meist 1-1,5x so lang wie breit; vgl. *Prunella vulgaris*, Abb. 219); b: mittleres Stengelblatt.
Abb. 207: *Succisa pratensis* (Ge-meiner Teufelsabbiß). Unteres Sten-gelblattpaar. Die Blätter können auch kahl und/oder (selten) auch seicht gezähnt sein.

205

206

207

a

b

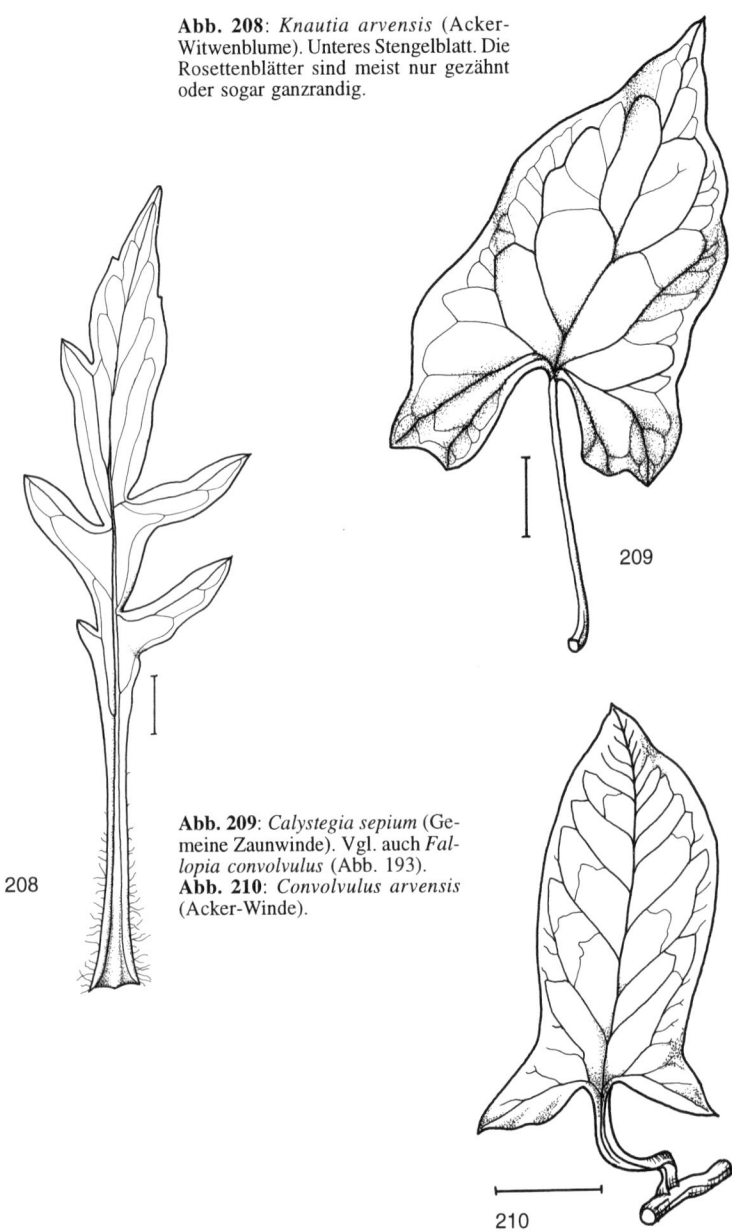

Abb. 208: *Knautia arvensis* (Acker-Witwenblume). Unteres Stengelblatt. Die Rosettenblätter sind meist nur gezähnt oder sogar ganzrandig.

209

Abb. 209: *Calystegia sepium* (Gemeine Zaunwinde). Vgl. auch *Fallopia convolvulus* (Abb. 193).
Abb. 210: *Convolvulus arvensis* (Acker-Winde).

208

210

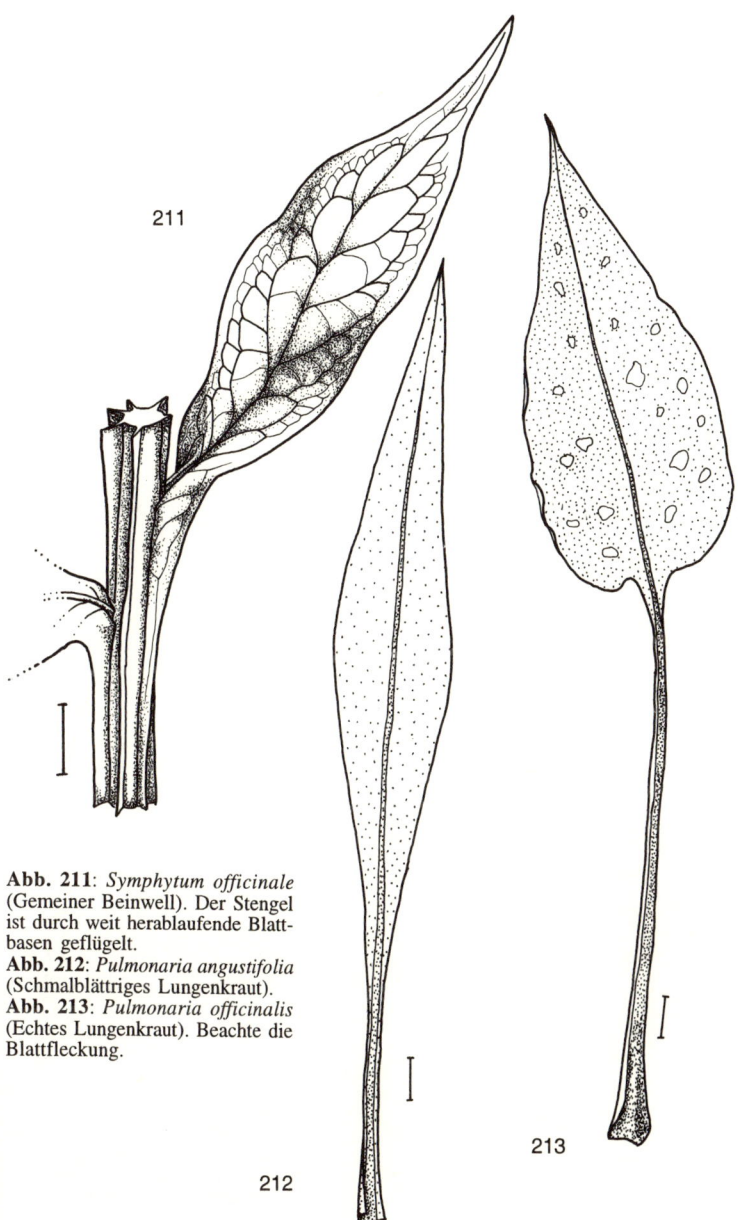

211

212

213

Abb. 211: *Symphytum officinale* (Gemeiner Beinwell). Der Stengel ist durch weit herablaufende Blattbasen geflügelt.
Abb. 212: *Pulmonaria angustifolia* (Schmalblättriges Lungenkraut).
Abb. 213: *Pulmonaria officinalis* (Echtes Lungenkraut). Beachte die Blattfleckung.

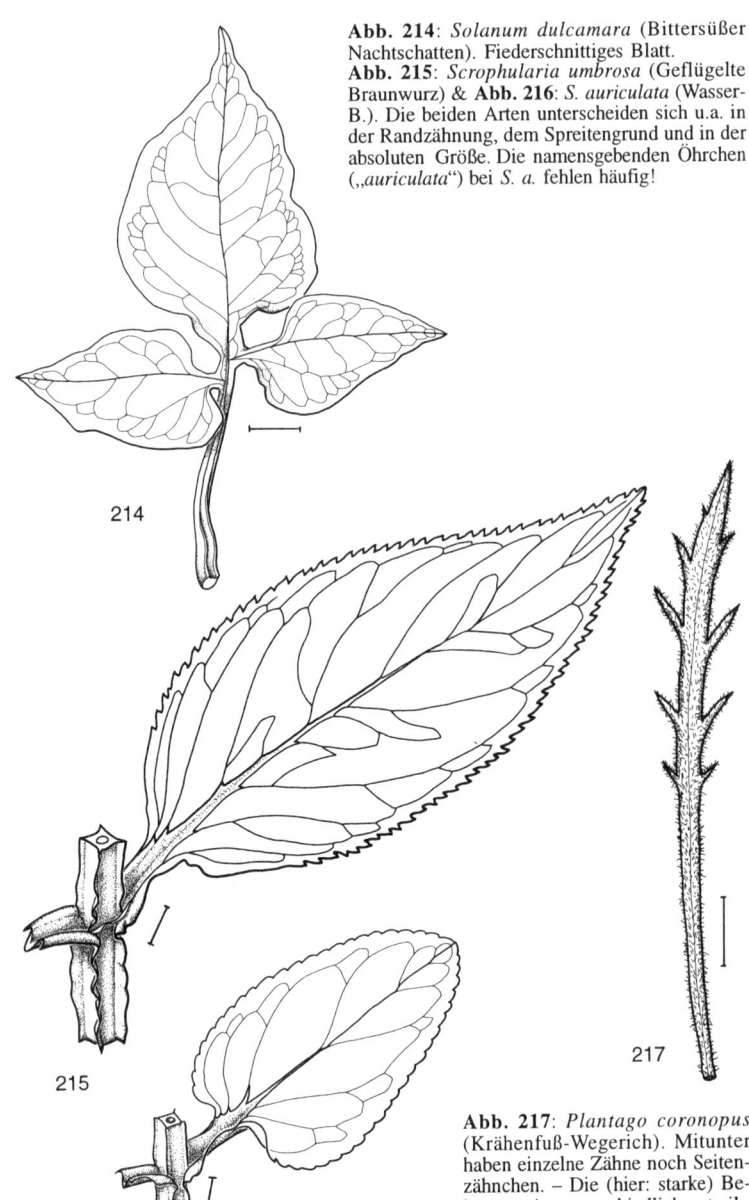

Abb. 214: *Solanum dulcamara* (Bittersüßer Nachtschatten). Fiederschnittiges Blatt.
Abb. 215: *Scrophularia umbrosa* (Geflügelte Braunwurz) & **Abb. 216**: *S. auriculata* (Wasser-B.). Die beiden Arten unterscheiden sich u.a. in der Randzähnung, dem Spreitengrund und in der absoluten Größe. Die namensgebenden Öhrchen („*auriculata*") bei *S. a.* fehlen häufig!

214

215

216

217

Abb. 217: *Plantago coronopus* (Krähenfuß-Wegerich). Mitunter haben einzelne Zähne noch Seitenzähnchen. – Die (hier: starke) Behaarung ist unterschiedlich entwickelt.

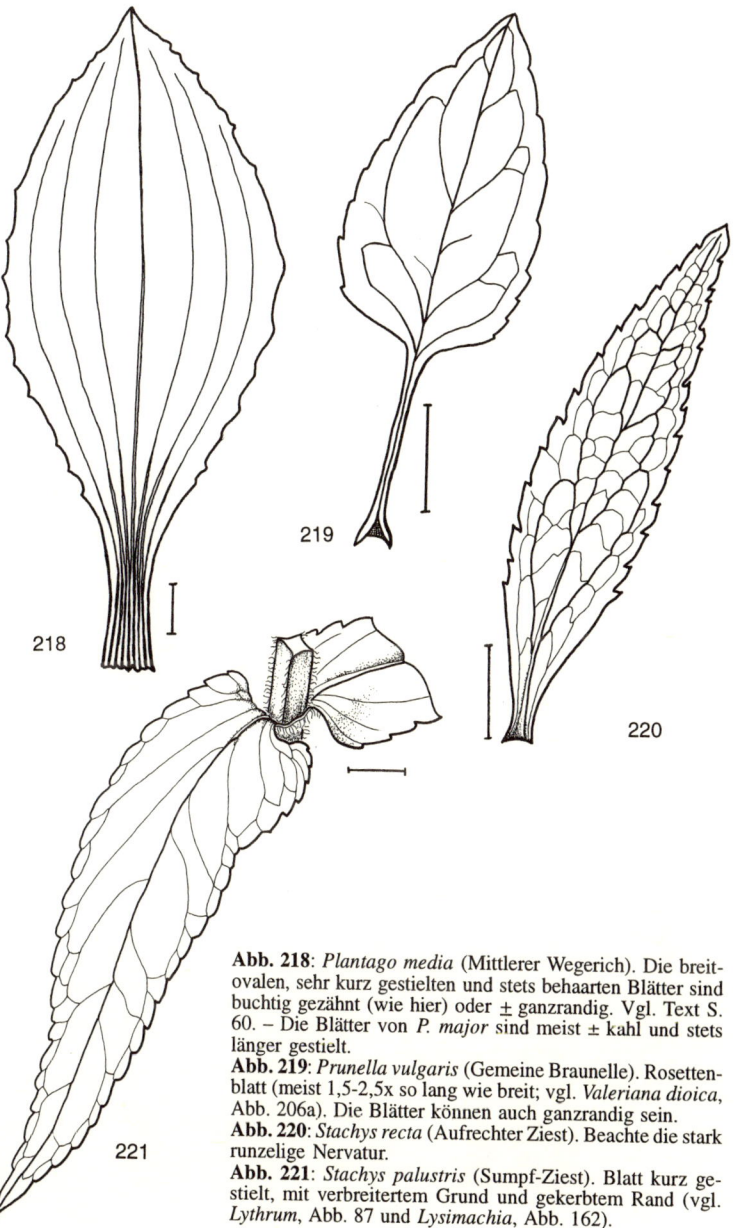

Abb. 218: *Plantago media* (Mittlerer Wegerich). Die breit-ovalen, sehr kurz gestielten und stets behaarten Blätter sind buchtig gezähnt (wie hier) oder ± ganzrandig. Vgl. Text S. 60. – Die Blätter von *P. major* sind meist ± kahl und stets länger gestielt.

Abb. 219: *Prunella vulgaris* (Gemeine Braunelle). Rosetten-blatt (meist 1,5-2,5x so lang wie breit; vgl. *Valeriana dioica*, Abb. 206a). Die Blätter können auch ganzrandig sein.

Abb. 220: *Stachys recta* (Aufrechter Ziest). Beachte die stark runzelige Nervatur.

Abb. 221: *Stachys palustris* (Sumpf-Ziest). Blatt kurz ge-stielt, mit verbreitertem Grund und gekerbtem Rand (vgl. *Lythrum*, Abb. 87 und *Lysimachia*, Abb. 162).

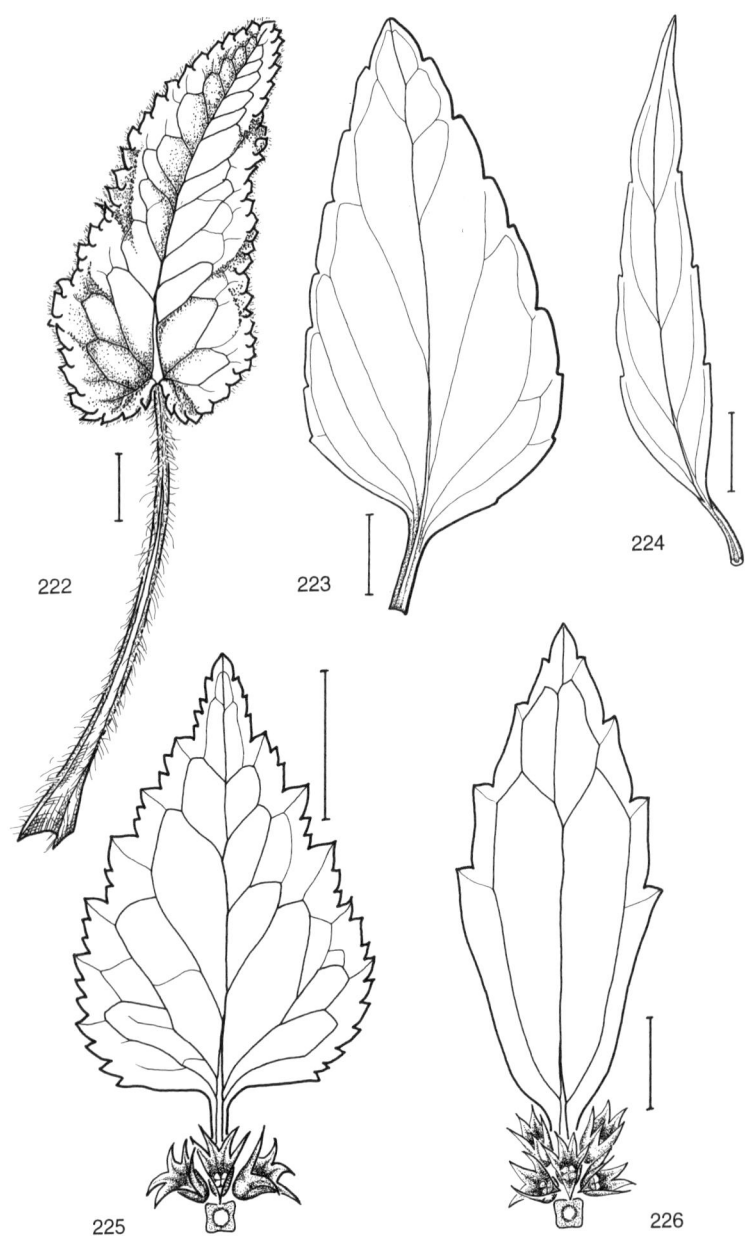

222

223

224

225

226

Abb. 222: *Stachys* (= *Betonica*) *officinalis* (Echter Ziest). Grundblatt.
Abb. 223: *Galeopsis ladanum* (Breitblättriger Hohlzahn) & **Abb. 224**: *G. angustifolia* (Schmalblättriger H.). Die beiden Arten unterscheiden sich im Längen/Breiten-Verhältnis und in der Zahl der Randzähne, doch sind die Unterschiede nicht immer so deutlich wie dargestellt.
Abb. 225: *Galeobdolon luteum* (Echte Goldnessel) & **Abb. 226**: *G. montanum* (Berg-G.). Vgl. die Form der Tragblätter und die Zahl der Blüten pro Halb„quirl". *G. l.* ist an der Stengelbasis hauptsächlich an den Kanten, *G. m.* ± ringsum behaart.

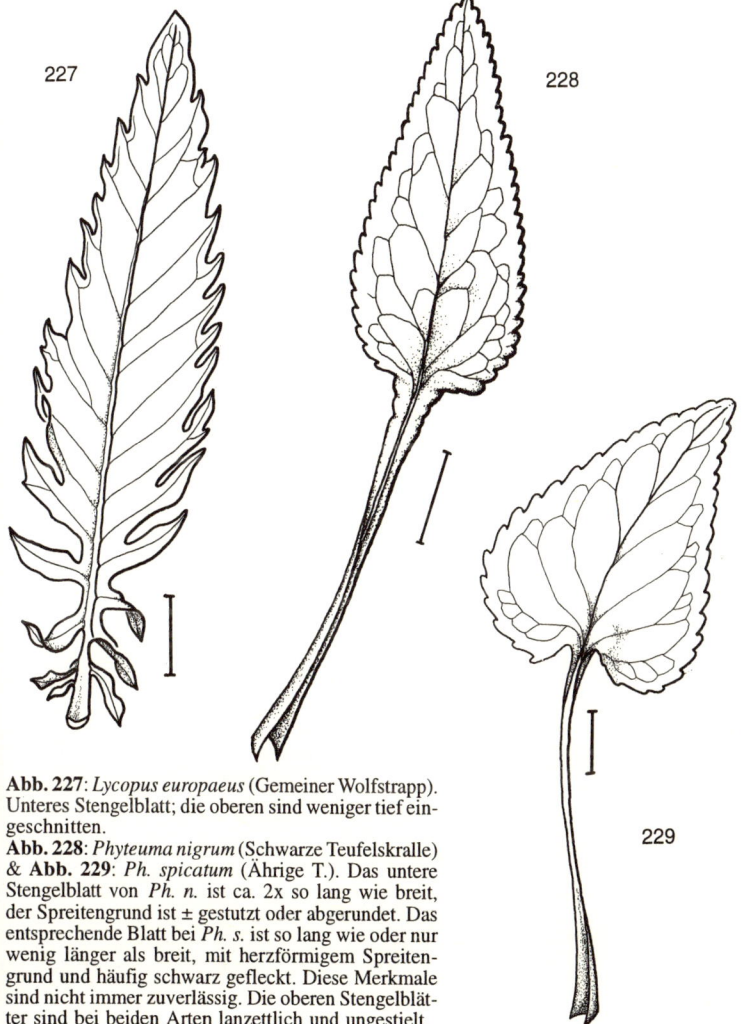

227

228

Abb. 227: *Lycopus europaeus* (Gemeiner Wolfstrapp). Unteres Stengelblatt; die oberen sind weniger tief eingeschnitten.
Abb. 228: *Phyteuma nigrum* (Schwarze Teufelskralle) & **Abb. 229**: *Ph. spicatum* (Ährige T.). Das untere Stengelblatt von *Ph. n.* ist ca. 2x so lang wie breit, der Spreitengrund ist ± gestutzt oder abgerundet. Das entsprechende Blatt bei *Ph. s.* ist so lang wie oder nur wenig länger als breit, mit herzförmigem Spreitengrund und häufig schwarz gefleckt. Diese Merkmale sind nicht immer zuverlässig. Die oberen Stengelblätter sind bei beiden Arten lanzettlich und ungestielt.

229

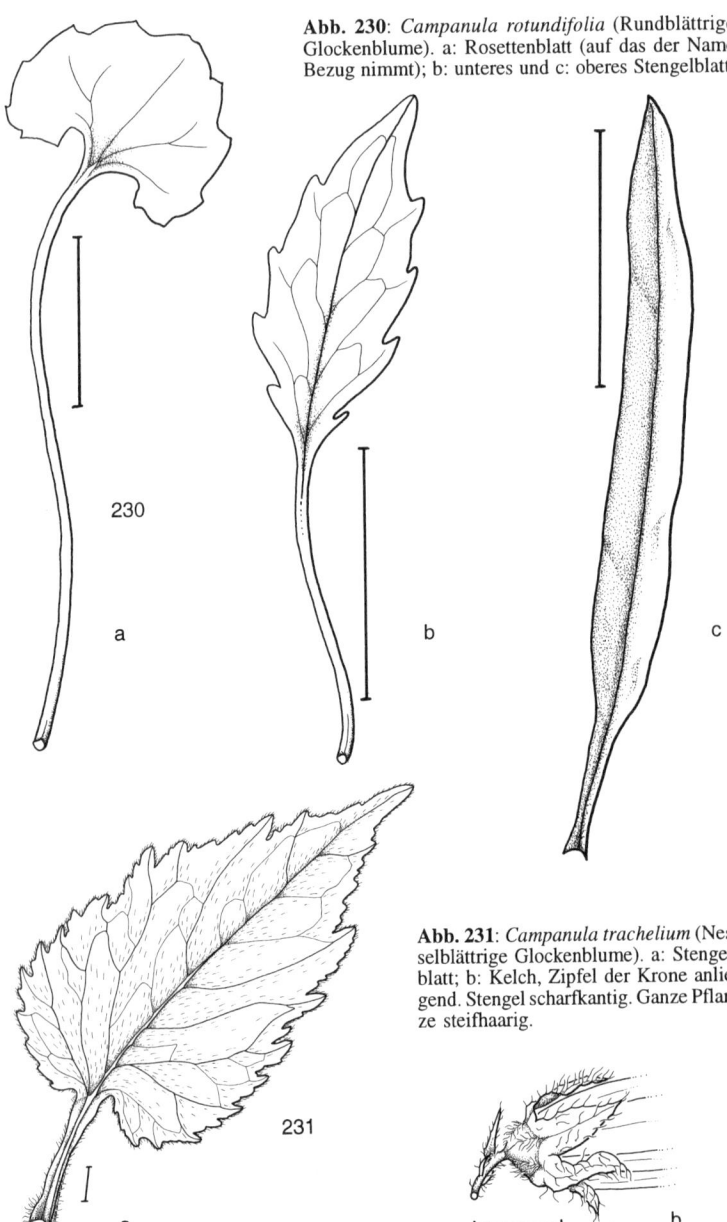

Abb. 230: *Campanula rotundifolia* (Rundblättrige Glockenblume). a: Rosettenblatt (auf das der Name Bezug nimmt); b: unteres und c: oberes Stengelblatt.

230

a

b

c

Abb. 231: *Campanula trachelium* (Nesselblättrige Glockenblume). a: Stengelblatt; b: Kelch, Zipfel der Krone anliegend. Stengel scharfkantig. Ganze Pflanze steifhaarig.

231

a

b

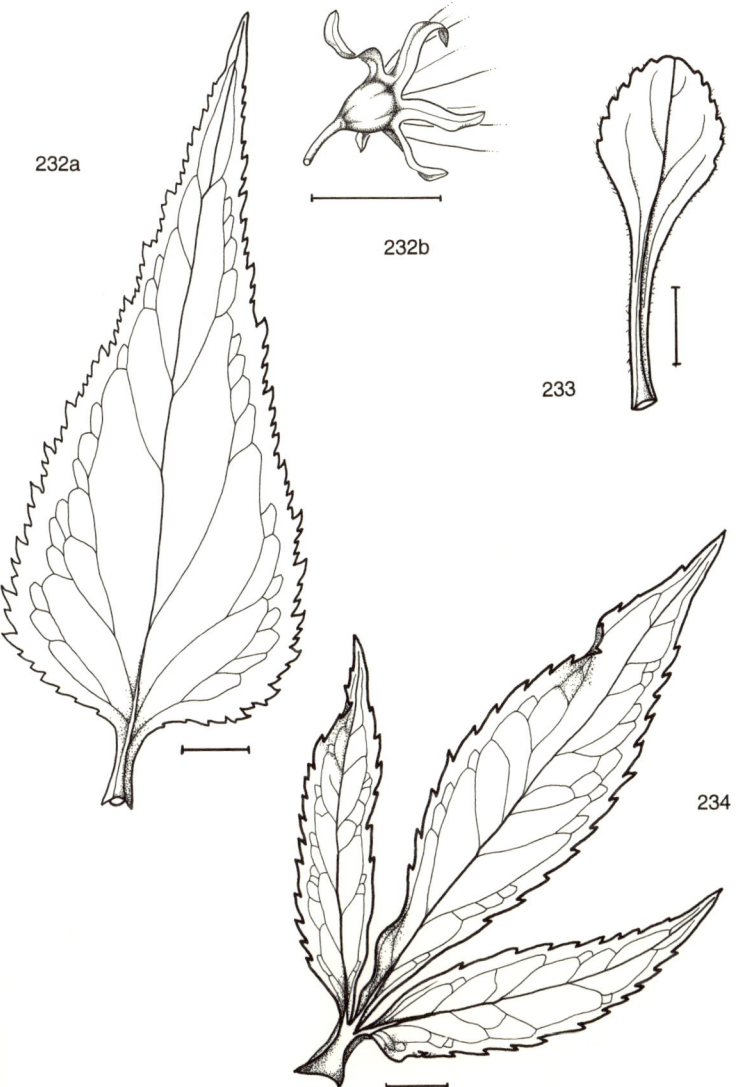

232a

232b

233

234

Abb. 232: *Campanula rapunculoides* (Acker-Glockenblume). a: Stengelblatt; b: Kelch, Zipfel abstehend. Stengel stumpfkantig. Pflanze zerstreut kurz behaart.
Abb. 233: *Bellis perennis* (Gänseblümchen).
Abb. 234: *Eupatorium cannabinum* (Wasserdost). Die ebenfalls 3teiligen, gegenständigen Blätter mancher *Bidens-* (Zweizahn-) Arten sind meist deutlich gestielt.

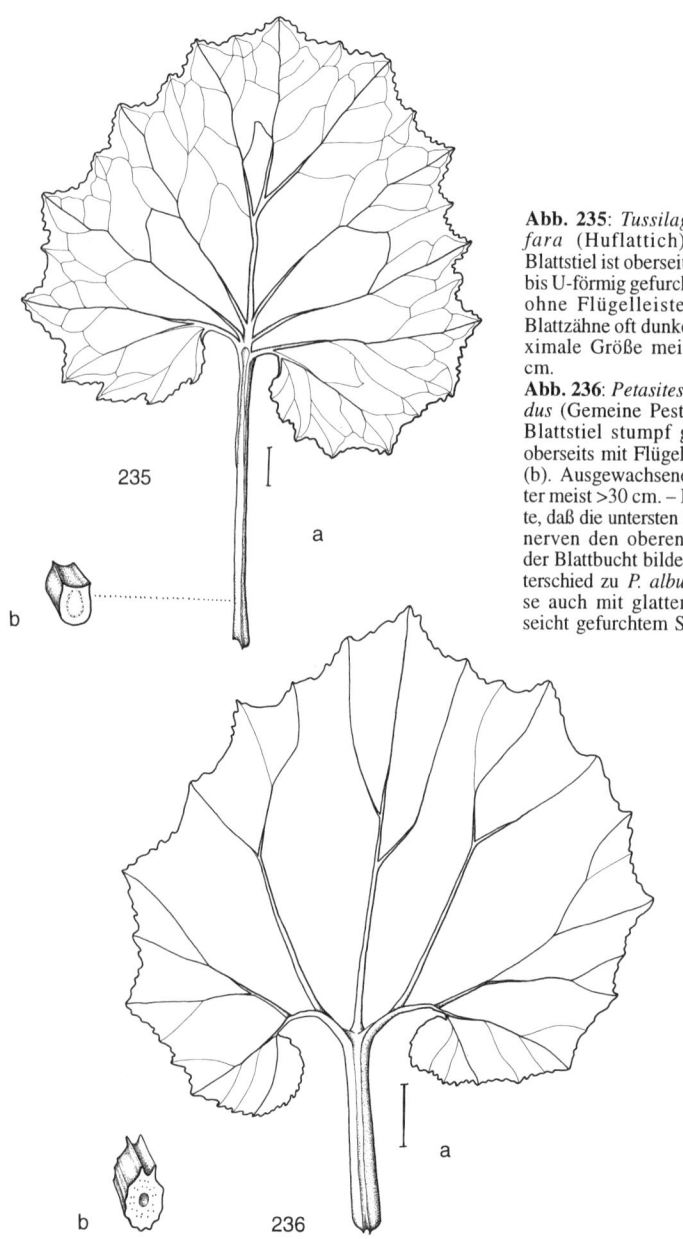

Abb. 235: *Tussilago farfara* (Huflattich). Der Blattstiel ist oberseits flach bis U-förmig gefurcht, aber ohne Flügelleisten (b). Blattzähne oft dunkel. Maximale Größe meist <20 cm.

Abb. 236: *Petasites hybridus* (Gemeine Pestwurz). Blattstiel stumpf gerillt, oberseits mit Flügelleisten (b). Ausgewachsene Blätter meist >30 cm. – Beachte, daß die untersten Hauptnerven den oberen Rand der Blattbucht bilden (Unterschied zu *P. albus*, diese auch mit glattem, nur seicht gefurchtem Stiel).

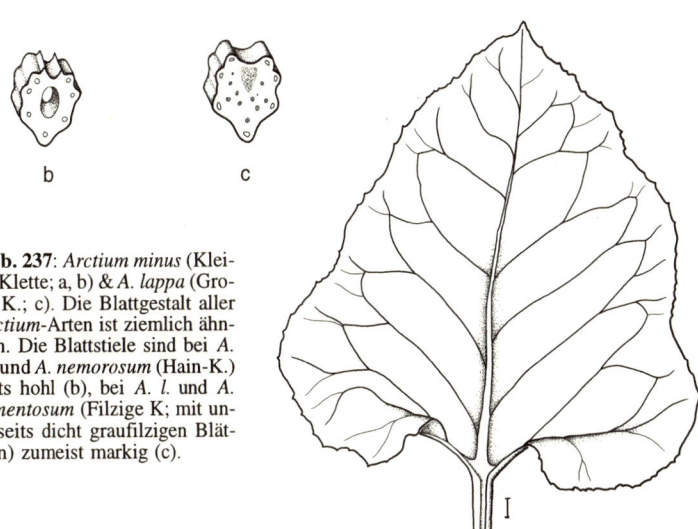

Abb. 237: *Arctium minus* (Kleine Klette; a, b) & *A. lappa* (Große K.; c). Die Blattgestalt aller *Arctium*-Arten ist ziemlich ähnlich. Die Blattstiele sind bei *A. m.* und *A. nemorosum* (Hain-K.) stets hohl (b), bei *A. l.* und *A. tomentosum* (Filzige K; mit unterseits dicht graufilzigen Blättern) zumeist markig (c).

a   237

Abb. 238: *Galinsoga parviflora* (Kleinblütiges Knopfkraut) & **Abb. 239**: *G. ciliata* (Behaartes K.). Beachte bei *G. c.* den abstehend und z.T. drüsig behaarten Stengel und die sehr viel gröberen (großenteils >2 mm langen) Randzähne. Die Spreite von *G. p.* ist zudem wenigstens oberseits kahl.

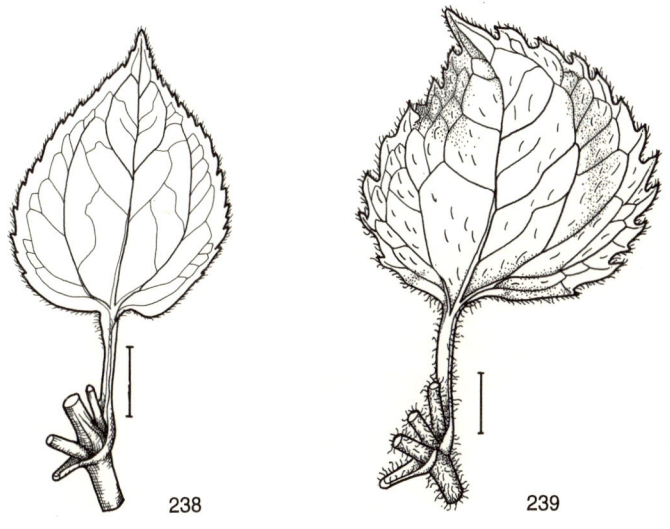

238   239

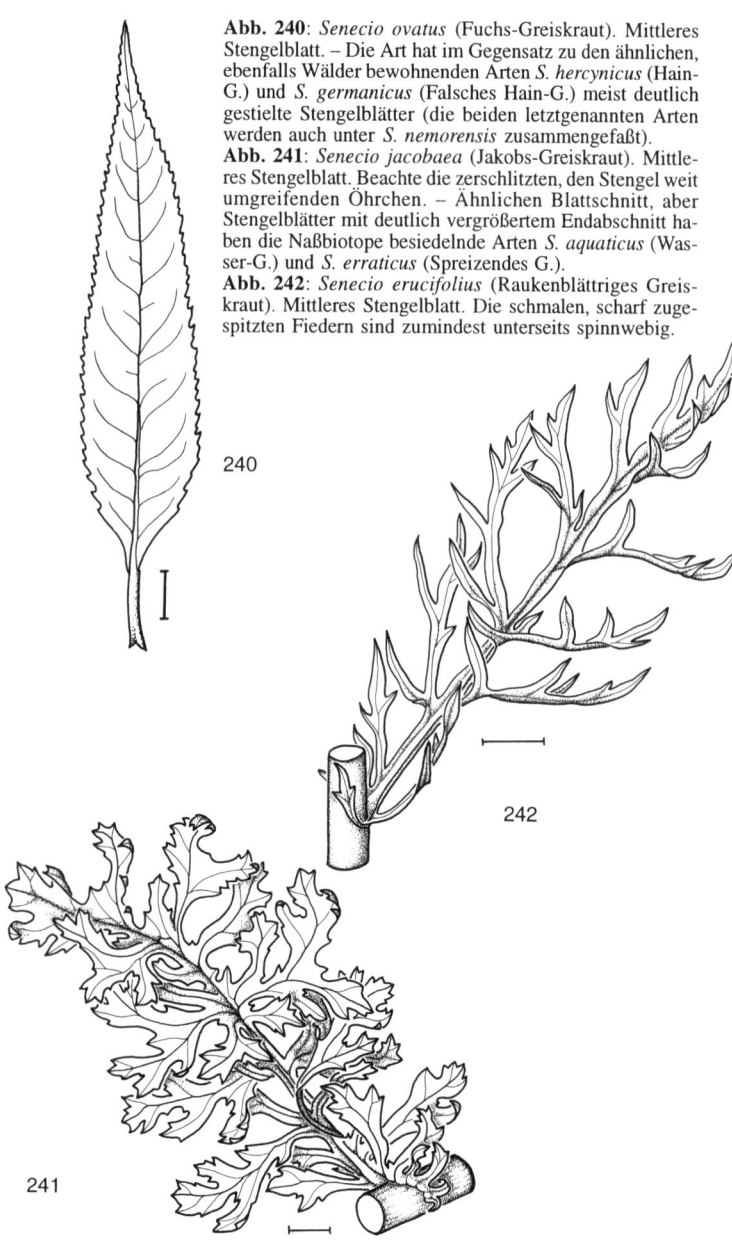

Abb. 240: *Senecio ovatus* (Fuchs-Greiskraut). Mittleres Stengelblatt. – Die Art hat im Gegensatz zu den ähnlichen, ebenfalls Wälder bewohnenden Arten *S. hercynicus* (Hain-G.) und *S. germanicus* (Falsches Hain-G.) meist deutlich gestielte Stengelblätter (die beiden letztgenannten Arten werden auch unter *S. nemorensis* zusammengefaßt).
Abb. 241: *Senecio jacobaea* (Jakobs-Greiskraut). Mittleres Stengelblatt. Beachte die zerschlitzten, den Stengel weit umgreifenden Öhrchen. – Ähnlichen Blattschnitt, aber Stengelblätter mit deutlich vergrößertem Endabschnitt haben die Naßbiotope besiedelnde Arten *S. aquaticus* (Wasser-G.) und *S. erraticus* (Spreizendes G.).
Abb. 242: *Senecio erucifolius* (Raukenblättriges Greiskraut). Mittleres Stengelblatt. Die schmalen, scharf zugespitzten Fiedern sind zumindest unterseits spinnwebig.

240

242

241

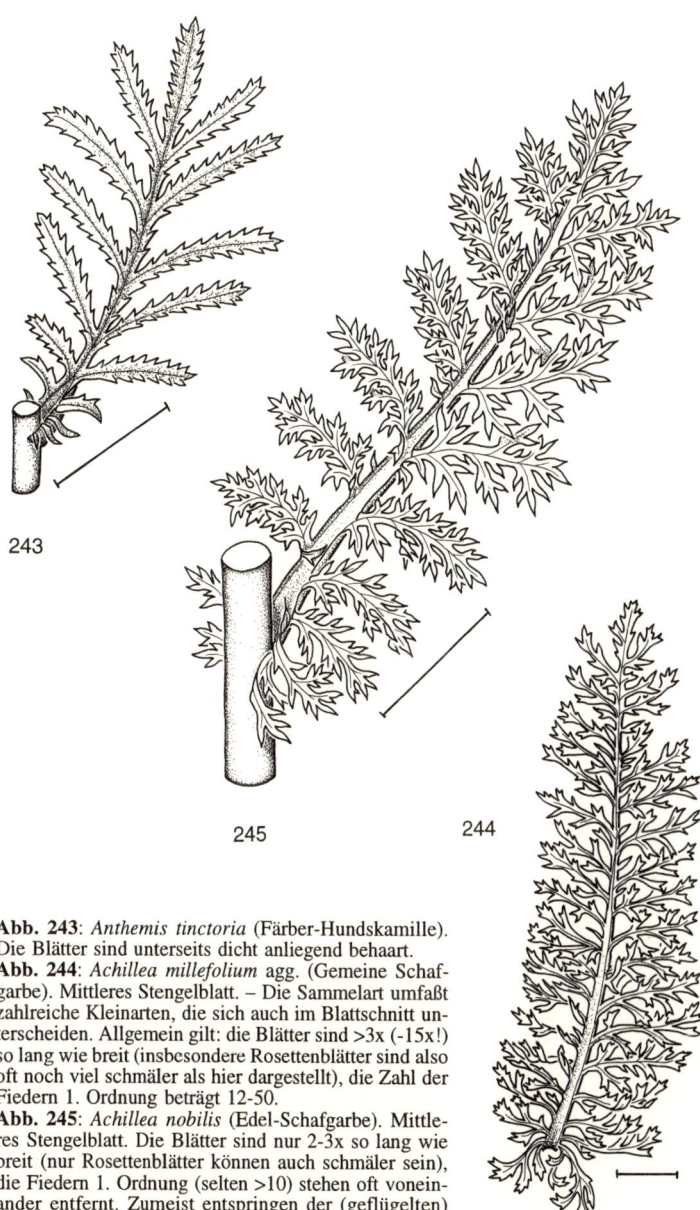

Abb. 243: *Anthemis tinctoria* (Färber-Hundskamille).
Die Blätter sind unterseits dicht anliegend behaart.

Abb. 244: *Achillea millefolium* agg. (Gemeine Schaf-
garbe). Mittleres Stengelblatt. – Die Sammelart umfaßt
zahlreiche Kleinarten, die sich auch im Blattschnitt unterscheiden. Allgemein gilt: die Blätter sind >3x (-15x!)
so lang wie breit (insbesondere Rosettenblätter sind also
oft noch viel schmäler als hier dargestellt), die Zahl der
Fiedern 1. Ordnung beträgt 12-50.

Abb. 245: *Achillea nobilis* (Edel-Schafgarbe). Mittleres Stengelblatt. Die Blätter sind nur 2-3x so lang wie
breit (nur Rosettenblätter können auch schmäler sein),
die Fiedern 1. Ordnung (selten >10) stehen oft voneinander entfernt. Zumeist entspringen der (geflügelten)
Rhachis zahnartige Zwischenfiedern.

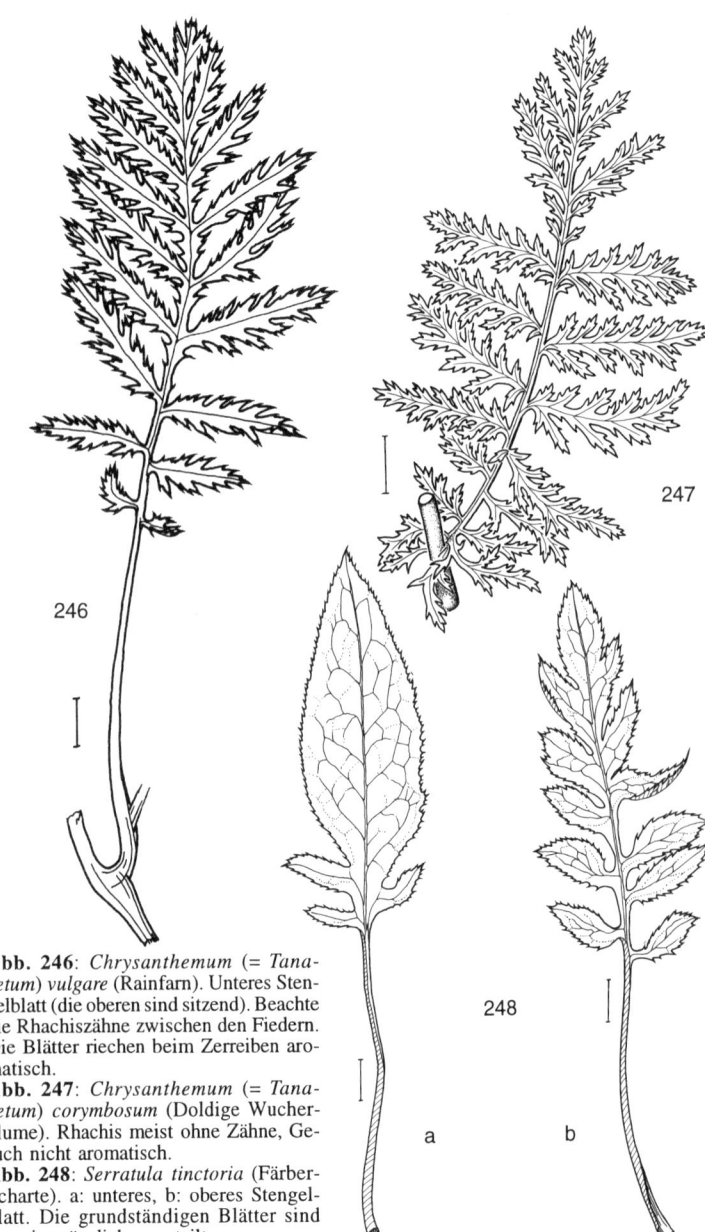

Abb. 246: *Chrysanthemum* (= *Tanacetum*) *vulgare* (Rainfarn). Unteres Stengelblatt (die oberen sind sitzend). Beachte die Rhachiszähne zwischen den Fiedern. Die Blätter riechen beim Zerreiben aromatisch.
Abb. 247: *Chrysanthemum* (= *Tanacetum*) *corymbosum* (Doldige Wucherblume). Rhachis meist ohne Zähne, Geruch nicht aromatisch.
Abb. 248: *Serratula tinctoria* (Färber-Scharte). a: unteres, b: oberes Stengelblatt. Die grundständigen Blätter sind zumeist gänzlich ungeteilt.

Abb. 250: *Cirsium palustre* (Sumpf-Kratzdistel). Grundblatt. Die Blätter sind meist tief gebuchtet und (zumindest in der Jugend) unterseits dicht weiß filzig.

250

249

Abb. 249: *Cirsium arvense* (Acker-Kratzdistel). Stengelblatt. Die Blätter laufen nicht oder nur schwach (wie hier) den Stengel herab (sonst sind bei den meisten der häufigeren *Cirsium*- und *Carduus*-Arten die Stengel stachelig-geflügelt). Die Buchten des Blattrandes und die Behaarung der Blattunterseite sind individuell sehr unterschiedlich.

251

Abb. 251: *Cirsium vulgare* (Gemeine Kratzdistel). Blätter tief fiederschnittig, mit teilweise aus der Ebene herausgedrehten Spreitenlappen. Blattunterseite weißlich behaart, Oberseite von feinen Stachelborsten rauh (alle anderen hier erwähnten *Cirsium*-Arten sind auf der Blattoberseite kahl oder nur kurz behaart).

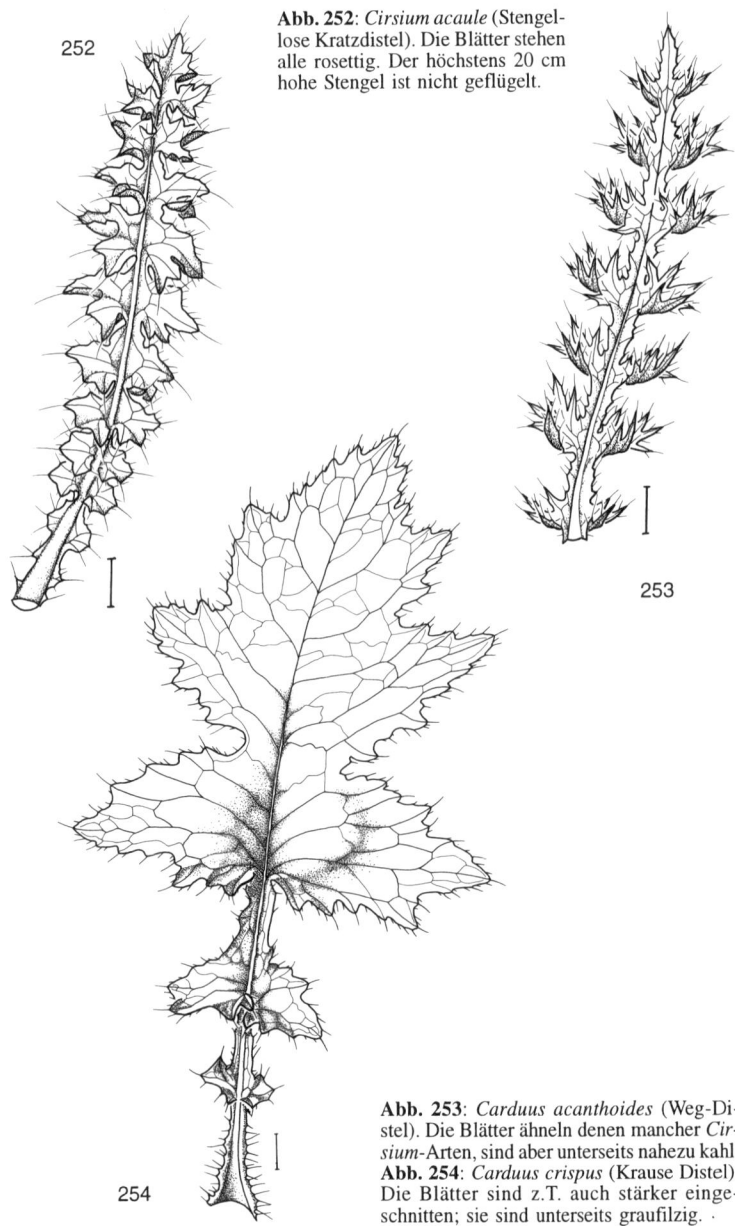

Abb. 252: *Cirsium acaule* (Stengellose Kratzdistel). Die Blätter stehen alle rosettig. Der höchstens 20 cm hohe Stengel ist nicht geflügelt.

252

253

Abb. 253: *Carduus acanthoides* (Weg-Distel). Die Blätter ähneln denen mancher *Cirsium*-Arten, sind aber unterseits nahezu kahl.
Abb. 254: *Carduus crispus* (Krause Distel). Die Blätter sind z.T. auch stärker eingeschnitten; sie sind unterseits graufilzig. ·

254

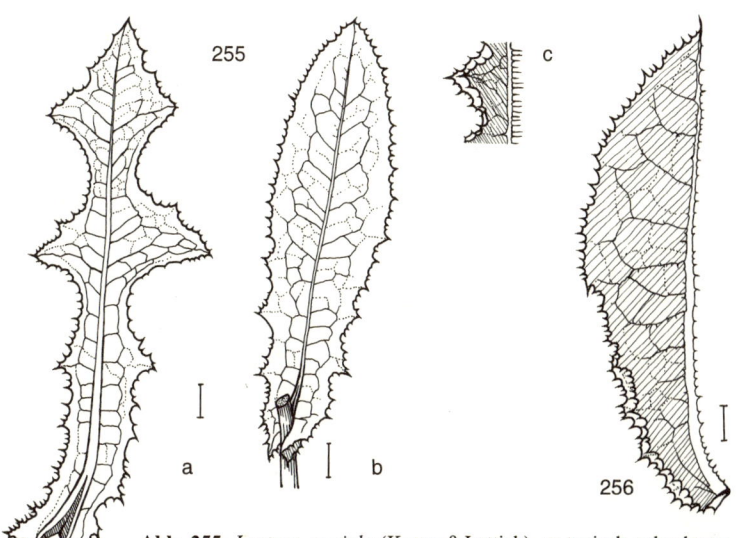

Abb. 255: *Lactuca serriola* (Kompaß-Lattich). a: typisch gebuchtetes Blatt; b: ± ungeteiltes Blatt; c: Mittelrippe der Blattunterseite, die (leicht abbrechenden!) Stacheln sind länger als der Abstand zwischen ihnen. – Die Blätter stehen meist (nicht immer!) ± senkrecht, zumindest bei voller Besonnung.

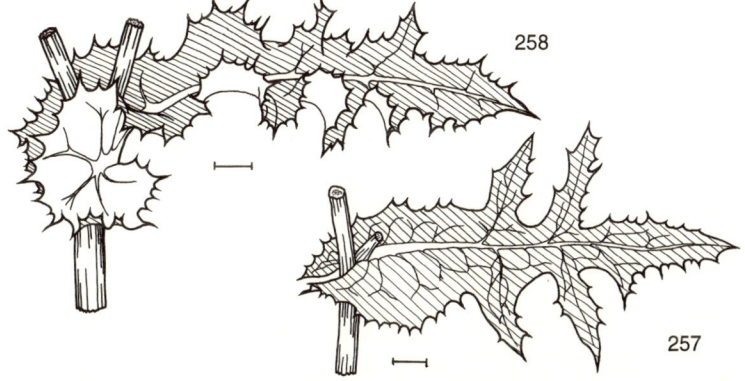

Abb. 256: *Lactuca virosa* (Gift-Lattich). Zusammengefaltetes Blatt von unten. Der Blattumriß entspricht dem von Abb. 255b, die Stacheln sind aber viel kürzer als in Abb. 255c. – Die Blätter stehen ± waagrecht und haben einen unangenehmen Geruch.

Abb. 257: *Sonchus oleraceus* (Kohl-Gänsedistel). Der flächig vergrößerte („verlaubte") Blattgrund umschließt mit spitzem Ende den Stengel horizontal. Der Blattschnitt ist im übrigen – auch an ein und derselben Pflanze – sehr unterschiedlich; so gibt es auch kaum gebuchtete Blätter.

Abb. 258: *Sonchus asper* (Dornige Gänsedistel). Der schneckenförmige Blattgrund liegt dem Stengel vertikal eng an. Die Blätter sind häufig auch ungeteilt.

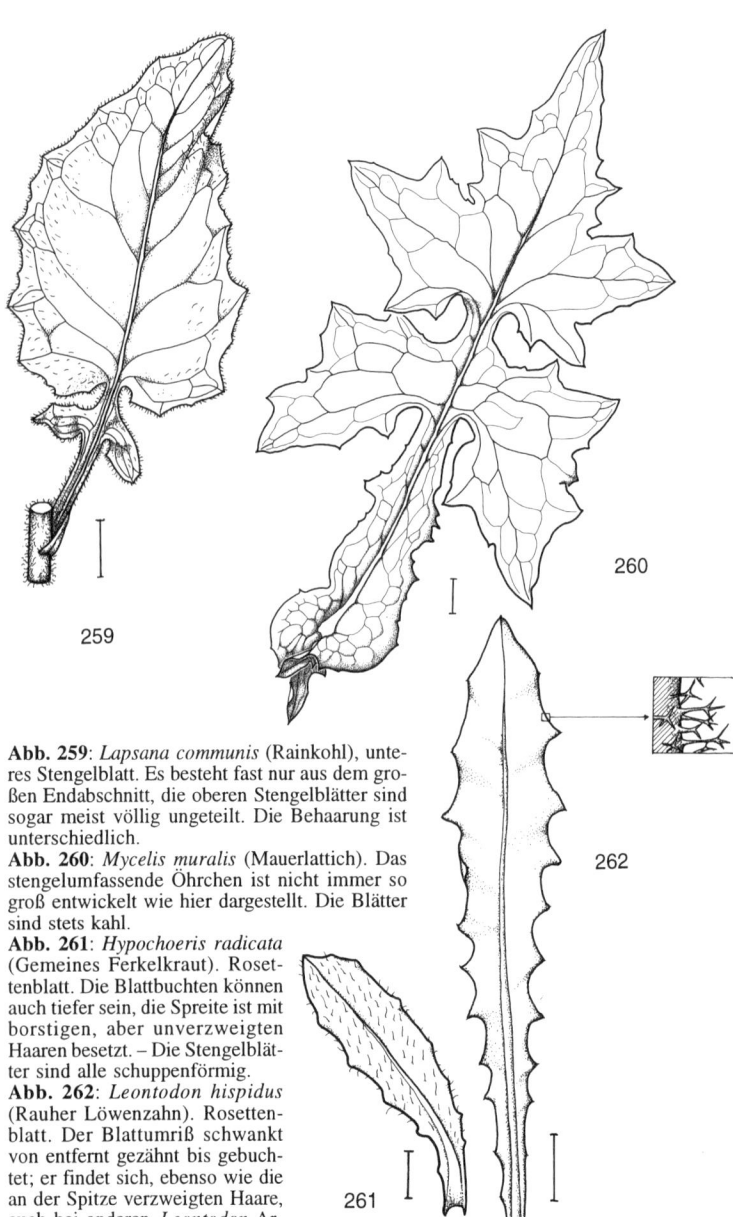

Abb. 259: *Lapsana communis* (Rainkohl), unteres Stengelblatt. Es besteht fast nur aus dem großen Endabschnitt, die oberen Stengelblätter sind sogar meist völlig ungeteilt. Die Behaarung ist unterschiedlich.

Abb. 260: *Mycelis muralis* (Mauerlattich). Das stengelumfassende Öhrchen ist nicht immer so groß entwickelt wie hier dargestellt. Die Blätter sind stets kahl.

Abb. 261: *Hypochoeris radicata* (Gemeines Ferkelkraut). Rosettenblatt. Die Blattbuchten können auch tiefer sein, die Spreite ist mit borstigen, aber unverzweigten Haaren besetzt. – Die Stengelblätter sind alle schuppenförmig.

Abb. 262: *Leontodon hispidus* (Rauher Löwenzahn). Rosettenblatt. Der Blattumriß schwankt von entfernt gezähnt bis gebuchtet; er findet sich, ebenso wie die an der Spitze verzweigten Haare, auch bei anderen *Leontodon*-Arten.

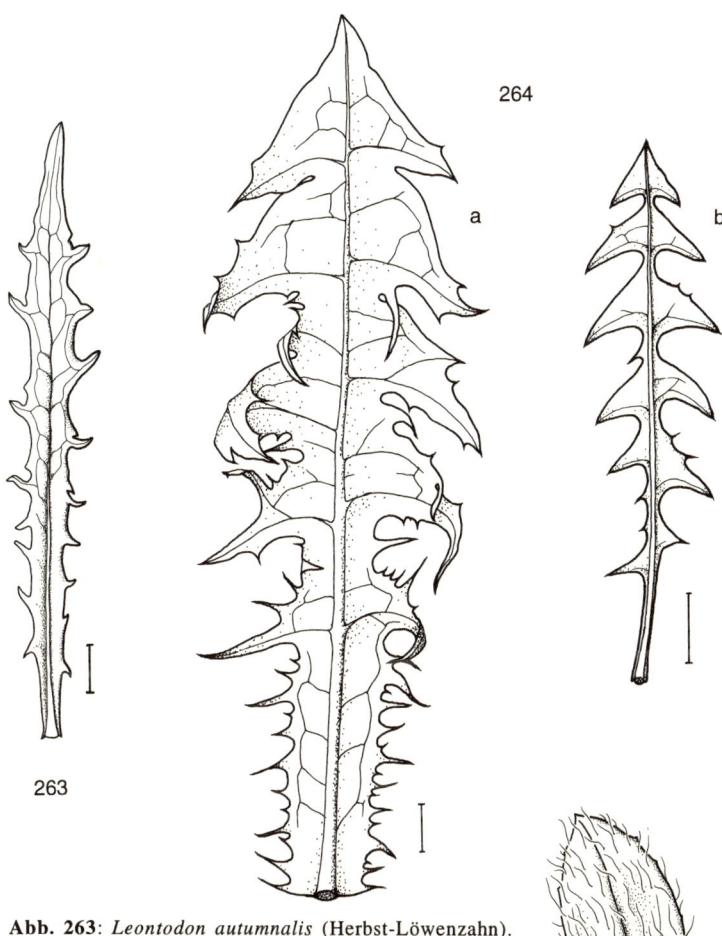

264

a

b

263

265

Abb. 263: *Leontodon autumnalis* (Herbst-Löwenzahn). Rosettenblatt. Die Blätter sind gebuchtet (wie hier) oder fiederteilig und meist völlig kahl.

Abb. 264: *Taraxacum officinale* agg. (Kuhblume, Löwenzahn). Diese Sammelart enthält eine Vielzahl kaum zu unterscheidender Arten, die sich aber zu etwa 7-10 Gruppen (auch ähnlicher Ökologie) zusammenfassen lassen. Diese unterscheiden sich vielfach auch im Blattschnitt. Beispiele: Ein Exemplar aus der *Taraxacum officinale*- (a) und der *T. laevigatum*-Gruppe (b), wobei letztere durch besonders tiefe Blatt-Teilung auffällt. Fast ganzrandig und sehr schmal (bis >10x so lang wie breit) können die Blätter der *T. palustre*-Gruppe sein.

Abb. 265: *Hieracium pilosella* (Mausohr-Habichtskraut) mit auffällig einzelstehenden, langen Haaren. Die Blattunterseite ist grau- bis weißfilzig.

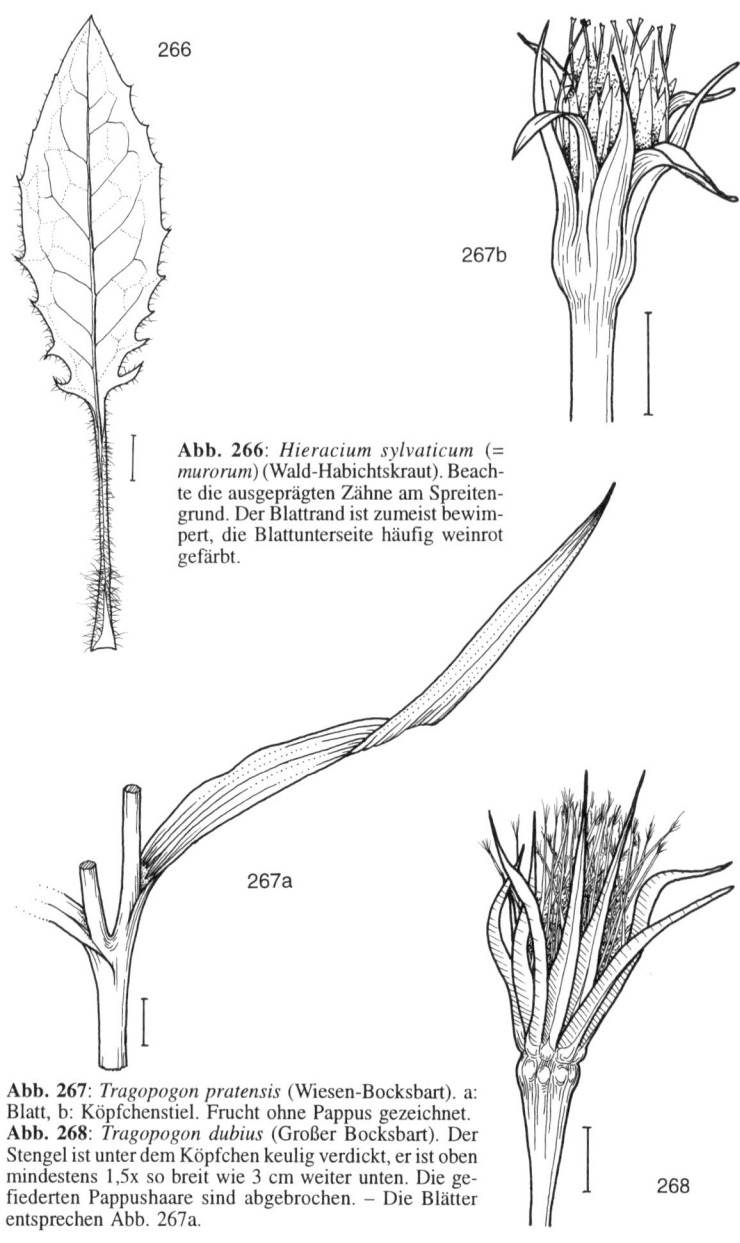

266

267b

Abb. 266: *Hieracium sylvaticum* (= *murorum*) (Wald-Habichtskraut). Beachte die ausgeprägten Zähne am Spreitengrund. Der Blattrand ist zumeist bewimpert, die Blattunterseite häufig weinrot gefärbt.

267a

Abb. 267: *Tragopogon pratensis* (Wiesen-Bocksbart). a: Blatt, b: Köpfchenstiel. Frucht ohne Pappus gezeichnet.
Abb. 268: *Tragopogon dubius* (Großer Bocksbart). Der Stengel ist unter dem Köpfchen keulig verdickt, er ist oben mindestens 1,5x so breit wie 3 cm weiter unten. Die gefiederten Pappushaare sind abgebrochen. – Die Blätter entsprechen Abb. 267a.

268

Abb. 269: *Potamogeton natans* (Schwimmendes Laichkraut). Links ein linealisches Tauchblatt, rechts ein spreitiges Schwimmblatt. In der Mitte die beiden dazugehörigen offenen Blattscheiden.

269

270

271

Abb. 270: *Potamogeton crispus* (Krauses Laichkraut). Tauchblatt. An der Basis die kurze Blattscheide.
Abb. 271: *Veratrum album* (Weißer Germer). Vgl. *Gentiana lutea* (Abb. 198) mit gegenständigen Blättern.

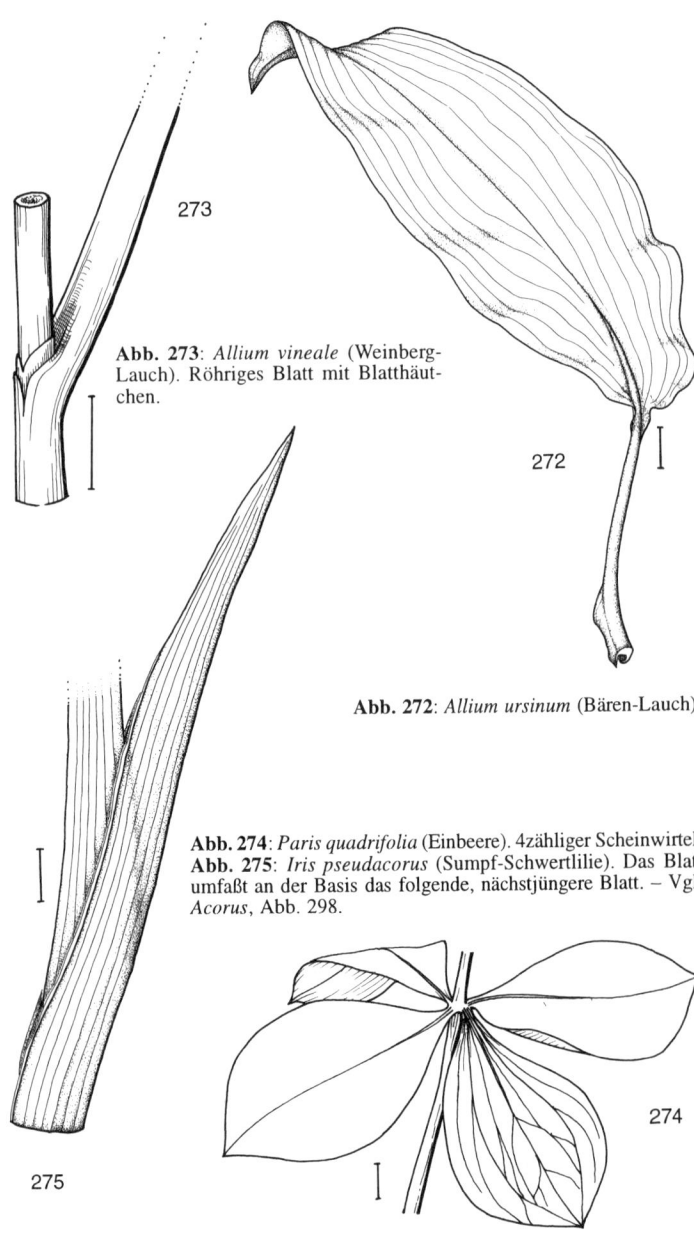

Abb. 273: *Allium vineale* (Weinberg-Lauch). Röhriges Blatt mit Blatthäutchen.

Abb. 272: *Allium ursinum* (Bären-Lauch).

Abb. 274: *Paris quadrifolia* (Einbeere). 4zähliger Scheinwirtel.
Abb. 275: *Iris pseudacorus* (Sumpf-Schwertlilie). Das Blatt umfaßt an der Basis das folgende, nächstjüngere Blatt. – Vgl. *Acorus*, Abb. 298.

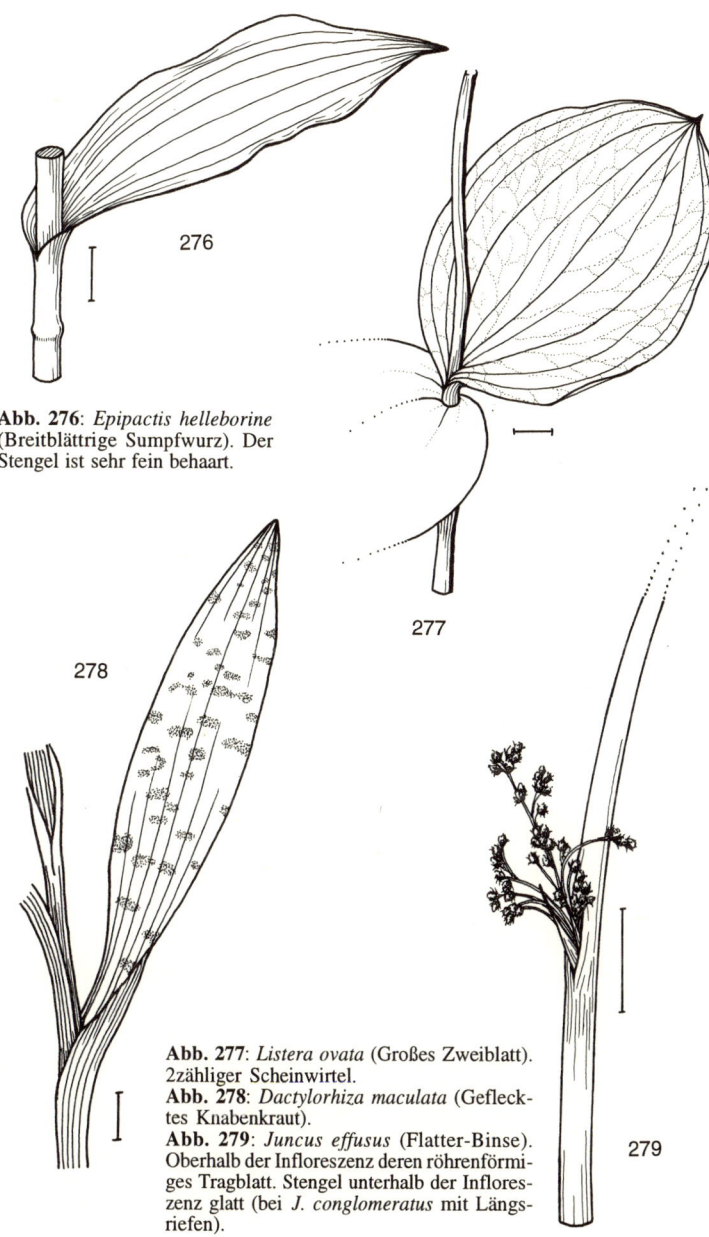

Abb. 276: *Epipactis helleborine* (Breitblättrige Sumpfwurz). Der Stengel ist sehr fein behaart.

Abb. 277: *Listera ovata* (Großes Zweiblatt). 2zähliger Scheinwirtel.
Abb. 278: *Dactylorhiza maculata* (Geflecktes Knabenkraut).
Abb. 279: *Juncus effusus* (Flatter-Binse). Oberhalb der Infloreszenz deren röhrenförmiges Tragblatt. Stengel unterhalb der Infloreszenz glatt (bei *J. conglomeratus* mit Längsriefen).

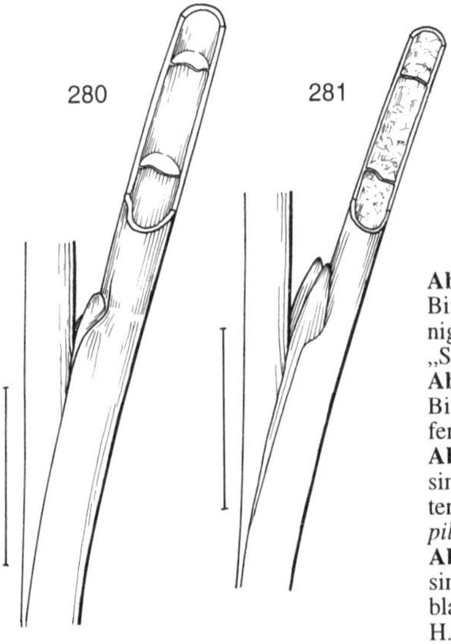

Abb. 280: *Juncus acutiflorus* (Spitzblütige Binse). Seitliche Öhrchen ± flachbogig, wenig herablaufend. Kammern der Blätter ohne „Spinnweben" (Längsschnitt!).
Abb. 281: *Juncus articulatus* (Glanzfrüchtige Binse). Öhrchen hochbogig, weit herablaufend. Kammern mit lockeren „Spinnweben".
Abb. 282: *Luzula forsteri* (Forsters Hainsimse). a: Fruchtstand; b: Einzelfrucht. – Blüten (bzw. hier: Früchte) vereinzelt (ähnlich *L. pilosa*, Behaarte H.).
Abb. 283: *Luzula luzuloides* (Weiße Hainsimse). a, b: Blüten zu 2-5 büschelig, Tragblatt > Infloreszenz (bei *L. sylvatica* [Wald-H.] kürzer). c: bewimpertes Blatt (in dieser Form typisch für die meisten *Luzula*-Arten).

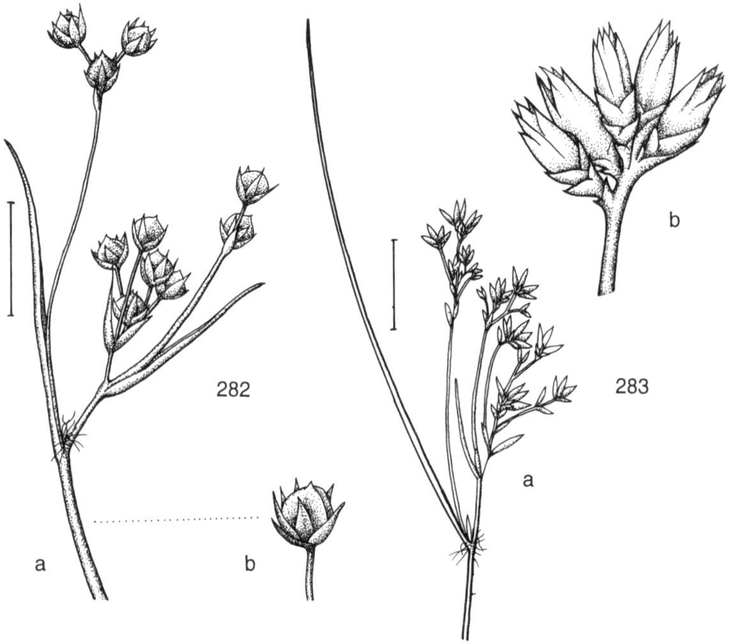

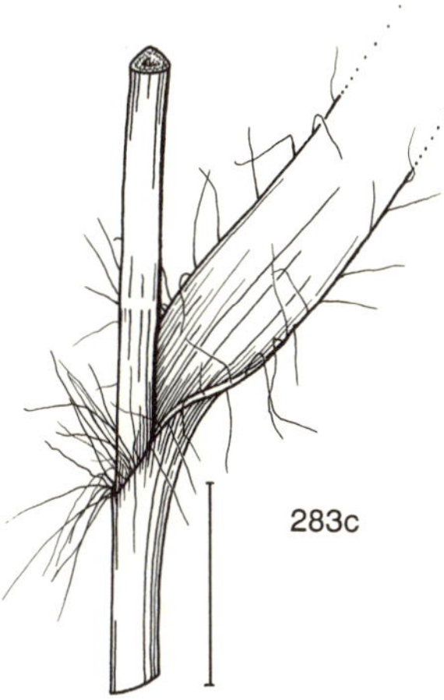

283c

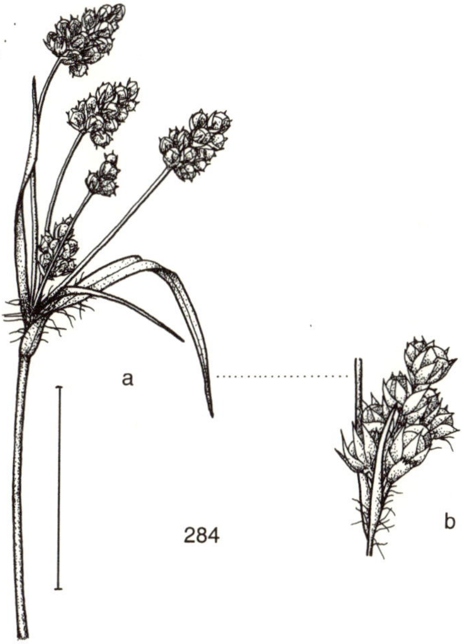

a

284

b

Abb. 284: *Luzula multiflora* (Vielblütige Hainsimse). a, b: Blüten (bzw. Früchte) in gestielten Ährchen (ähnlich *L. campestris*, Feld-H.).
Abb. 285: *Carex acutiformis* (Sumpf-Segge). Blattscheiden netzfasrig verwitternd. Vgl. Text S. 72.
Abb. 286: *Carex rostrata* (Schnabel-Segge). Ligula flachbogig; vgl. Text S. 72 (nach JEREMY et al. 1982).
Abb. 287: *Carex vesicaria* (Blasen-Segge). Ligula hochbogige; vgl. Text S. 72 (nach JEREMY et al. 1982).

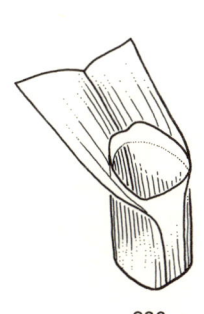

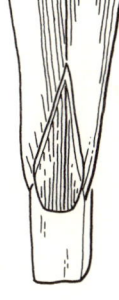

285   286   287

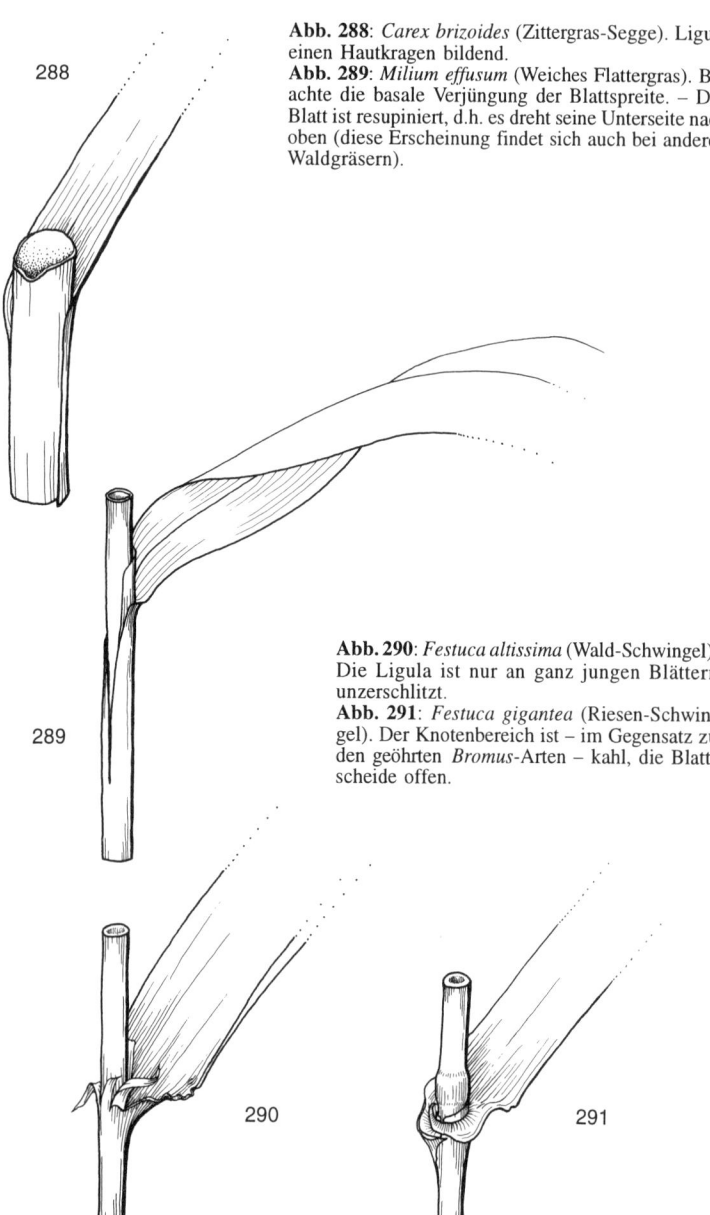

288

Abb. 288: *Carex brizoides* (Zittergras-Segge). Ligula einen Hautkragen bildend.
Abb. 289: *Milium effusum* (Weiches Flattergras). Beachte die basale Verjüngung der Blattspreite. – Das Blatt ist resupiniert, d.h. es dreht seine Unterseite nach oben (diese Erscheinung findet sich auch bei anderen Waldgräsern).

289

Abb. 290: *Festuca altissima* (Wald-Schwingel). Die Ligula ist nur an ganz jungen Blättern unzerschlitzt.
Abb. 291: *Festuca gigantea* (Riesen-Schwingel). Der Knotenbereich ist – im Gegensatz zu den geöhrten *Bromus*-Arten – kahl, die Blattscheide offen.

290

291

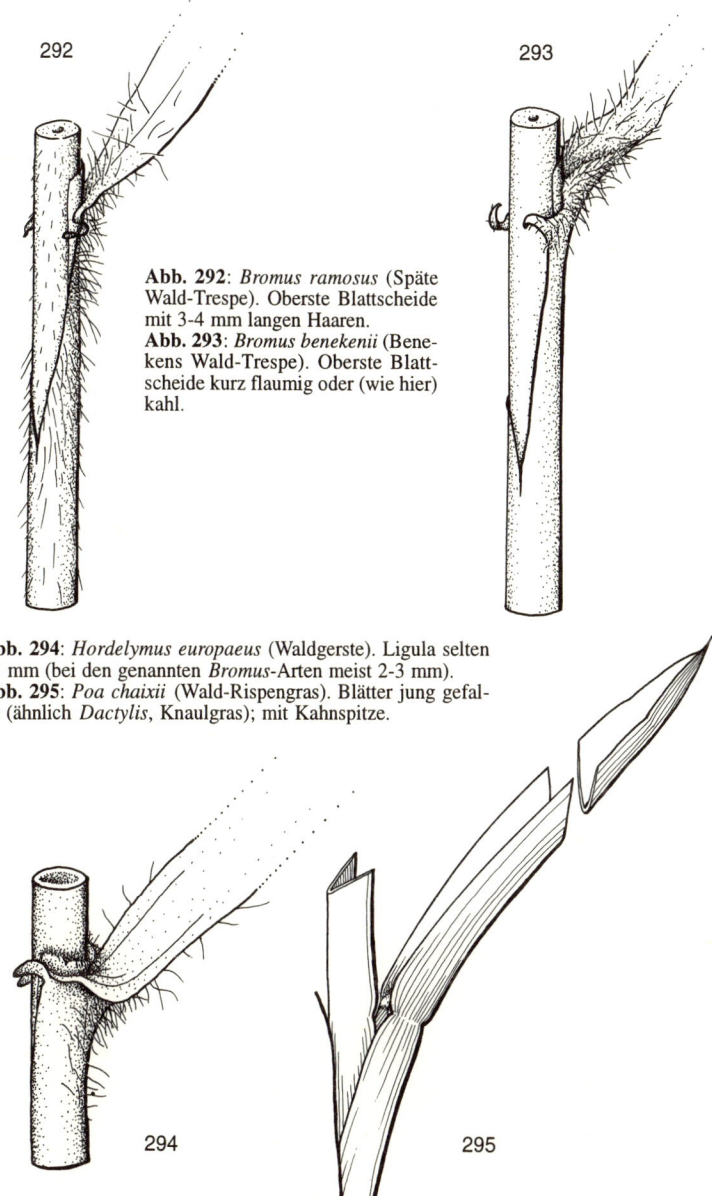

Abb. 292: *Bromus ramosus* (Späte Wald-Trespe). Oberste Blattscheide mit 3-4 mm langen Haaren.
Abb. 293: *Bromus benekenii* (Benekens Wald-Trespe). Oberste Blattscheide kurz flaumig oder (wie hier) kahl.

Abb. 294: *Hordelymus europaeus* (Waldgerste). Ligula selten >1 mm (bei den genannten *Bromus*-Arten meist 2-3 mm).
Abb. 295: *Poa chaixii* (Wald-Rispengras). Blätter jung gefaltet (ähnlich *Dactylis*, Knaulgras); mit Kahnspitze.

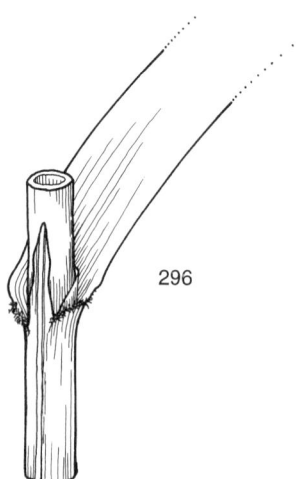

Abb. 296: *Melica uniflora* (Einblütiges Perlgras). Beachte den charakteristischen „Sporn" auf der Bauchseite des Spreitengrundes.

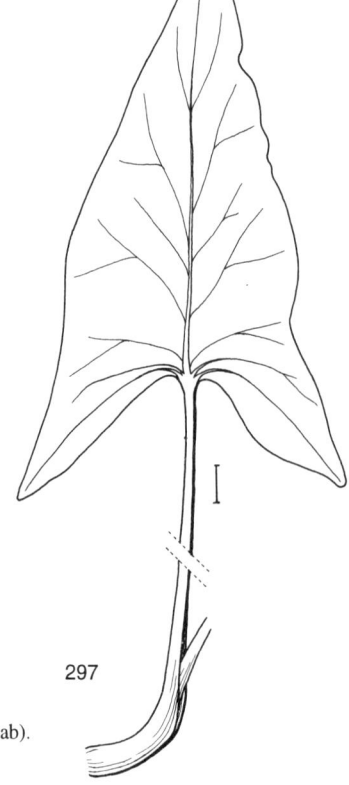

Abb. 297: *Arum maculatum* (Aronstab).

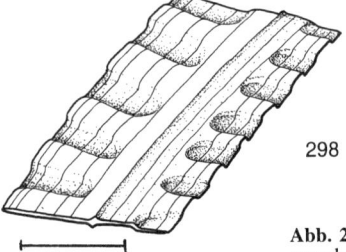

Abb. 298: *Acorus calamus* (Kalmus). Blattausschnitt mit randlichen Wellungen. Sonst ähnlich *Iris* (Abb. 275).

Literaturhinweise

A. Bücher

„Beschreibung der Taxa" besagt, daß nicht nur die einzelnen Arten beschrieben, sondern auch ± umfangreiche Hinweise zur Kennzeichnung von Gattungen und Familien gegeben werden.

„Bilderbücher" mit farbigen Gesamtdarstellungen stellen zumeist nur eine Auswahl an Arten dar und betonen dabei naturgemäß die blühende Pflanze. Sie werden deshalb nur dann erwähnt, wenn sehr viele Arten enthalten sind und/oder die Abbildungen auch wesentliche Details der vegetativen Teile erkennen lassen.

Von einigen der zitierten Werke erscheinen in kürzeren Zeitabständen neue Auflagen; die hier genannte Auflage entspricht dem Stand von 1995.

ADLER, W., OSWALD, K. & FISCHER, R. (1994): Exkursionsflora von Österreich. – Stuttgart & Wien. 1180 S.

Auch für Deutschland zu empfehlende „Ergänzungsflora" mit umfangreichen Einleitungskapiteln in die Morphologie und Biologie der Pflanze und technischen Hinweisen zum Bestimmen. Verwendung z.T. neuartiger Merkmale. Zahlreiche Abbildungen.

AICHELE, D. & SCHWEGLER, H.W. (1994 ff): Die Blütenpflanzen Mitteleuropas. 5 Bände, im Erscheinen; Stuttgart.

Verhältnismäßig vollständige Flora mit Artbeschreibungen und farbigen Abbildungen, die aber, die Blätter betreffend, nicht immer aussagekräftig und vor allem nicht sehr detailreich sind. Interessant und nützlich die Bestimmungsschlüssel mit ihren zahlreichen schematischen Zeichnungen.

BARTSCH, N. (1994): Waldgräser. – 2. Aufl.; Alfeld. 254 S.

Umfassender, als nach dem Titel zu vermuten: enthält neben Gramineen auch Cyperaceen und Juncaceen und beschreibt auch Arten, deren Vorkommen im Wald eher untypisch ist. Die Fotos sind zum Bestimmen nur bedingt nützlich, das Buch enthält aber einige gute Zeichnungen. Bestimmungsschlüssel nach vegetativen Merkmalen nur für Gramineen.

BERGMEIER, E. (1994): Bestimmungshilfen zur Flora Deutschlands. – Eine kommentierte bibliographische Übersicht. – Floristische Rundbriefe [vgl. unten], Beiheft **4**, Göttingen. 420 S.

Enthält *keine* Bestimmungshilfen, sondern, wie der Untertitel besagt, „nur" Literaturhinweise zu solchen – davon aber rund 1700. Mit Angaben, welcher Aspekt in der zitierten Stelle behandelt wird. Ein Standardwerk der floristischen Literatur.

Botanical Society of the British Isles (Hrsg.): BSBI-Handbook **1** ff

Buchreihe, innerhalb derer jeder Band zumeist eine Familie zum Thema hat und deren auf den Britischen Inseln vorkommende Vertreter ausführlich beschreibt. Meist mit sehr guten Abbildungen (auch von Details) und Bestimmungsschlüsseln. Auch für Deutschland empfehlenswert. – Bisher erschienen:

Bd. 1 JEREMY, A.C. & al. (1982): Sedges [Gattung *Carex*]
     2 TUTIN, T.G. (1980): Umbellifers
     3 LOUSLEY J.E. & KENT, D.H. (1981): Docks and Knotweeds [*Polygonaceae*]
     4 MEIKLE, R.D. (1984): Willows and Poplars [*Salicaceae*]
   [5 Charophytes [Algengruppe]]
     6 RICH, T.C.G. (1991): Crucifers
     7 GRAHAM, G.G. & PRIMAVESI, A.L. (1993): Roses [Gattung *Rosa*]

CASPAR, S.J. & KRAUSCH, H.-D. (1980/81): Pteridophyta und Anthophyta. Band **23** [Bestimmungsschlüssel, Pteridophyten und Monokotyle] und **24** [Bestimmungsschlüssel, Dikotyle, Register und Literatur] der „Süßwasserflora von Mitteleuropa" (Eds.: H. ETTL, J. GERLOFF & H. HEYNIG). – Stuttgart & New York. [zusammen] 942 S.

Flora mit sehr vielen (guten) Abbildungen (die allerdings den floralen Bereich betonen) und ausführlichen Beschreibungen der einzelnen Taxa. Bestimmungsschlüssel für deutsche Verhältnisse wegen des weiten Gültigkeitsbereiches naturgemäß nicht immer übersichtlich. Enthält auch amphibisch lebende Arten und viele Sumpfpflanzen.

FITSCHEN, J. (Begründer)(1994): Gehölzflora. – 10. Aufl., bearbeitet von F.H. MEYER, U. HECKER, H. R. HÖSTER & F.G. SCHROEDER; Heidelberg & Wiesbaden.

Berücksichtigt neben den einheimischen Gehölzen auch fast alle gepflanzten (Schlüssel daher für „Freilandbotaniker" unnötig lang). Ausführliche Einleitung, mehrere Sonderschlüssel (nach vegetativen Merkmalen, nach Früchten). Zahlreiche sehr gute Strichzeichnungen.

GARCKE, A. (Begründer) (1972): Illustrierte Flora von Deutschland. – 23. Aufl., hrsg. von K. WEIHE; Berlin & Hamburg. 1607 S.

Gute Schlüssel und Artbeschreibungen, sehr gute Abbildungen (auch Habitusbilder). Einführungskapitel zur beschreibenden Morphologie der Pflanzen sehr knapp.

HECKER, U. (1995): BLV-Handbuch Bäume und Sträucher. – München usw., 478 S.

Ausführliche Schilderung aller wichtigen mitteleuropäischen Arten (bei Nadelhölzern auch der häufig angepflanzten) mit zahlreichen farbigen Abbildungen (Fotos und Zeichnungen); viele Detailbilder, auch zu Blatt, Frucht und Borke.

HEGI, G. (Begründer)(1909 ff): Illustrierte Flora von Mitteleuropa (7 Bände mit mehreren Teilbänden). – Unterschiedliche Auflagen und Erscheinungsjahre der einzelnen Bände. München, später Berlin & Hamburg.

Ist immer noch das Standardwerk über die mitteleuropäische Flora, aktuell sind jedoch nur die neu erschienenen Bände. Ausführliche Beschreibungen der Taxa unter Einschluß vegetativer Merkmale (die aber in Schlüsseln nicht besonders berücksichtigt werden). Abbildungen von unterschiedlicher Qualität. Für den privaten Nutzer unerschwinglich.

HESS, H. E., LANDOLDT, E. & HIRZEL, R. (1976-1980): Flora der Schweiz und angrenzender Gebiete (3 Bände). – 2. Aufl.; Basel & Stuttgart. Zusammen ca. 2690 S.

Umfangreiche Flora mit ausführlichen Beschreibungen der Taxa (incl. vegetativer Merkmale) und exzellenten Schwarz-Weiß-Abbildungen, die allerdings Details (wie Behaarung usw.) nicht immer wiedergeben. Für den „direkten Vergleich" zweier möglicher Sippen sehr wertvoll. Naturgemäß nicht billig.

HUBBARD, C. E. (1985): Gräser. – 2. Aufl. Stuttgart, 475 S.

Ausführliche Artbeschreibungen, ausgezeichnete Abbildungen, vor allem auch von Details. Verschiedene Bestimmungsschlüssel, Angaben zur Verwendung von Gräsern. Obwohl auf Großbritannien zugeschnitten, auch für unser Gebiet sicher eines der besten Bücher zu diesem Thema.

KLAPP, E. & OPITZ VON BOBERFELD, W. (1990): Taschenbuch der Gräser. – 12. Aufl.; Berlin & Hamburg. 282 S.

Mit Bestimmungsschlüsseln (auch nach vegetativen Merkmalen), guten Strichzeichnungen und zahlreichen Angaben zur Vergesellschaftung und praktischen Verwendung.

KLAPP, E. & OPITZ VON BOBERFELD, W. (1995): Gräserbestimmungsschlüssel für die häufigsten Grünland- und Rasengräser. – 4. Aufl., Berlin & Hamburg. 84 S.

Auszug aus KLAPP, E. & OPITZ VON BOBERFELD, W. (1990).

KLAPP, E. & OPITZ VON BOBERFELD, W. (1995): Kräuterbestimmungsschlüssel für die häufigsten Grünland- und Rasenkräuter. – 3. Aufl., Berlin & Hamburg. 128 S.

Mit Bestimmungsschlüssel nach vegetativen Merkmalen und zahlreichen Abbildungen.

LAMBION, J. et al. (1992): Nouvelle Flore de la Belgique, du Grand-Duché de Luxembourg, du Nord de la France et des Régions voisines. – 4. Aufl., Meise. 1092 S.

Für diese Flora gilt ähnliches wie für die von WEBER (1995). – Die ersten 3 Auflagen sind unter DE LANGHE, J.E. et al. erschienen.

LICHT, W. (1995): Einführung in die Pflanzenbestimmung. – Wiesbaden. 136 S.

Überblick über die Merkmale eines Großteils der einheimischen Pflanzenfamilien, dabei auch Erwähnung der vegetativen Merkmale. Enthält auch Grundsätzliches zur

Morphologie der vegetativen und generativen Organe der Kormophyten, insbesondere als Bestimmungsgrundlage.

LOHMANN, M. (1992): Bäume und Sträucher. – München usw. 182 S.

Mit insgesamt sehr informativen Farbfotos. Auf einem beigegebenen Faltblatt sind jeweils ähnliche Blüten(stände), Früchte, Blätter und Borken synoptisch zusammengestellt.

NEUMANN, A. (1981): Die mitteleuropäischen *Salix*-Arten. – Wien (Heft **134** der Mitteilungen der forstlichen Bundes-Versuchsanstalt Wien). 152 S.

Für jeden unentbehrlich, der sich intensiver mit Weiden befassen will. Umfangreiche Einleitung, zahlreiche Bestimmungsmerkmale, gute Abbildungen.

OBERDORFER, E. (1994): Pflanzensoziologische Exkursionsflora. – 7. Aufl.; Stuttgart. 1050 S.

Auch für Benutzer ohne weiterreichende pflanzensoziologische Kenntnisse geeignet. Einleitende Kapitel, Schlüssel und v.a. Abbildungen sehr knapp, aber bisweilen mit praxisgerechten Hinweisen zur Unterscheidung ähnlicher Arten nach vegetativen Merkmalen. Gibt es in einer Leinenausgabe und als (preiswertes) flexibles Taschenbuch (UTB 1828).

PETERSEN, A. (1973): Die Sauergräser. Schlüssel zu ihrer Bestimmung im blütenlosen Zustand. Berlin. 84 S.

Artengarnitur nicht vollständig. Schlüssel mitunter schwierig, aber ausführliche Artbeschreibungen. Keine Abbildungen zu den einzelnen Arten.

ROTHMALER, W. (Begründer): Exkursionsflora. – Berlin
Band **2**: Gefäßpflanzen, Grundband (Hrsg. R. SCHUBERT et al.). – 15. Aufl. 1994. 640 S.

Für Anfänger wegen seiner umfangreichen Einleitung zur Terminologie der Pflanzenbestimmung gut geeignet; mit zahlreichen Zeichnungen zum allgemeinen und speziellen Teil. Davon abgesehen wird eher zu Band **4** geraten, der formenreiche Arten(gruppen) besser berücksichtigt.

Band **3**: Atlas der Gefäßpflanzen (Hrsg. R. SCHUBERT et al.). – 8. Aufl. 1991. 752 S.

Sehr guter und vor allem – bezogen auf Deutschland – fast vollständiger Abbildungsband mit zahlreichen (leider oft stark verkleinerten) Habitus- und Detailzeichnungen (schwarz-weiß). Preiswertes und sehr zu empfehlendes Standardwerk.

Band **4**: Kritischer Band (Hrsg. R. SCHUBERT & W. VENT). 8. Aufl. 1990. – 811 S.

Ähnlich Band **2**, dessen ausführlicher Einleitungsteil (mit den dazugehörigen Abbildungen) ist aber stark gekürzt. Schlüsselt „kritische Taxa" weitgehend auf. Mit vielen erläuternden Abbildungen zum speziellen Teil (wie Band **2**).

SCHMEIL, O. & FITSCHEN, J. (Begründer)(1996): Flora von Deutschland und angrenzender Länder. – 90. Aufl., bearb. von K. SENGHAS & S. SEYBOLD; Wiesbaden. 802 S.

Wegen der umfangreichen Einleitungskapitel, den zahlreichen Detailbildern und den ausführlichen Hauptschlüsseln für den Anfänger gut geeignet. Sonderschlüssel (Holzgewächse, Wasserpflanzen) nach vegetativen Merkmalen. Berücksichtigt auch die an Deutschland angrenzenden Länder bzw. Landesteile.

SCHUBERT, R. & WAGNER, G. (1988): Botanisches Wörterbuch. – 9. Aufl.; Stuttgart; UTB 1476. 581 S.

Umfassendes Nachschlagewerk; mit Worterklärungen.

SEBALD, O., SEYBOLD, S. & PHILIPPI, G. (1990 ff): Die Farn- und Blütenpflanzen Baden-Württembergs (8 Bände, im Erscheinen). – Stuttgart.

Beispiel einer hervorragend ausgestatteten Landesflora mit ausführlichen Beschreibungen der Taxa und meist sehr guten Farbbildern, die häufig auch die wichtigen vegetativen Details erkennen lassen.

STRASBURGER, E. et al. (Begründer) (1991): Lehrbuch der Botanik für Hochschulen. – 33. Aufl., bearb. von P. SITTE, H. ZIEGLER, F. EHRENDORFER & A. BRESINSKY. Stuttgart, Jena & New York. 1031 S.

„Das" Standard-Lehrbuch für Botanik im universitären Bereich; hier vor allem von Belang der Abschnitt über Morphologie.

TROLL, W. (1937/39): Vergleichende Morphologie der höheren Pflanzen. Band 1, Teile 1 & [vor allem] 2. Berlin (Nachdruck Königstein 1967). [zusammen] 2005 S.[!].

Sicher kein Standardwerk für den Praktiker, aber eine unerschöpfliche Fundquelle, wenn man sich für morphologische Zusammenhänge oder die (v.a. systematisch oft bedeutungsvolle) Entwicklungsgeschichte von Blättern interessiert.

TROLL, W. & HÖHN, K. (1973): Allgemeine Botanik. – 4. Aufl.; Stuttgart. 994 S.

Vor allem die darin enthaltenen Abschnitte „Morphologie" und „Anatomie der Cormophytenorgane" (mit entwicklungsgeschichtlichen Angaben) enthalten viele Grundlagen der von TROLL wesentlich mitgeprägten Vergleichenden Morphologie.

VOLGER, E. (1994): Gräserbestimmung nach Photos. – 3. Aufl., Berlin. 107 S.

Das Buch behandelt im wesentlichen nur die vegetativen Organe von *Grünland*gräsern, und eine exakte Bestimmung wird auch nicht immer gelingen. Die zahlreichen Detailfotos – z.B. vom Spreitengrund – und eine tabellarische Zusammenstellung der Merkmale sind aber sehr brauchbar. – Die 3. Aufl. ist gegenüber der 2. von 1982 unverändert, die Nomenklatur damit zusammenhängend teilweise veraltet.

WEBER, H.E. (1995): Flora von Südwest-Niedersachsen und dem benachbarten Westfalen. – Osnabrück. 770 S.

Umfangreiche Regionalflora mit Bestimmungsschlüsseln, die z.T. neue Merkmale, insbesondere auch der vegetativen Region verwendet und insofern auch außerhalb des eigentlichen Geltungsbereichs nützlich sein kann. Etliche Abbildungen.

B. Zeitschriftenartikel

Hier ist vor allem eine (preiswerte) Zeitschrift zu nennen, die zahlreiche Hinweise zur Geländearbeit enthält, vor allem auch neue Merkmale zur Unterscheidung ähnlicher Arten nach vegetativen Merkmalen; zumeist mit erläuternden Zeichnungen [1]:

Göttinger Floristische Rundbriefe **1** bis **20** (1967 bis 1986), Göttingen („GFR"); fortgesetzt als
Floristische Rundbriefe (Band **21** ff, 1987 ff), Göttingen („FR")

Daraus einige Beispiele:

BARRENSCHEEN, I. (1986): Die *Fragaria*-Arten Niedersachsens und ihre Bestimmung. – GFR **20**, 1-13
FOERSTER, E. (1971): Bestimmungsschlüssel für Binsen nach vorwiegend vegetativen Merkmalen. – GFR **5**, 19-23
– (1972): Zur Unterscheidung der Grundblätter von *Peucedanum palustre, Selinum carvifolium* und *Silaum silaus*. – GFR **6**, 65+73-74
–– (1982): Schlüssel zum Bestimmen von dreizeilig beblätterten Riedgräsern des nordwestdeutschen Flachlandes nach vorwiegend vegetativen Merkmalen. – GFR **16**, 3-21
GERSTBERGER, P. (1980a): Neue Merkmale zur Unterscheidung von *Sorbus domestica* L. und *Sorbus aucuparia* L. – GFR **14**, 1-5
– (1980b): Blattanatomische Merkmale zur Unterscheidung von *Berula erecta* (HUDS.) COVILLE und *Apium nodiflorum* (L.) LAG. – GFR **14**, 6-9
HAEUPLER, H. (1969): Ein Beitrag zum Bestimmen der deutschen *Geranium*-Arten nach Blattmerkmalen. – GFR **3**, 69-76
RÜHL, A. & ARAND, W. (1981): Kurzschlüssel zur Bestimmung der wichtigsten Waldgräser im blütenlosen Zustand. – GFR **15**, 33-38
WISSKIRCHEN, R. (1995): Zur Bestimmung der Unterarten von *Polygonum lapathifolium* L. s.l. – FR **29**, 1-25

vergleiche ferner:

AMMANN, K. (1990): Bestimmungsschlüssel der *Umbelliferae* Mitteleuropas ohne Fruchtmerkmale, Arten mit linealen bis lanzettlichen Blattzipfeln ... – Candollea **45**: 691-762

---

[1] Bezug über: Prof. Dr. H. Haeupler, Spezielle Botanik, Universität, D-44780 Bochum; Preis derzeit [1995] DM 15,-/Jahr.

FOERSTER, E. (1962): Schlüssel zum Bestimmen der in Deutschland wildwachsenden Arten der Gattung *Allium* L. im blütenlosen Zustand. – Mitt. d. florist.-soziolog. AG N.F. **9**: 5-7

NEUMANN, A. (1952): Vorläufiger Bestimmungsschlüssel für *Carex*-Arten Nordwestdeutschlands im blütenlosen Zustande. – Mitt. d. florist.-soziolog. AG N.F. **3**: 44-77

Sachregister

Namensregister

kursive Seitenzahlen verweisen auf den Abbildungsteil

Erklärung der im Anhang verwendeten Abkürzungen

abw.	= abwärts	mittl.	= mittlere, -r, -es
art.	= …artig (gleichartig)	nied.	= nieder, -e, -es, -er
aufw.	= aufwärts	ob.	= obere, -r, -es, -en
bes.	= besonders	od.	= oder
Blattgrd.	= Blattgrund	Ordn.	= Ordnung
Blattspr.	= Blattspreite	Pfl.	= Pflanze
Blätt.	= Laubblätter	Reg.	= Region
Blkr.	= Blumenkrone	Spr.	= Spreite
Bltn.	= Blüten	spitzenw.	= spitzenwärts
Bltzt.	= Blütezeit	…st.	= …ständig
…bltg.	= …blütig, …ger., -e, -en etc.		(z. B. unterständig)
		Stbblätt.	= Staubblätter
bisw.	= bisweilen	stellenw.	= stellenweise
bzw.	= beziehungsweise	Stg.	= Stengel
dk.	= dunkel… (z. B. dunkelgrün)	…stgd.	= …steigend (z. B. aufsteigend)
Dm	= Durchmesser	sthd.	= stehend, …der
eingschl.	= eingeschlechtig	…sts.	= …seits
entw.	= entweder		(z. B. oberseits)
…f.	= …förmig (z. B. eiförmig)	teilw.	= teilweise
		unt.	= untere, -r, -s, -en, -em
Fied.	= Fiedern	vorwgd.	= vorwiegend
Fr.	= Frucht	…w.	= …wärts
Frkn.	= Fruchtknoten		(z. B. einwärts)
Frzt.	= Fruchtzeit	zahlr.	= zahlreich
…geb.	= …gebirge	z. T.	= zum Teil
gefied.	= gefiedert, …ter	z. Z.	= zur Zeit
gefing.	= gefingert, …ter	z. Bltzt.	= zur Blütezeit
geglied.	= gegliedert, …ter	z. Frzt.	= zur Fruchtzeit
glzd.	= glänzend, …der	z. Reifezt.	= zur Reifezeit
Gr.	= Griffel	zuw.	= zuweilen
Grd.	= Grund, -de	zw.	= zwischen
hgd.	= hängend, …en	±	= mehr oder weniger
höh.	= höhere, -s, -r, -n, -m	⊙	= einjährige Pflanzen
Infl.	= Infloreszenz	⊙	= zweijährige Pflanzen
K.	= Kelch	♃	= ausdauernde Pflanzen
kult.	= kultiviert		
…l.	= …lich (z. B. läng-lich, grünlich)	♂	= männliche Blüte
		♀	= weibliche Blüte
lg.	= lang	☿	= zwittrige Blüte
…lgd.	= …liegend, …der (z. B. niederliegend)	>	= größer als
m.	= mit	<	= kleiner als

Tabellen zum Bestimmen der Familien und Gattungen der Blütenpflanzen in erster Linie nach vegetativen Merkmalen[1]

1. Holzgewächse (Stg. zuw. nur an der Basis verholzt)
   Tabelle I   A1
— Kräuter u. Stauden; Stg. nicht od. an der Basis nur schwach verholzt u. im Herbst absterbend; Stauden m. Hilfe unterirdischer Organe (Knollen, Zwiebeln, Rhizomen, Ausläufern) od. in Bodennähe sich befindlichen Knospen überdauernd
   2
2. Wasserpfl. (Monocotyledonen, Dicotyledonen u. Wasserfarne) . . . . (hier nicht berücksichtigt)
— Land- u. Sumpfpfl. (die mit ihren Stg. u. Blätt. größtenteils aus dem Wasser herausragen od. an feuchten Standorten wachsen) **3**
3. Pfl. z. Blütezt. ohne grüne Blätt. od. Infl.stiel nur m. schuppenf. Blätt. . . . . **Tabelle IV**   A46
— Pfl. z. Blütezt. m. grünen Blätt. **4**
4. Blattspr. gelappt, gebuchtet, fiederteilig, gefied. od. gefing.
   Tabelle II   A18
— Blattspr. ungeteilt, m. glattem, gekerbtem, gesägtem od. gezähntem Rand; Spreitengrd. zuw. herz-, pfeil- od. spießf.
   Tabelle III   A24

Tabelle I
Holzgewächse, zu bestimmen nach dem Laub[1]

1. Blätt. nadel- od. schuppenf., einzeln, in 3zähligen Quirlen, zu 2 bis 5 od. zahlr., dann gebüschelt an Kurztrieben . . . **Ia**   A2
— Blätt. weder nadel- noch schuppenf. **2**
2. Blätt. gekreuzt-gegenst. (fast gegenst.) od. quirlig . . **Ib**   A2
— Blätt. wechselst. (zerstreut od 2zeilig), an Triebenden od. Kurztrieben zuw. rosettig gehäuft **3**
3. Blattspr. zusammengesetzt (gefied. od. gefing.) od. tief gebuchtet. gelappt . . . . **Ie**   A15
— Blattspr. ungeteilt, m. glattem, gesägtem, gezähntem od. gekerbtem Rand **4**

---

[1] Die in dieser Tabelle angegebenen Blattgrößen sind Durchschnittswerte. Wasserreiser u. Schößlinge können viel größere Blätter besitzen.

Ia. Blätter nadel- od. schuppenförmig

1. Blätt. nadelf., im Querschnitt hohl (Lupe!), untersts. m. einem feinen, weißen Längsstreifen; Stg. niederlgd., aufstgd.; Bltn. sehr klein; Fr. schwarze, wäßrige Beere; auf Heidemooren u. in der alp. Zwergstrauchstufe . . . **Empetrum**
— Blätt. nadel- od. schuppenf., im Querschnitt nicht hohl   **2**
2. Blätt. verdornt, in ihren Achseln verzweigte Dorntriebe; Bltn. gelb, schmetterlingsf.; bis 2 m hoher Strauch . . . **Ulex**
— Pfl. ohne Dornblätt. u. Dorntriebe **3**
3. Pfl. meist > 1 m **6**
— Kleinere, nur selten bis 1 m hohe Zwergsträucher . . . **4**
4. Blätt. bis 1,5 cm lg., nadelf., m. kurzer Stachelspitze; Bltn. gelb; Stbblätt. zahlr. . . . . **Fumana**
— Blätt. kürzer; Bltn. weiß od. rötl. **5**
5. Blätt. 5–7 mm lg., zu 3–4 in Scheinquirlen, kahl od. steif behaart; Bltn. in einseitswendigen Trauben od. kopfigen Dolden . . . . **Erica**
— Blätt. bis 3,5 mm lg., 4zeilig angeordnet, sich dachziegelig deckend, am Grd. mit 2 abw. gerichteten Öhrchen; Bltn. in einseitswendigen Trauben; K. violettrosa, strohig **Calluna**
6(3). Zweige rutenf., schlank, rötl.gelb; Blätt. schuppenf., bläul.grün, sich dachziegelig deckend; Bltn. rot; 1–2 m hoher Strauch kiesiger Flußufer . . . . **Myricaria**
— Zweige nicht rutenf.; Blätt. nadelf., kantig od. flach, z.T. mit stechender Spitze, einzeln, zu 2 od. 5 an Kurztrieben, in 3zähligen Quirlen (obersts. dann mit weißem Wachsstreifen), in Büscheln an Kurztrieben od. schuppenf., die Zweige dicht bedeckend; Bltn. eingschl., ♀ Bltnstände sich bei Reife häufig zu holzigem od. fleischig-beerenart. Zapfen umbildend; Samen nicht in Frkn. eingeschlossen [bei der *Eibe* von einem schleimigen Becher umhüllt]
Gymnospermae

Ib. Blätter gekreuzt-gegenständig od. quirlig

1. Blattspr. gefied. od. gefing. **28**
— Blattspr. einfach, ganzrandig, gelappt, gebuchtet, gekerbt, gesägt od. gezähnt **2**

2. Stg. windend; Bltn. entw. zu 2 auf gemeinsamem Stiel od. in kopfigen Trugdolden; Frkn. unterst., die Frkn. zweier benachbarter Bltn. oft miteinander verwachsen . . **Lonicera**
— Stg. nicht windend, zuw. aber niederlgd. **3**
3. Blattspr. ganzrandig od. am Rand mit seichten Einschnitten
　　　　　　　　　　　　　　　　　　　　　6
— Blattspr. gelappt od. tief geteilt **4**
4. Blattstiel am Spreitengrd. m. napff. Drüsen; Blattspr. breiteif., 3lappig, m. borstenf., später abfallenden Nebenblätt. *(237)* . . . . **Viburnum**
— Blattstiel ohne napff. Drüsen **5**
5. Blattspr. stets 3–5lappig, doppelt gesägt, buchtig gezähnt od. ganzrandig; Fr. in 2 einsamige, geflügelte Nüßchen zerfallende Spaltfr.; Bäume, selten Sträucher . . . . . **Acer**
— Blattspr. einunddesselben Zweiges (kräftige Schößlinge) z. T. gelappt *(238)*, z. T. ganzrandig, oft rundl. *(239)*; Fr. weiße Beeren; bis 1,5 m hoher Strauch . . . **Symphoricarpos**
6(3). Blattspr. am Rand gesägt, gekerbt, gezähnt **19**
— Blattrand glatt **7**
7. Auf Bäumen parasitierende kleine Sträucher m. gabelig verzweigten, grünrindigen Sprossen . . . . **Loranthaceae**
— Im Boden wurzelnde Pfl. **8**
8. Blätt. 5–7 mm lg., bis 2 mm breit, m. nach unten eingerollten Rändern; ledrig, wintergrün; niederlgd. Spalierstrauch der Hochalpen . . . . **Loiseleuria**
— Blätt. größer, am Rand kaum umgerollt; aufrechte Sträucher **9**
9. Blätt. 2–3 cm lg., längl. elliptisch, oberts. dk.-, unterts. mattgrün, wintergrün, sehr derb; Bltn. eingeschl. . **Buxus**
— Blätt. anders gestaltet, meist sommergrün **10**
10. Blätt. in 3zähligen Scheinquirlen, eif., längl.-stumpf; Bltn. napff., rötl., bis 1 cm breit . . . . **Kalmia**
— Blätt. gegenst. **11**
11. Pfl. höchstens bis 70 cm hoch; nichtblühende Stg. zuw. niederlgd. u. nur am Grd. verholzt; blühende Triebe aufrecht
　　　　　　　　　　　　　　　　　　　　　16
— Pfl. meist > 1 m, m. aufrechten od. bogigen Ästen . . **12**
12. Die stärksten Seitennerven bogenf. zur Spitze hinlaufend *(240)* . . . . **Cornus**

— Die stärksten Seitennerven zum Blattrand hinlaufend u. allmählich aufhörend *(241a)* od. sich bogenf. m. dem nächst oberen Nerv vereinigend *(241b)* **13**

13. Stielansatz eines Blattpaars durch Querlinie verbunden *(242)* **15**

— Stielansatz nicht durch Querlinie verbunden **14**

14. Blattstiel kurz (0,5 cm lg.); Spreite längl.elliptisch, mindestens 3mal so lg. wie breit . . . . **Ligustrum**

— Blattstiel länger; Spreite am Grd. herzf.; Sprosse gabelig verzweigt . . . . **Syringa**

15(13). Blattspr. unterts. heller, an der Spitze stumpf od. abgerundet, einfach od. gelappt *(238–239)*, kahl; Fr. weiße Beeren . . . . **Symphoricarpos**

— Blattspr. beidersts. gleichfarbig, ± zugespitzt, behaart od. kahl; Fr. rote od. blaubereifte Beeren (häufig Doppelbeeren) . . . . **Lonicera**

16(11). Alle Blätt. kahl **18**

— Blätt. behaart bis weißfilzig, wenigstens die basalen **17**

17. Bltn. radiär, gelb od. weiß; Stbblätt. zahlr.; Stg. niederlgd. bis aufstgd., zuw. nur am Grd. verholzt **Helianthemum**

— Bltn. zygomorph, blau bis violett, in 6–10bltg., übereinandersthd. Scheinquirlen; Stbblätt. 4; Halbstrauch m. aufstgd. od. aufrechten Trieben; Pfl. stark duftend; als Parfümpfl. angepflanzt . . . . **Lavandula**

18(16). Blattspr. längl.-elliptisch, oberts. glzd., immergrün; Bltn. blau m. flach ausgebreiteten, gedrehten Zipfeln **Vinca**

— Blattspr. kreisrund, zuw. m. wenigen seichten Kerbzähnen, oberts. dk.-, unterts. bläul.grün; Blattstiele wimprig behaart; Bltn. einzeln od. zu 2 auf langem Stiel, nickend **Linnaea**

19(6). Blattzähne weit (0,5–1,5 cm) voneinander entfernt *(248)* **27**

— Blattzähne dichtsthd. *(243–246)* **20**

20. Pfl. stark duftend, 0,5–1 m hoch; Blattspr. lanzettl., jung weißfilzig; Bltn. blau, in 4–10bltg. Quirlen; Stg. nur an der Basis verholzt . . . . **Salvia**

— Pfl. nicht stark duftend **21**

21. Blattrand im unt. Drittel ganzrandig *(246)* **26**

— Blattrand im unt. Drittel wenigstens m. vereinzelten Zähnen **22**

22. Mittelnerv m. 3 Paaren kräftiger Seitennerven, die sich bogenf. nach der Blattspitze krümmen *(243)*; Zweigenden häufig in Dornspitze auslaufend; bei *Rhamnus pumila* (dornenloser Zwergstrauch der K-Alp.) Blätt. fast gegenst., häufiger aber wechselst. . . . . **Rhamnus**

— Mittelnerv. m. mehr als 3 Paaren kräftiger Seitennerven **23**

23. Blattspr. kaum zugespitzt, am Grd. ausgerandet, unterts. dicht behaart; Seitennerven stark hervortretend, sich zum Blattrand hin mehrmals gabelnd *(244)* . . . . . **Viburnum**

– Blattspr. deutl. zugespitzt *(245)* **24**

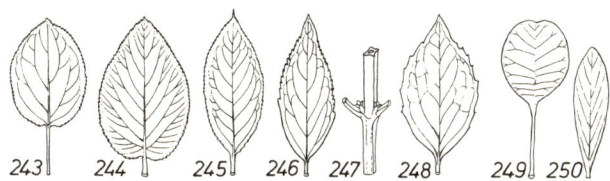

243 244 245 246 247 248 249 250

24. Blätt. kahl; Bltn. klein, grünl.; 4–5teilige rote Kapselfr. m. orangefarbigen Samen . . . . **Euonymus**
— Blätt. untersts. wenigstens auf den Nerven behaart . . **25**
25. Blätt. untersts. wenigstens jung grau- od. braunfilzig; Bltn. klein, in vielbltg. Bltnstd. . . . . **Buddleja**
— Blätt. untersts. nicht filzig; Bltn. groß, rot . . . . **Weigela**
26(21). Stielgrd. an der Sproßachse herablaufend *(247)*; Blätt. grob gezähnt *(246)*; Bltn. gelb, vor den Blätt. erscheinend
. . . . **Forsythia**
— Stielgrd. nicht herablaufend; Blätt. lineal-lanzettl. feinge-sägt, untersts. blaugrün, z. T. gegen-, oft wechselst.; Bltn. in Kätzchen . . . . **Salix purpurea**
27(19). Stielbasen eines Blattpaares durch Querlinie verbun-den *(242)*; Blätt. *(248)* untersts. auf den deutl. hervortreten-den Seitennerven behaart . . . . **Philadelphus**
— Blattstielbasen nicht durch Querlinie verbunden, aber her-ablaufend *(247)*; Blätt. untersts. kahl . . . . . . **Forsythia**
28(1). Blätt. 5–7zählig gefing.; Bltn. in aufrechten Thyrsen, bis 15 m hohe Bäume . . . . **Aesculus**
— Blätt. gefied. **29**
29. Blättchen sehr schmal, nur 2–4 mm breit; Strauch m. ge-genstd. Zweigen; Bltn. schmetterlingsf. . . . . **Genista**
— Blättchen breiter **30**
30. Fied. lg.gestielt; Rhachis u. Fiederstiele rankend **Clematis**
— Fied. sitzend od. kurz gestielt **31**
31. Junge Zweige glatt, bläul. bereift; die meist 7 Fied. eines Blattes ungleich grob gesägt, bisw. fast ganzrandig; Bltn. eingschl., ohne Bltnhülle, meist vor den Blätt. erscheinend, 2häusig; Fr. geflügelt . . . . **Acer negundo**
— Junge Zweige nicht bläul. bereift; Fied. feiner und regelmä-ßiger gesägt **32**
32. Blätt. 7–13zählig gefied., ohne Nebenblätt.; junge Zweige graugrün od. braungrün; Knospenschuppen grau bis schwarz; Bltn. eingschl. od. ♂, m. od. ohne Bltnhülle; Fr. geflügelt; bis 20 m hohe Bäume . . . . . . **Fraxinus**
— Blätt. 5–7zählig gefied., m. kleinen, hinfälligen Nebenblätt., deren Narben sichtbar **33**
33. Junge Zweige glatt; Fied. sitzend, sehr fein gesägt; Bltn. in hgd. Rispen, gelbl.weiß; Fr. aufgeblasene Kapsel
Staphylea

— Junge Zweige ± warzig-höckerig; Fied. kurz gestielt, fein gesägt; Bltn. weiß od. grünl.gelb, in schirmf. Trugdolden od. kegelf. Rispen; Fr. schwarze od. rote Steinbeeren
Sambucus

lc. Blätter wechselständig (zerstreut od. zweizeilig), mit glattem Rand

1. Blätt. untersts. rostrot, wintergrün **37**
— Blätt. untersts. nicht rostrot, zuw. aber beidsts. rotbraun beschuppt **2**
2. Blattspr. ohne Stiel bis 1,5 cm lg. **29**
— Blattspr. länger als 1,5 cm **3**
3. Blattspr. untersts. entw. samtart., m. weichem, abreibbarem, wolligem Filz od. weiß- bis weißgrau-schülferig behaart **24**
— Blattspr. beidersts. grün **4**
4. Pfl. höchstens bis 40 cm hoch, selten höher *(Chamaedaphne)*, dann aber Blätt. wintergrün u. beidersts. dicht rotbraun beschuppt **21**
— Pfl. meist > 40 cm; Blätt. selten wintergrün u. nicht rotbraun beschuppt **5**
5. Blätt. untersts. gelb punktiert, am Rand lg. absthd. behaart; Bltn. hellrot, m. drüsiger Röhre, lg. gestielt, in endst. Dolden; bis 90 cm hoher Strauch der subalp. Zwergstrauchstufe, vorwgd. der K-Alp. . . . **Rhododendron hirsutum**
— Blätt. untersts. nicht gelb punktiert, höchstens in der Jugend am Rand behaart **6**
6. Zweige meist überhgd., lg. u. dünn, oft m. Dornen; Bltn. rötl. . . . . **Lycium**
— Zweige stets aufrecht od. windend **7**
7. Stg. nicht windend **9**
— Stg. windend **8**
8. Bltn. einzeln, lg. gestielt, tabakspfeifenähnl.; Blätt. 2zeilig, herzf., 10−25 cm breit . . . . . . **Aristolochia durior**
— Bltn. in Rispen, weiß, klein; Blätt. wechselst., < 10 cm
Fallopia aubertii
9(7). Stg. breit geflügelt, geglied.; Blätt. 2zeilig, rundl., behaart, hinfällig; Bltn. gelb, schmetterlingsf. . . **Chamaespartium**
— Stg. nicht breit geflügelt u. nicht geglied. **10**
10. Stg. fein gefurcht, zuw. mit Dornen; Bltn. gelb, schmetterlingsf. . . . . **Genista**
— Stg. nicht fein gefurcht, nicht verdornt; Bltn. nicht schmetterlingsf. **11**
11. Seitennerven der Blätt. kaum verzweigt u. stark hervortretend **20**
— Seitennerven der Blätt. entw. deutl. verzweigt od. wenig hervortretend **12**

12. Blätt. lg. gestielt (2–5 cm); Spreite breit-eif., rundl., m. fast rechtwinkelig vom Mittelnerv abzweigenden, gegabelten Seitennerven *(249)*; Bltnstiele z. Frzt. fedrig behaart
Cotinus

— Blattstiel kürzer; Bltnstiele z. Frzt. nicht behaart . . . **13**

13. Blätt. selten breiter als 2 cm u. länger als 4 cm . . . **18**

— Blätt. breiter als 2 cm od. länger als 6 cm **14**

14. Blattspr. in der Mitte am Grd. am breitesten . . . **16**

— Blattspr. über der Mitte am breitesten **15**

15. Blätt. kahl; Bltnhülle einfach; Staubblätt. 8; Beerenfr.
Daphne

— Blätt. obersts. u. am Rand behaart; Bltnhülle doppelt; Blkr. gelb; Staubblätt. 5; Kapselfr. . . . . . . **Rhododendron**

16(14). Blätt. krautig, sommergrün, eif.-lanzettl., zugespitzt, am Grd. oft herzf.; obere Stgblätt. zuw. spießf. od. 3zählig, zerstr. behaart; Stg. nur an der Basis verholzt, kletternd od. niederlgd.; Bltn. blau; Fr. scharlachrote Beeren
Solanum dulcamara

— Blätt. wintergrün **17**

17. Blätt. weich, die der blühenden u. nichtblühenden Triebe verschieden gestaltet, die der ersteren rautenf. *(251b)*, spiralig gestellt; die der letzteren mit herzf. Grd. 3–5lappig *(251a)*, m. handf. Nerven, 2zeilig gestellt; Stg. mit Haftwurzeln kletternd . . . . **Hedera**

— Blätt. sehr hart, m. stechender Spitze, am Rand oft stachelig gezähnt *(265)*; 3–8 m hoher Strauch . . . . **Ilex**

18(13). Blattspr. verkehrt-eif., an der Spitze stumpf, untersts. blaugrün, m. stark hervortretender Nervatur, obersts. hellmattgrün; Fr. blaubereifte Beere; Pfl. bis 80 cm hoch
Vaccinium uliginosum

— Blattspr. zugespitzt, in der Mitte am breitesten, wenigstens in der Jugend behaart **19**

19. Blattunterseite m. deutl. Nervennetz; Blätt. nicht auffallend an den Zweigenden gehäuft; Bltn. in Kätzchen . . . **Salix**

— Blattunterseite m. undeutl. Nervenverzweigungen; Blätt. an den Zweigenden gehäuft, beidersts. anliegend behaart; Bltn. weiß, nicht in Kätzchen; Pfl. felsiger Standorte
Daphne

20(11). Seitennerven etwas bogig, vor dem Spreitenrand deutl. nach oben biegend *(252)*; Fr. anfangs rote, später schwarze, mehrsamige Steinfr.; Strauch . . . . **Frangula**

— Seitennerven gerade, erst unmittelbar vor dem oft leicht gebuchteten Spreitenrand umbiegend *(271)*; Baum **Fagus**

21(4). Blätt. entw. m. feinen bräunl. Schüppchen od. untersts. dunkel punktiert (Lupe!) **23**

— Blätt. untersts. weder m. feinen Schüppchen noch dunkel punktiert **22**

22. Blätt. längl.-lineal, m. aufgesetzter Stachelspitze *(253)*, fast sitzend, ledrig, immergrün; Bltn. groß, gelb od. zweifarbig gelbviolett bzw. gelbbraun, m. 2 blumenblattart. ausgebil-

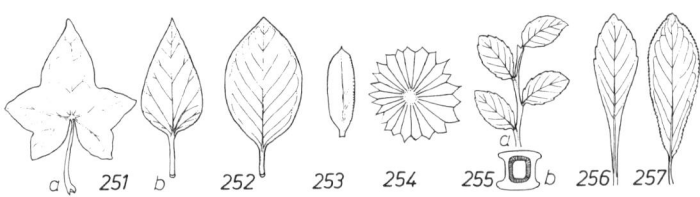

251 a / b *252* *253* *254* *255* a / b *256* *257*

deten Kblätt.; niederlgd., ausläuferbildender Halbstrauch
Polygala chamaebuxus

— Blätt. an der Spitze stumpf, zuw. ausgerandet, breit-ver-
kehrt-eif., obersts. dk.grün, untersts. bläul.weiß, seidig behaart, m. hervortretendem, rotmaschigem Adernetz od. beidersts. grün, ohne rotes Adernetz; Bltn. in aufrechten Kätzchen; hochalp. Spalierssträucher . . . . **Salix**

23(21.) Blattspr. beidersts. braun-schülferig, wintergrün,
2–3 cm lg., eif.-lanzettl.; Blattspr. am Rand umgebogen,
zuw. undeutl. gezähnt, bis 1 m hoher, meist aber niedriger
(bis 40 cm hoher) Strauch m. rutenf. Ästen
Chamaedaphne

— Blattspr. nur untersts. braun punktiert, verkehrt-eif., an der
Spitze stumpf, oft ausgerandet, am Rand umgebogen, win-
tergrün; bis 30 cm hoher Zwergstrauch m. unterirdischen
Ausläufern . . . . **Vaccinium vitis-idaea**

24(3). Seitennerven auch auf der Blattunterseite undeutl.; Blätt.
schmal (5–7 mm breit u. 5–8 cm lg.), untersts. dicht weiß-
od. grauschülferig; verdornter Strauch od. bis 6 m hoher
Baum mit roten Fr. . . . . **Hippophaë**

— Seitennerven auf der Blattunterseite deutl. **25**

25. Blattspr. untersts. silberweiß von Sternhaaren *(254)*,
obersts. graugrün, 4–8 cm lg., 1–3 cm breit; Bltn. m. röh-
rig-glockigem, außen silbrigem, innen goldgelbem Achsen-
becher . . . . **Elaeagnus**

— Blattspr. untersts. nur m. einfachen Haaren (Lupe!) . . **26**

26. Blätt. 8–12 cm lg. u. 4 cm breit, in den zottig behaarten
Stiel verschmälert, obersts. dk.grün, untersts. behaart;
Nebenblätt. 1–2 mm groß, hinfällig; Bltn. groß, weiß bis
rosa; dorniger, bis 3 m hoher Strauch . . . . . **Mespilus**

— Blätt. kleiner, selten bis 12 cm lg. u. dann untersts. weiß od.
grauweiß **27**

27. Blattspitze oft zurückgekrümmt; Spreite am Rand zuw. umgerollt u. dann lg. u. schmal, häufig wellig; Nebenblätt. oft
früh abfallend . . . . **Salix**

— Blattspr. an der Spitze abgerundet od. m. ganz kurzer, gera-
der Spitze, am Rand nie umgerollt od. wellig, meist nicht
viel länger als breit **28**

28. Blätt. breit-eif., bis 10 cm lg. u. 7,5 cm breit; Nebenblätt.
verkehrt-eilängl., bis 12 mm lg.; Bltn. einzeln, weiß od. rosa;
bis 8 m hoher Baum . . . . **Cydonia**

— Blätt. kleiner; Nebenblätt. pfrieml.; Bltn. in wenigbltg. Trauben; bis 2 m hohe Sträucher . . . . **Cotoneaster**

29(2). Stg. niederlgd., kaum > 10 cm **34**

— Stg. aufrecht, höher **30**

30. Blattspr. am Rand deutl. umgerollt **33**

— Blattspr. am Rand nicht umgerollt **31**

31. Blattspr. derbledrig, wintergrün, am Rand m. weißen, borstenf. Haaren; Bltn. groß, hellrosa; Zwergstrauch der subalp. Reg. . . . . **Rhodothamnus**

— Blätt. nicht wintergrün, am Rand ohne borstenf. Haare **32**

32. Blätt. einfach od. 3zählig gefied., klein, hinfällig; Stg. kantig, grün, rutenf.; Bltn. groß, gelb, schmetterlingsf.; 60–120 cm hoher Strauch . . . . **Sarothamnus**

— Blätt. alle einfach; Bltn. gelb, schmetterlingsf.; Sträucher, selten > 60 cm . . . . **Genista**

33(30). Blätt. unterts. weißl., 1–3 mm breit; Bltn. kugelig-eif., hellrosa, nickend; Hochmoorpfl. . . . . **Andromeda**

— Blätt. untersts. grün, m. feinen, dunklen Punkten, 5–10 mm breit, derb, wintergrün; Fr. rote Beeren

Vaccinium vitis-idaea

34(29). Stg. fadenf., kriechend; Blätt. obersts. dk.grün, untersts. blaugrün, am Rand umgerollt; Bltn. rot, 4zählig, m. zurückgeschlagenen Blkrblätt.; Hochmoorpfl.

Vaccinium oxycoccos

— Stg. dicker, nicht fadenf. u. kriechend **35**

35. Blätt. untersts. seidenhaarig; Bltn. gelb, schmetterlingsf., in verlängerten Trauben . . . . **Genista pilosa**

— Blätt. untersts. nicht seidenhaarig **36**

36. Blätt. bis 0,5 cm breit, m. aufgesetztem Stachelspitzchen, ledrig, oft an den Stgspitzen gehäuft; Bltn. rot od. hellrot gestreift, wohlriechend; Kblätt. blumenblattart.; Stbblätt. 8

Daphne

— Blätt. breiter, derb, glzd., immergrün, an der Spitze stumpf od. leicht ausgerandet; Bltn. m. K. u. weißer od. rötlicher, ei-krugf. Blkr. . . . . **Arctostaphylos uva-ursi**

37(1). Bltn. weiß, m. sternf. ausgebreiteter Blkr.; Blätt. lineal-lanzettl., am Rand umgerollt, wintergrün . . . . . **Ledum**

— Bltn. dk.rot, m. trichterf. Blkr.; Blätt. eif., bis 1 cm breit, am Rand schwach umgerollt, wintergrün

Rhododendron ferrugineum

Id. Blätter wechselständig (zerstreut oder zweizeilig); Blattspreite mit gesägtem, gezähntem oder gekerbtem Rand

1. Blätt. der Langtriebe zu 3teiligen od. einfachen Dornen umgebildet, in ihren Achseln rosettig beblätterte Kurztriebe; deren Blätt. derb. eif.-lanzettl., am Rand stachelig gezähnt; Bltn. gelb, in Trauben . . . . **Berberis**
— Blätt. der Langtriebe nicht zu Dornen umgebildet **2**
2. Blattspr. (ohne Stiel) länger als 4 cm **16**
— Blattspr. (ohne Stiel) kürzer als 4 cm **3**
3. Zweige grün, scharfkantig *(255b)*; Blätt. eif. *(255a)*; Bltn. krugf., rötl.; Fr. blau bereifte Beeren m. rotem Saft; bis 50 cm hoher Zwergstrauch m. unterirdischen Ausläufern
Vaccinium myrtillus
— Zweige nicht scharfkantig **4**
4. Pfl. ± aufrecht, wenn niederlgd., dann nicht in den K-Alp. **6**
— Niederlgd. Strauch der K-Alp. **5**
5. Blätt. untersts. grün . . . . **Rhamnus**
— Blätt. untersts. weiß . . . . **Dryas**
6(4). Blattspr. nur an der Spitze gezähnt, zur glatten Basis hin verschmälert *(256)*, m. Harzdrüsen, stark duftend; Bltn. eingschl., in kurzen Ähren; Sträucher der Heidemoore
Myrica
— Blattspr. am ganzen Rand gezähnt od. gekerbt **7**
7. Blattspr. untersts. m. bleichgelben Drüsenschuppen; Rand schwach umgebogen, seicht gekerbt, m. langen, weißen Borstenhaaren; Bltn. rosarot; subalp. Zwergstrauch
Rhododendron hirsutum
— Blattspr. untersts. nicht gelb punktiert **8**
8. Strauch m. Kurztriebdornen u. schwärzl. Rinde; Blattspr. zugespitzt, gegen den Grd. verschmälert *(257)*; Bltn. einzeln od. zu 2; Fr. kugelige, blau bereifte Steinfr.
Prunus spinosa
— Zweige nicht verdornt; Rinde nicht schwärzl. **9**
9. Blattspr. zugespitzt **14**
— Blattspr. an der Spitze stumpf od. abgerundet **10**
10. Höhere Sträucher m. aufrechten Ästen **12**
— Niederlgd., z. T. m. unterirdischen Ausläufern versehene hochalp. Zwergsträucher **11**
11. Pfl. m. unterirdischen Ausläufern; jeder Laubtrieb nur mit 2 fast kreisrunden Blätt. *(259)* . . . . **Salix herbacea**
— Pfl. ohne unterirdische Ausläufer; Blätt. an jedem Laubtrieb zu mehreren, am Grd. lg. bewimpert, beidersts. netznervig; Fr. schwarzblaue Beeren . . . . . . **Arctostaphylos alpina**
12(10). Blattstiel 1–2 cm lg.; Spreite untersts. anfangs wollfilzig behaart, später kahl, am Rand fein gekerbt, am Grd. seicht herzf. *(260)*; Blkrblätt. schmal, weiß; Fr. schwarzblau; bis 3 m hoher Strauch . . . . **Amelanchier**

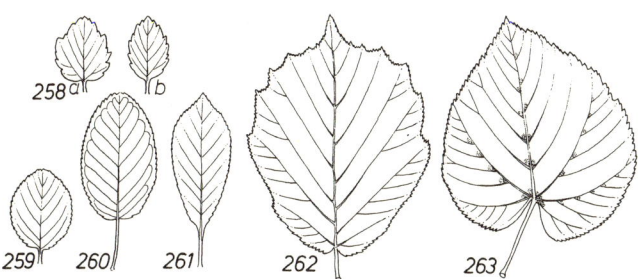

— Blattstiel kürzer; Spreite untersts. nicht filzig **13**

13. Blätt. rundl. *(258a)* od. eif., stumpf gekerbt od. ungleich doppelkerbig gesägt *(258b)*; Seitennerven fast geradlinig in die Zähne verlaufend; Bltn. in Kätzchen; 0,5–2 m hohe Sträucher der Moore . . . . **Betula**

— Blätt. verkehrt-eif. bis elliptisch, fein gesägt *(261)*; Seiten-nerven vor dem Blattrand endend; Bltn. zu 2–5 an Kurztrie-ben, weiß; bis 1 m hoher, ausläuferbildender Strauch
Prunus fruticosa

14(9). Blattspr. am Grd. herzf., m. od. ohne Drüsen; Stiel 1–2 cm lg.; Bltn. weiß, zu 4–12 in Doldentrauben
Prunus mahaleb

— Blattspr. nach dem Grd. verschmälert, untersts. m. hervor-tretenden Nerven **15**

15. Blattspr. derb-ledrig, beidersts. kahl, längl.-verkehrt-eif.; Bltn. in weißfilzigen Trugdolden; 1–3 m hoher Strauch der subalp. Reg. . . . . **Sorbus chamaemespilus**

— Blattspr. nicht ledrig, untersts. meist grauweiß; Blattspitze oft zurückgekrümmt . . . . **Salix**

16(2). Erste kräftige Seitennerven etwas oberhalb der Sprei-tenbasis entspringend *(261, 265, 266, 272)* **22**

— 2–5 kräftige (bei *Carpinus* auch schwächere) Seitennerven unmittelbar an der Spreitenbasis entspringend *(262–264)*
17

17. Blattstiel meist länger als 2 cm **20**

— Blattstiel nicht länger als 2 cm **18**

18. Blattspr. rundl.-verkehrt-eif., zugespitzt, beidersts. behaart *(262)* . . . . **Corylus**

— Blattspr. längl.-eif., oberts. kahl, untersts. vor allem am Mittelnerv u. in den Nervenwinkeln schwach behaart; Rand doppelt scharf gesägt; Zähne der Nervenenden größer als die Zwischenzähne **19**

19. Nerven oberts. vertieft; Blattrand schwach gelappt *(272)*; Frst. locker; Frhülle offen, flach, 3teilig gelappt, das Nüß-chen frei liegend . . . . **Carpinus**

— Nerven nicht vertieft liegend; Oberseite der Blattspreite gleichmäßig flach; Blattrand doppelt gesägt, aber nicht ge-

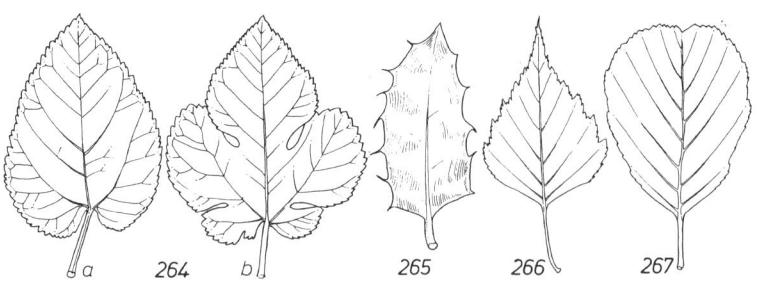

a   264   *b*   265   266   267

lappt; Frstand dicht, hopfenartig; Frhülle das Nüßchen sackf. umschließend . . . . **Ostrya**

20(17). Blattspr. untersts. in den Nervenwinkeln m. weißen od. braunen Haarbüscheln od. weißfilzig u. dann m. rundem Blattstiel; Spreite am Grd. tief herzf., ungleichhälftig (asymmetrisch, *263*) . . . . **Tilia**

— Blattspr. untersts. in den Nervenwinkeln ohne Haarbüschel, wenn weißfilzig, dann Blattstiel seitl. zusammengedrückt **21**

21. Blattstiel seitl. zusammengedrückt od. im Querschnitt 4eckig; Spreite rundl., elliptisch, herzf. od. eif., zuw. untersts. weiß od. grau . . . . **Populus**

— Blattstiel seitl. nicht zusammengedrückt od. 4eckig; Spreite eif.-rundl., zuw. buchtig gelappt *(264a–b)*, grob gezähnt, am Grd. herzf., beidersts. od. nur untersts. rauhhaarig **Morus**

22(16). Blätt. nicht wintergrün u. nicht ledrig **24**

— Blätt. wintergrün, ledrig **23**

23. Blattspr. am Rand wellig u. häufig stachelig gezähnt *(265)*; Bltn. klein, weiß, in achselst. Büscheln; rote, mehrsamige Steinfr. . . . . **Ilex**

— Blattspr. am Rand nur entfernt klein gesägt, aber auch glatt; Bltn. in achselst., 10–12 cm langen Trauben
                      Prunus laurocerasus

24(22). Seitennerven 1. Ordnung den Blattrand nicht erreichend, sich vorher entw. bogenf. vereinigend od. sich in dünnere Seitennerven gabelnd *(244–245)* **36**

— Seitennerven 1. Ordnung meist geradlinig bis zum Blattrand verlaufend **25**

25. Blattspr. 3eckig od. schief 4eckig, auch eif.-zugespitzt, grob gesägt, lg.gestielt *(266)* . . . . **Betula**

— Blattspr. nicht 3- od. 4eckig **26**

26. Blattspr. rundl., an der Spitze oft ausgerandet, am Grd. verschmälert *(267)*, oberts. kahl . . . . . . **Alnus glutinosa**

— Blattspr. länger als breit **27**

27. Blattspr. 10–20 cm lg., am Rand lg.stachelspitzig gezähnt *(268)*; Blätt. 2zeilig . . . . **Castanea**

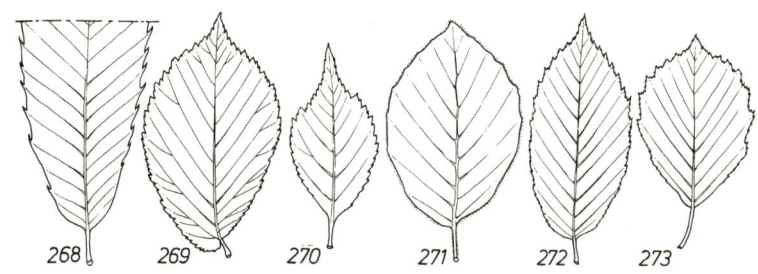

268 269 270 271 272 273

— Blattspr. meist kürzer als 10 cm, Rand nicht stachelspitzig
28

28. Blattspr. kaum asymmetrisch (beide Spreitenhälften gleich groß) **30**

— Blattspr. stark asymmetrisch (Spreitenhälften ungleich groß, *269*) **29**

29. Borke des Stammes rissig; Blätt. 2zeilig; Blattspr. am Rand doppelt gesägt *(269)*; Bltn. alle ♀, in Büscheln am vorjährigen Holz, vor den Blätt. erscheinend; Fr. ringsum breit geflügelte Nuß . . . . **Ulmus**

— Borke des Stammes glatt; Blattspr. am Rand einfach gesägt; Bltn. ♂ u. ♀, einzeln, zusammen m. den Blätt. am diesjährigen Holz erscheinend; Fr. orangefarbige bis violettbraune Steinfr. . . . . **Celtis**

30(28). Blattspr. lg. u. schmal zugespitzt *(270)*, an der Spitze oft 3lappig, untersts. behaart . . . . . . **Prunus triloba**

— Blattspr. nicht lg. u. schmal zugespitzt **31**

31. Blattspr. untersts. weiß od. grau **35**

— Blattspr. untersts. grün **32**

32. Strauch der Krummholzregion der Alp. u. höheren Mittelgeb.; ♂ Bltn. in Kätzchen, erst nach den herb riechenden Blätt. erscheinend; Blattspr. eif.-spitz, beidersts. grün, kahl, am Rand doppelt scharf gesägt . . . . . . **Alnus viridis**

— Bäume u. Sträucher nicht der alp. Krummholzregion . . **33**

33. Seitennerven bogig verlaufend, die unteren den Blattrand meist nicht erreichend; Blattrand bis über die Mitte grob gezähnt . . . . **Spiraea**

— Seitennerven geradlinig bis zum Blattrand verlaufend . . **34**

34. Blattspr. nur schwach wellig gerandet od. entfernt klein gezähnt, jedersts. mit 5–8 Seitennerven *(271)*; Knospen spindelf.; Äste braungrau . . . . **Fagus**

— Blattspr. am Rand scharf doppelt gesägt, jedersts. mit 10–17 Seitennerven *(272)*; Blätt. 2zeilig; Nußfr. m. 3teiliger *(Carpinus)* od. sackf. Hülle *(Ostrya)* . . . . . **Corylaceae**

35(31). Blattspr. zugespitzt, am Grd. abgerundet od. schwach herzf., jedersts. mit 8–13 Seitennerven *(273)*, untersts. graufilzig, später verkahlend; Rinde glzd.-weißgrau
Alnus incana

— Blattspr. an der Spitze stumpf, am Rand ungleichmäßig doppelt gesägt *(274)*, untersts. weißfilzig; junge Triebe weißfilzig, später braunrot . . . . **Sorbus aria**

36(24). Blattspr. am ganzen Rand mit Einschnitten **40**

— Blattspr. wenigstens im unteren Drittel am Rand glatt, sonst gezähnt **37**

37. Blattspr. bis 12 cm lg. u. 4 cm breit, untersts. weichhaarig; Nebenblätt. meist nur 1–2 mm groß, hinfällig **Mespilus**

— Blattspr. schmäler u. kürzer **38**

38. Ganze Pfl. stark duftend; Äste dk.braun; Blattspr. am Rand oberw. grob gesägt *(256)*; 2häusiger Strauch in Flachmooren, vorwgd. im NW . . . . **Myrica**

— Ganze Pfl. geruchlos **39**

39. Bltn. ⚥, in endst., weißfilzig behaarten Rispen; Fr. kugelig, scharlachrot; 1–3 m hoher Strauch der subalp. Reg.
Sorbus chamaemespilus

— Bltn. eingeschl., in achselst. Kätzchen; Kapselfr. m. behaarten Samen; Nebenblätt. groß, oft früh abfallend . . **Salix**

40(36). Blattstiel seitl. zusammengedrückt, sehr lg.; Blattspr. 3–4eckig, die größeren meist über 8 cm breit **Populus**

— Blattstiel seitl. nicht zusammengedrückt; Spreite selten bis 8 cm breit **41**

41. Blattstiel kürzer als die halbe Länge der Spreite . . . **45**

— Blattstiel so lg. od. länger als die halbe Länge der Spreite
42

42. Blätt. klein (im Durchschnitt 4–5 cm lg.), am Rand fein gezähnt; Bltn. zu 4–12 in Doldentrauben **Prunus mahaleb**

— Blätt. im Durchschnitt länger als 4–5 cm **43**

43. Mittelnerv beidersts. m. zahlr. wenig hervortretenden Seitennervenpaaren; Blattstiel etwa so lg. wie die untersts. bläul.grüne Spreite . . . . **Pyrus**

— Mittelnerv beidersts. m. 3–7 stärker hervortretenden Nerven; Blattstiel kürzer als die Spreite **44**

44. Äste kahl, glzd.grün bis rot; Blattstiel 2–3 cm lg., m. mehreren großen Drüsen; Blattspr. bis 10 cm lg., rundl.-eif., plötzl. zugespitzt, kahl . . . . **Prunus armeniaca**

— Äste jung zottig behaart; Blattspr. eif., kurz zugespitzt, anfangs untersts. dicht behaart; Blattstiel ohne Drüsen **Malus**

45(41). Blätt. untersts. weiß od. grauweiß . . . . **Salix**

— Blätt. untersts. grün **46**

46. Sparrig verzweigter Strauch m. Kurztriebdornen; Blattspr. scharf gesägt, obersts. glzd.-dk.grün, untersts. hellgrün, m. großen, eirundl., gesägten Nebenblätt. *(275)*; Bltn. rot
Chaenomeles

— Pfl. ohne Kurztriebdornen **47**

47. Winterknospen nur m. einer Knospenschuppe *(276a)*; Blattrand fein u. gleichmäßig gesägt *(276b)*; junge Zweige glatt, hellgrün, rot od. rotbraun . . . . **Salix**

— Winterknospen m. mehreren, dachig angeordneten Schuppen *(277a)* **48**

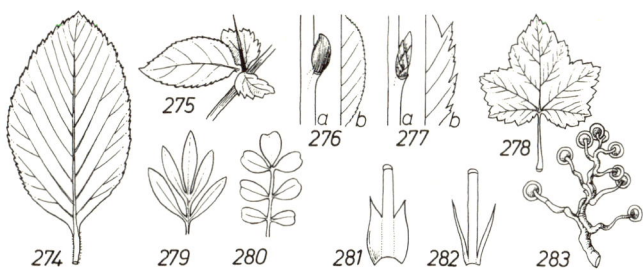

48. Seitennerven erst dicht am Blattrand umbiegend, bis dahin auffallend geradlinig und so gut wie unverzweigt, Blatt stumpf; Bltn. 4zählig . . . . **Rhamnus**
— Seitennerven nicht auffallend geradlinig, sich schon ab der Mitte verästelnd, Blätt. zugespitzt, Blattrand oft ungleich-mäßig gesägt *(277b)*; Bltn. 5zählig . . . . **Prunus**

le. Blätter wechselständig (zerstreut od. zweizeilig); Spreite ± tief gebuchtet, gelappt, gefiedert od. gefingert

1. Blattspr. zusammengesetzt (gefied. od. gefing.)   . **14**
— Blattspr. einfach (gelappt od. gebuchtet) **2**
2. Sprosse rankend od. kletternd **12**
— Sprosse aufrecht od. niederlgd., aber nicht rankend od. kletternd **3**
3. Pfl. mit Kurztriebdornen in den Blattachseln od. Stacheln **11**
— Pfl. ohne Dornen u. Stacheln **4**
4. Blattspr. groß (über 10 cm breit), lg. gestielt, 3–7lappig, am Grd. quer abgestutzt od. schwach herzf.; Borke in größeren Stücken abblätternd; Stämme dadurch grünl., gelbl. od. bräunl. gefleckt . . . . **Platanus**
— Blätt. kleiner **5**
5. Seitennerven handf. angeordnet (am Spreitengrd. entspringen 2–4 kräftige Seitennerven, *278*) **7**
— Seitennerven fiedrig angeordnet (*274*, erste Seitennerven entspringen einige mm oberhalb des Spreitengrd.) . . . **6**
6. Blattspr. stumpf od. spitz gebuchtet, aber am Rand glatt (nur bei nordamerik. Arten sind die Lappen spitz u. grob gezähnt); Fr. in Bechern sitzende Nüsse . . . . **Quercus**
— Blattspr. am Rand spitz gelappt od. gezähnt . . . **Sorbus**

7(5). Blätt. untersts. weißfilzig . . . . **Populus**
— Blätt. untersts. grün 8
 8. Pfl. von strauchf. Wuchs; Blattspr. gelappt 10
— Pfl. von meist baumf. Wuchs 9
 9. Blätt. beidersts. od. nur obersts. rauhhaarig, am äußeren
Rand grob gesägt, zum Teil gelappt, auch ungeteilt *(264a – b)*
                                            Morus
— Blätt. kahl od. fein filzig behaart, mit spitzen od. runden
Lappen, nicht dicht gesägt . . . . **Quercus**
10(8). Mittellappen der Spreite länger als die seitl.
                               Physocarpus
— Mittellappen der Spreite kaum länger als die seitl. *(278)*
                                     Ribes
11(3). Unterhalb der Blätt. einfache od. 3teilige, kräftige Sta-
cheln; dünnere Stacheln zuw. über die ganzen Äste verteilt
                                     Ribes
— In den Achseln der Blätt. (jedoch nicht in allen) einfache
Kurztriebdornen . . . . **Crataegus**
12(2). Sprosse ohne Sproßranken, m. sproßbürtigen Wurzeln
(Haftwurzeln) an Bäumen od. Mauern emporstgd.; Blätt. der
Jugendform meist 5lappig *(251a)*, 2zeilig; jene der
Altersform eif. *(251b)*, ganzrandig, spiralig gestellt, immergrün; Nervennetz weißl. hervortretend; Bltn. in Dolden; Fr.
schwarze Beeren . . . . **Hedera**
— Sprosse m. Sproßranken, diese zuw. m. Haftscheiben   13
13. Ranken ohne Haftscheiben; Blätt. gelappt mit ungleich gezähnten Lappen; Kulturpfl. . . . . **Vitis**
— Ranken m. Haftscheiben *(283)*; Blätt. 3teilig eingeschnitten
od. 5 – 7zählig gefing.; Zierpfl. . . . . . . **Parthenocissus**
14(1). Blätt. 3zählig od. gefing. 28
— Blätt. mehrzählig gefied. od. gefing. 15
15. Fied. gesägt od. gezähnt 23
— Fied. ganzrandig od. nur am Grd. m. wenigen Zähnen   16
16 Blätt. paarig gefied. (zwischen dem obersten Fied.paar ist
die verkümmerte Endfied. als kleine Stachelspitze sichtbar)
                                   Caragana
— Blätt. unpaarig gefied. (m. Endfied., *280*) 17
17. Fied. im Durchschnitt über 8 cm lg. 22
— Fied. wesentl. kleiner 18
18. Endfied. sitzend od. kurz gestielt *(279 – 280)* 20
— Endfied. m. längerem Stiel 19
19. Nebenblätt. klein, bald vertrocknend; Blätt. m. 3 – 5 Paaren
verkehrt-eif., kurz gestielter Fied.; Bltn. schmetterlingsf.,
gelb, mit rotbrauner Fahne . . . . **Colutea**
— Nebenblätt. verdornend u. erhalten bleibend; Blätt. m. 4 –
10 Paaren elliptischer, 1 – 4 mm lg. gestielter Fied.; Bltn.
weiß od. rot . . . . **Robinia**
20(18). Oberste Seitenfied. an der Blattrhachis herablaufend
(279); Fied. untersts. stark behaart   **Potentilla fruticosa**
— Oberstes Seitenfied.paar nicht an der Blattrhachis herablaufend *(280)* 21

21. Blätt. kahl, m. 2–4 Paaren Seitenfied. . **Coronilla emerus**
— Blätt. behaart, m. 8–20 Paaren Seitenfied.
Anthyllis montana
22(17). Fied. am Grd. m. einigen Zähnen, in 6–12 Paaren; Blätt. bis 90 cm lg. . . . . **Ailanthus**
— Fied. am Grd. ohne Zähne, ganzrandig, meist in 3–9 Paaren; Blätt. kleiner, aromatisch duftend . . . . . **Juglans**
23(15). Fied. jedersts. m. 6–9 stacheligen Zähnen, glzd., steif wintergrün . . . . **Mahonia**
— Fied. ohne stachelige Zähne, sommergrün, krautig . . **24**
24. Blätt. meist m. 5 u. mehr Paaren von Fied. **27**
— Blätt. in der Regel m. weniger als 5 Paaren von Fied. od. mehrzählig gefing. **25**
25. Stg. m. Ranken, deren Enden zu Haftscheiben umgebildet sind *(283)*; Blätt. 5–7zählig gefing. od. 3teilig eingeschnitten . . . . **Parthenocissus**
— Stg. ohne Ranken, aber fast stets m. Stacheln; Blätt. gefied.
26
26. Nebenblätt. zumeist hoch m. dem Blattstiel verwachsen *(281)*; Blätt. gefied.; Bltnachse vertieft . . . . **Rosa**
— Nebenblätt. frei, fädl. *(282)*; Blätt. gefied. od. gefing.; Bltnachse kegelf. aufgewölbt; schwarze od. blaubereifte Sammelfr. . . . . **Rubus**
27(24). Zweige braun-zottig; Blätt. bis zu 90 cm lg. . . **Rhus**
— Zweige zuw. behaart, aber nicht braun-zottig; Blätt. kleiner
Sorbus
28(14). Rand der Fied. gesägt **31**
— Rand der Fied. glatt **29**
29. Zweige kantig, gefurcht, rutenf., grün; Blätt. 3zählig, die ob. einfach . . . . **Sarothamnus**
— Zweige rund, nicht gefurcht **30**
30. Alle Blätt. 3zählig; Bltn. schmetterlingsf. . . . **Fabaceae**
— Außer 3zählig gefied. Blätt. auch einfache m. spießf. bis geöhrter Spreite; Bltn. violett, radiär **Solanum dulcamara**
31(28). Fied. über 2 cm lang **33**
— Fied. höchstens 2 cm lang **32**
32. Pfl. dicht seidenhaarig; Blätt. nur an der Spitze m. Zähnen
Potentilla nitida
— Blätt. am ganzen Rand gesägt . . . . **Ononis**
33(31). Stg. u. Blattstiele meist mit Stacheln, Nebenblätt. vorhanden *(282)* . . . . **Rubus**
— Stg. u. Blattstiele stachellos; Nebenblätt. meist fehlend
Rhus

Tabelle II
Kräuter u. Stauden mit wechsel- od. gegen-, z. T. grundständigen, gefiederten, gefingerten, gebuchteten od. gelappten Blättern

1. Stg. windend od. rankend 87
— Stg. weder windend noch rankend 2
2. Blätt., Stg. od. Bltnstand bestachelt 84
— Pfl. stachellos, zuw. aber borstig behaart, wenn Blätt. stachelig, dann Bltn. eingschl. u. 2häusig 3
3. Blätt. gefing. 71
— Blätt. gefied., fiederteilig, fußf. gefied., gebuchtet od. gelappt. 4
4. Blätt. gegenst. od. quirlst., zuw. nur die ob. od. unt. . 56
— Blätt. wechselst. (zerstr., 2zeilig) od. in grdst. Rosette . . 5
5. Sporenpfl., Farnpfl., Pteridophyta . . . . (siehe da)
— Blütenpfl. 6
6. Bltn. nicht in Dolden 9
— Bltn. in einfachen od. zusammengesetzten, bisweilen kopff. zusammengezogenen Dolden 7
7. Pfl. m. orangefarbigem Milchsaft; Blkrblätt. 4, Staubblätt. zahlr. . . . . **Chelidonium**
— Pfl. ohne Milchsaft; Staubblätt. 5 8
8. Bltn. glockig, rosa, ca. 1 cm lang, in einfachen Dolden; Blätt. alle grdstg., gelappt od. grob gesägt . . . . . **Cortusa**
— Bltn. nicht glockig; Stg. meist beblättert; Blätt. meist gefied. od. tief geteilt . . . . **Apiaceae**
9(6). Pfl. 2häusig; Blätt. groß, bis 1 m lg.; Bltn. weiß od. gelbl.weiß, in lg., zuletzt überhgd. Rispen . . . **Aruncus**
— Bltn. ♂, wenn eingeschl., dann Pfl. 1häusig 10
10. Blätt. an der Basis des Stg. ± rosettig gehäuft, aus der Rosette zuw. rosettenbildende Ausläufer treibend; Bltn. einzeln od. Infl.stg. m. einfacheren Laubblätt., bzw. m. Schuppenblätt. od. blattlos 50
— Blätt. an der Stg.-Basis nicht auffallend rosettig gehäuft; Infl.stg. auch über dem Grd. m. Laubblätt. 11
11. Bltn. grünl. od. grünl.gelb, blaßgelb, aber nicht reingelb 41
— Bltn. andersfarbig 12
12. Zahlr. Bltn. in Köpfchen, walzenf. Ähren od. Dolden, die zuw. Einzelblüte vortäuschen 37
— Bltn. in anders gestalteten Bltnständen od. einzeln . . 13
13. Bltn. m. 1 od. mehreren Spornen 34
— Bltn. nicht gespornt 14
14. Stbblätt. zahlr. (mehr als 10) 29
— Stbblätt. höchstens 10 15
15. Bltn. zygomorph 26
— Bltn. radiär od. bilateral 16

16. Blkr. 4blättrig od. 4zipfelig (nur bei *Ruta*, Punkt **24**, sind dies Endbltn. eines Dichasiums 5zählig) **23**
— Blkr. 5blättrig, frei od. 5zipfelig u. dann Blkrblätt. zur Röhre verwachsen **17**

17. Stg. fädig, schlaff, niederlgd.; Blätt. lg. gestielt; Spreite herzf.-rundl., 5lappig, m. breit 3eckigen, kurz bespitzten Lappen; Bltn. blau . . . . **Wahlenbergia**
— Stg. aufrecht, nicht fädig dünn **18**

18. Bltn. in schneckenf. eingerollten Wickeln, blau; Blätt. fiederteilig m. gesägt-gekerbten Abschnitten; Pfl. borstig behaart . . . . **Phacelia**
— Bltn. nicht in schneckenf. eingerollten Wickeln, blau od. andersfarbig; Blattspr. einfach gefied., unterbrochen gefied. od. gelappt **19**

19. Stbbeutel kegelf. zusammenneigend *(232)* . . . **Solanum**
— Stbbeutel frei, nicht kegelf. zusammenneigend **20**

20. Blattspr. einfach gefied.; Bltn. blau od. weiß **Polemonium**
— Blattspr. unterbrochen gefied. od. nur gelappt **21**

21. Bltn. in reichbltg. Trichterrispen, weiß . . . . **Filipendula**
— Bltn. nicht in Trichterrispen, weiß od. gelb **22**

22. Bltn. weiß . . . . **Saxifraga**
— Bltn. gelb . . . . **Rosaceae**

23(16). Stbblätt. 2 . . . . **Veronica**
— Stbblätt. 4, 6, 8 od. 10 . . . . **24**

24. Blätt. 2–3fach gefied., blaugrün, kahl, aromatisch riechend; Staubblätt. 8 od. 10 . . . . **Ruta**
— Blätt. nicht aromatisch riechend; Staubblätt. 4 od. 6 **25**

25. Stbblätt. 4; Blkrblätt. am Grd. m. 4 schuhf. Nektarblätt.
Epimedium
— Stbblätt. 6 (4 lange u. 2 kurze); Blkrblätt. ohne schuhf. Nektarblätt. . . . . **Brassicaceae**

26(15). Stbblätt. 2 od. 4 od. 6 . . . . **28**
— Stbblätt. 10 . . . . **27**

27. Pfl. nach Zitrone riechend; Krblätt. 20–25 mm lg., weißrosa-rot . . . . **Dictamnus**
— Pfl. nicht nach Zitrone riechend; Bltn. schmetterlingsf.
Fabaceae

28(26). Blkrblätt. 4, bis zum Grd. frei, 2 davon tief eingeschnitten od. Bltn. herzf. . . . . **Fumariaceae**
— Blkrblätt. 4, wenigstens am Grd. zu kurzer Röhre verwachsen . . . . **Scrophulariaceae**

29(14). Filamente zu den Gr. umgebender Röhre verwachsen, die am Grd. m. den Blkrblätt. verbunden ist **Malvaceae**
— Filamente frei, nicht miteinander verwachsen **30**

30. Kblätt. am Grd. scheinbar miteinander verwachsen, da sie am Rand einer verbreiterten od. schüsself. vertieften Bltnachse sitzen . . . . **Rosaceae**
— Kblätt. bis zum Grd. getrennt, zuw. früh abfallend od. fehlend **31**

31. K. 2blättrig, früh abfallend; Fr. kugelig od. schotenf.; Blkr. 4blättrig; Pfl. oft m. Milchsaft . . . . . . **Papaveraceae**

— K. 3- bis mehrblättrig od. fehlend **32**

32. Bltnblätt. in 2 od. mehrere Zipfel zerschlitzt; Bltn. klein; Frkn. an der Spitze häufig offen . . . .**Reseda**

— Blkrblätt. nicht zerschlitzt; Frkn. frei, 2 bis zahlr.; Bltn. zuw. einzeln u. sehr groß **33**

33. Bltn. rot, 7−13 cm im Dm; Frkn. 3−5, 20−35 mm groß, behaart . . . . **Paeonia**

— Bltn. kleiner, gelb, weiß, rosa, rot od. blau; Frkn. kahl od. behaart *(Pulsatilla)* . . . . **Ranunculaceae**

34(13). Stbblätt. zahlr.; Bltn. mit 1 od. 5 Spornen
Ranunculaceae

— Stbblätt. nicht mehr als 6 . . . . **35**

35. Blkr. m. längerem Sporn; Stbblätt. 4; Blkrblätt. verwachsen
Linaria

— Blkrblätt. frei **36**

36. Blattstiel am Grd. m. Nebenblätt.; Bltnkr. hell- bis dk.blauviolett, seltener weiß od. mehrfarbig . . . . **Viola**

— Blattstiel am Grd. ohne Nebenblätt.; Bltnkr. rot, gelb od. weiß, nicht blau . . . . **Fumariaceae**

37(12). Bltn. in kugeligen od. walzenf. Köpfchen, die am Grd. nicht von Hüllk. (Involucrum) umgeben sind **40**

— Bltn. in Dolden od. Köpfchen, die am Grd. von auffällig gefärbtem od. grünem Hüllk. umgeben sind **38**

38. Stbbeutel der 5 Stbblätt. miteinander vereinigt; Bltn. in Köpfchen . . . . **Asteraceae**

— Stbbeutel frei, nicht miteinander verwachsen **39**

39. Unterhalb d. borstenf. K. noch häutiger, schüsself. Außenk.; Blätt. gegenst., selten wechselst., häufig am Grd. paarweise miteinander verwachsen . . . . **Dipsacaceae**

— Fr. z. Reifezt. ohne schüsself. Außenk.; Fr. in 2 Spaltfr. zerfallend; Pfl. häufig von distelart. Tracht; Blätt. wechselst.
Apiaceae

40(37). Bltn. schmetterlingsf., klein, verschiedenfarbig (weiß, rosa, gelb); Stbblätt. 10, die Filamente zu einer Röhre verwachsen; Fr.Hülse; Blätt. 3zählig gefing. od. gefied.
Fabaceae

— Bltn. nicht schmetterlingsf., ♂ u. dann mit 4 Staubblätt. od. eingschl. u. dann mit 10−30 lg. heraushgden, freien Filamenten; Nüßchenfr.; Blätt. vielzählig gefied.   **Sanguisorba**

41(11). Blätt. fußf. gefied.; Bltn. mindestens 1 cm breit; zwischen den zahlr. Stbblätt. u. Bltnhüllblätt. finden sich tütenf. Nektarblätt. . . . . **Helleborus**

— Blätt. nicht fußf. gefied. **42**

42. Bltn. eingschl., in Köpfchen; die ♂ nickend in endst. Trauben, die ♀ in den Achseln fied.teiliger Laubblätt. *(Ambrosia)* od. ♂ Köpfchen knäuelig in den Achseln gelappter Blätt.; ♀ Köpfchen 2blütig, von Stachelhülle umgeben *(Xanthium)*
Asteraceae

— Bltn. nicht in eingschl. Köpfchen **43**

43. Blätt. oft weiß-mehlig; Bltn. sitzend, zu endst., unregelmäßigen Knäueln vereinigt; Bltnhülle 2- od. 5blättrig
Chenopodiaceae

— Blätt. nicht mehlig; Bltn. nicht in endst. Knäueln . . . **44**

44. Bltnhülle einfach, zuw. vor der Entfaltung abfallend . . **48**

— Bltnhülle doppelt **45**

45. Stbblätt. zahlr. **47**

— Stbblätt. 6 od. 10 . . . . **46**

46. Blkrblätt. 5; Stbblätt. 10 . . . . . . **Saxifraga paradoxa**

— Blkrblätt. 4; Stbblätt. 6 . . . . **Brassicaceae**

47(45). Blkrblätt. zerschlitzt; Bltn. ohne Außenkelch
Resedaceae

— Blkrblätt. nicht zerschlitzt; K. m. Außenkelch . . **Hibiscus**

48(44). Stbblätt. zahlr. . . . . **Ranunculaceae**

— Stbblätt. 1 od. 4; Bltn. sehr klein, gelbl.grün, 4zählig; K. m. Außenk. **49**

49(48 u. 79). Pfl. ⊙; Blätt. handf. 3spaltig; Bltn. m. 1 Stbblatt, in achselst. Knäueln . . . . **Aphanes**

— Pfl. ♃; Blätt. gefing. od. gelappt; Bltn. in endst., rispig-knäueligen Bltnständen; Stbblätt. 4 . . . . **Alchemilla**

50(10). Bltn. sitzend, in Köpfchen od. Ähren auf langem, blattlosem Schaft **55**

— Bltn. gestielt, nicht in Köpfchen od. Ähren **51**

51. Bltn. zygomorph; Stbblätt. 5 . . . . **Viola pinnata**

— Bltn. radiär od. bilateral; Stbblätt. 6 od. 10 od. mehr . . **52**

52. Bltnhülle 4zählig; Stbblätt. 6; 4 lange u. 2 kurze
Brassicaceae

— Blkr. 5- u. mehrblättrig; K. 3- bzw. 5blättrig od. fehlend; Stbblätt. 10 od. mehr **53**

53. Stbblätt. 10; Frkn. 2, oberw. frei, nur an der Basis verwachsen, von der becherf. Bltnachse ganz od. teilw. umwachsen
Saxifraga

— Stbblätt. zahlr.; Frkn. meist zahlr., frei (apokarp); Gr. sich teilw. verlängernd und fedrig behaart od. hakig gekrümmt
54

54. Blätt. ohne Nebenblätt; K. (sofern vorhanden) ohne Außenk. . . . . **Ranunculaceae**

— Blätt. m. Nebenblätt.; K. m. Außenk.; Blätt. z. T. unterbrochen gefied. . . . . **Rosaceae**

55(50). Bltn. in Ähren; Stbblätt. 4, aus den Bltn. heraushängd.; Blätt. oft m. bogenf. angeordneten Nerven . . . **Plantago**

— Bltn. in Köpfchen, die am Grd. von grünen Hüllblätt. umgeben sind (s. auch Nr. **38**) . . . . **Asteraceae**

56(4). Wasserpfl., die beim Austrocknen der Gewässer auch Landformen bilden können **69**

— Landpfl. **57**

57. Bltn. grünl. **67**

— Bltn. andersfarbig **58**

58. Bltn. in Köpfchen od. Ähren, die meist von einer Hochblatthülle umgeben sind **66**

— Bltn. einzeln od. in andersart. Bltnständen **59**
59. Grüner K. vorhanden **62**
— Grüner K. fehlend **60**
60. Stbblätt. mehr als 10; Frkn. meist zahlr., frei . . . **Clematis**
— Stbblätt. 3 – 5 . . . . **61**
61. Blättchen ganzrandig od. m. wenigen Zähnen; Stbblätt. 3;
Pfl. von eigenart. Geruch . . . . **Valeriana**
— Blättchen dicht gesägt, mittl. Fied. am Grd. oft asymmetrisch, Stbblätt. 5; Blätt. beim Zerreiben stinkend
Sambucus
62(59). Bltn. an blattlosen, rutenf. Zweigen, klein; Blkr. 5spal
tig, m. etwas ungleichen Zipfeln . . . . **Verbena**
— Bltn. anders angeordnet **63**
63. Frkn. schon z. Bltzt. tief 4teilig; Bltn. zygomorph, m. Ober- u.
Unterlippe, erstere selten fehlend *(Teucrium)*; Stbblätt. 2 od.
4; Stg. meist 4kantig . . . . **Lamiaceae**
— Frkn. nicht 4teilig; zuw. aber herzf. ausgerandet . . **64**
64. Bltn. weiß od. grünl., in schirm- od. kegelf. Trugdolden; Blätt.
gefied. . . . . **Sambucus**
— Bltn. rot, blau, violett od. braunviolett, nicht in Trugdolden
65
65. Stbblätt. 5 od. 10; Blkrblätt. frei; Frkn. schnabelart. verläng-
gert . . . . **Geraniaceae**
— Stbblätt. 2 od. 4; Blkrblätt. wenigstens am Grd. verwachsen
Scrophulariaceae
66(58). Stbblätt. 5; Stbbeutel zur Röhre verklebt; K. borstenf.
od. fehlend, nicht m. häutigem Außenk. . . . **Asteraceae**
— Stbblätt. meist 4; Stbbeutel frei; K. borstenf., m. schüsself.,
häutigem Außenk. . . . . **Dipsacaceae**
67(57). Grdblätt. doppelt 3zählig; Bltn. in einem endstdg., fast
würfelf. Köpfchen . . . . **Adoxa**
— Grdblätt. nicht 3zählig, höchstens gebuchtet **68**
68. Blätt. nierenf., gekerbt, etwas behaart, jung nicht mehlig
bestäubt; Bltn. in Trugdolden . . . . . **Chrysosplenium**
— Blätt. buchtig geschweift, kahl, jung mehlig bestäubt; Bltn. in
blattlosen Scheinähren . . . . **Atriplex**
69(56). Blätt. gabelteilig; Bltn. eingschl., einzeln, sitzend,
sich unter Wasser entfaltend . . . . . . **Ceratophyllum**
— Blätt. kammf. gefied. **70**
70. Bltn. gestielt, in etagenf., über das Wasser ragenden Trauben; Blkr. groß, 5zipfelig . . . . **Hottonia**
— Bltn. sitzend, in Ähren; Blkr. klein, 4blättrig, hinfällig
Myriophyllum
71(3). Fied. ganzrandig, wenigstens die der Stgblätt. . . . **80**
— Fied. nicht ganzrandig **72**
72. Bltn. grünl. od. grünl.gelb **78**
— Bltn. andersfarbig **73**
73. Bltn. in 4 – 6bltg. Köpfchen, die ihrerseits zu einer schirmf.
Doldentraube zusammentreten; Blätt. gegenstd., handf. 3 –
7schnittig . . . . **Eupatorium**

— Bltn. nicht in Köpfchen **74**
74. Stbblätt. höchstens 10 . . . . **76**
— Stbblätt. mehr als 10 . . . . **75**
75. Stbblätt. frei; Bltn. meist weiß od. gelb . . . . **Rosaceae**
— Stbblätt. zu einer den Gr. umgebenden Röhre vereinigt; Bltnblätt. 20–35 mm lg., rosa . . . . **Malva**
76(74). Bltn. in zusammengesetzten od. einfachen, von Hochblätt. umgebenen Dolden; Stbblätt. 5, Frkn. unterst.
Apiaceae
— Bltnstände anders gestaltet **77**
77. K. u. Blkr. 4blättrig; Stbblätt. 6, 4 längere u. 2 kürzere
Dentaria
— Blkr. 5blättrig; Stbblätt. 5 od. 10; Frkn. schnabelart. verlängert . . . . **Geranium**
78(72). Bltn. eingschl.; Pfl. zweihäusig, 30–150 cm hoch; Blätt. 5–7(–9)zählig; Fied. schmal, gesägt . . . . . . **Cannabis**
— Bltn. ♂; Pfl. meist niedriger als 30 cm **79**
79. Blkr. fehlend; Stbblätt. 1 od. 4; Außenk. vorhanden . . . **49**
— Blkr. vorhanden, aber kleiner als der K.; Stbblätt. 5; Hochalpenpfl. . . . . **Sibbaldia**
80(71). Bltnlose Sumpfpfl.; Blätt. 4zählig, einem kriechenden Rhizom entspringend, an der Basis mit bohnenf. Sporokarpien . . . . **Marsilea**
— Bltnpfl. (Sumpf- od. Landpfl.) **81**
81. Bltn. zygomorph, schmetterlingsf.; Stbblätt. 10 **Fabaceae**
— Bltn. radiär **82**
82. Stbblätt. 5; Blkrblätt. obersts. bärtig behaart; Blätt. 3zählig, m. ± 10 cm großen Fied.; Sumpfpfl. m. kriechendem Rhizom . . . . **Menyanthes**
— Stbblätt. 10 od. mehr **83**
83. Stbblätt. 10; Blätt. 3zählig, kleeartig; Teilblättchen vorne ausgerandet . . . . **Oxalis**
— Stbblätt. zahlreich; Teilblättchen an der Spitze nicht ausgerandet, nicht kleeartig . . . . **Ranunculus**
84(2). Blätt. gegenst., am Grd. oft becherf. miteinander verwachsen; Stbblätt. 4 . . . . **Dipsacus**
— Blätt. wechselst.; Stbblätt. 5 . . . . **85**
85. Bltn. einzeln . . . . **Solanum**
— Bltn. in Köpfchen **86**
86. Stbblätt. 5, frei . . . . **Eryngium**
— Stbblätt. 5, Stbbeutel verwachsen . . . . . . **Asteraceae**
87(1). Pfl. m. fadenf., einfachen od. verzweigten Ranken od. Blattstielranken **90**
— Pfl. ohne Ranken; Stg. in seiner Gesamtheit windend . . **88**
88. Blätt. gegenst.; Blattspreite 3–5lappig, am Grd. herzf.; Bltn. grünl. . . . . **Humulus**
— Blätt. wechselst., einfach od. gefied. **89**
89. Blätt. 3zählig gefied., jede Fied. gestielt; Bltn. schmetterlingsf. . . . . **Phaseolus**
— Blätt. ungeteilt, gelappt od. gefied., aber Fied. ungestielt; Bltn. radiär, violett . . . . **Solanum**

90(87). Blätt. gelappt; Ranken einfach od. verzweigt; Bltn.
eingschl.; Frkn. unterst. . . . . **Cucurbitaceae**
— Blätt. gefied. **91**
91. Fiederstiele u. Blattrhachis rankend; Stbblätt. zahlr.; Stg.
schwach verholzt . . . . **Clematis**
— Obere Blattfied., seltener das ganze Blatt zu Ranken umgebildet **92**
92. Blätt. einfach gefied.; Stbblätt. 10; Bltn. schmetterlingsf.
Fabaceae
— Blätt. doppelt gefied.; Bltn. klein, mit kurzem Sporn
Corydalis claviculata

Tabelle III
Kräuter u. Stauden mit ungeteilten Blättern

(Spreite am Rand glatt, gekerbt, gesägt od. gezähnt; Spreitengrund zuw. herz-, spieß-,
pfeilf. od. geöhrt)

1. Blätt. grdst., in Rosette (der verlängerte Bltn- od. Infl.sproß
ist entw. völlig blattlos od. m. kleineren Hochblätt. besetzt)
III b   A32
— Blätt. zerstreut od. mehrzeilig am Stg. verteilt (bisw. außer
den grdst. Blätt. nur noch 1 laubiges Stgblatt vorhanden)
od. gegenst. od. quirlst. **2**
2. Blätt. gegenst. od. quirlst. . . . . **III a**   A24
— Blätt. wechselst. (zerstreut od. mehrzeilig) **3**
3. Blätt. ganzrandig . . . . **III c**   A37
— Blätt. am Rand gesägt, gezähnt od. gekerbt . . . . . **III d**   A44

III a. Blätter gegen- od. quirlständig

1. Blätt. gegenst. (nur 2 Blätt. an einem Knoten, in gekreuzt-
gegenst. Anordnung; bei Schatten- od. Kriechformen können die Blätt. der aufeinanderfolgenden Wirtel in einer
Ebene ausgebreitet sein), zuw. nur 1 Blattpaar vorhanden
23
— Blätt. quirlst. (mehr als 2 Blätt. an einem Knoten) od. in
Scheinquirlen **2**
2. Sporenpfl. . . . . **Tabelle I**   A1
— Bltnpfl. **3**
3. Wasser- u. Sumpfpfl. **19**
— Landpfl. **4**
4. Blätt. fleischig u. saftig; Spreite am Rand häufig grob ge-
zähnt; Bltn. m. 10 Stbblätt. u. mehreren freien Frkn.
Sedum
— Blätt. nicht fleischig u. saftig **5**

5. Stg. m. mehreren, etagenf. übereinandersthd. Quirlen od. Scheinquirlen **8**
— Stg. nur m. einem Blattquirl **6**
6. Stg. nur m. 2, fast in der Mitte des Stg. sthden Blätt.; Bltn. in Trauben, stark zygomorph, grünl.-gelb bis rötl.-braun, m. lg., tief 2spaltiger Lippe . . . . **Listera**
— Stg. m. mehr als 2 Blätt. in einem Scheinquirl **7**
7. Blätt. meist zu 4 in einem Scheinquirl, deutl. netznervig; Bltn. einzeln, endst., grünl., 4zählig; Stbblätt. 8; Fr. schwarze Beere . . . . **Paris**
— Blätt. zu 5–12 in einem Scheinquirl, etwas auf ungleicher Höhe sthd.; unterhalb des Blattquirles noch einige kleine, schuppenf. Stgblätt.; Bltn. weiß, m. meist 7 Blkrblätt. u. Stbblätt. . . . . **Trientalis**
8(5). Blätt. pfrieml., kaum 1 mm breit; Bltn. klein, in Dichasien **Spergula**
— Blätt. breiter als 1 mm **9**
9. Bltn. sehr klein, unscheinbar, m. hinfälliger, weißl.grüner Blkr., in dichtbltg. Dichasien; Blätt. meist zu 4; Pfl. vielstengelig, nicht größer als 15 cm . . . . **Polycarpon**
— Bltn. größer, wenigstens 2 mm, nicht weißl.grün; Pfl. meist höher als 15 cm **10**
10. Bltn. gespornt . . . . **Linaria**
— Bltn. nicht gespornt **11**
11. Blattspr. am Rand deutl. gesägt od. gezähnt **16**
— Blattspr. ganzrandig od. undeutl. gezähnt **12**
12. Frkn. 2blättrig, unterst., bei der Reife in 2 kugelige Teilfr. zerfallend; Bltn. 2–6 mm groß, weißl. od. gelb **Rubiaceae**
— Frkn. oberst., nicht in 2 kugelige Teilfr. zerfallend; Bltn. meist > 6 mm **13**
13. Stbblätt. m. dem Frkn. zum Säulchen verwachsen; Stbbeutel auf dem Rücken m. Anhängseln, die insgesamt eine Nebenkrone bilden; Bltn. gelbl.weiß; 2hörnige Balgfr.; Blattspreite am Grd. herzf. . . . . **Vincetoxicum**
— Stbblätt. nicht m. dem Frkn. verwachsen, ohne Nebenkrone . . **14**
14. Bltn. ohne grünen K.; Bltnhülle 6blättrig . . . . **Liliaceae**
— Bltn. m. K. u. Blkr. **15**
15. Bltn. gelb; Stbblätt. 5 . . . . **Lysimachia**
— Bltn. blutrot; Stbblätt. 12; Sumpfpfl. . . . . . . **Lythrum**
16(11). Blkr. blau, verwachsen, 4zipfelig; Stbblätt. 2 **Veronica**
— Blkr. gelb, rötl. od. weiß; Stbblätt. mehr als 2 . . . . . **17**
17. Stbblätt. zahlr.; Bltn. gelb; Frkn. zahlr., frei **Rosaceae**
— Stbblätt. höchstens 10; Bltn. andersfarbig **18**
18. Blkr. 4blättrig; Stbblätt. 8; Frkn. m. der lg. becherf. Bltnachse verwachsen . . . . **Epilobium**
— Blkr. 5blättrig; Stbblätt. 10; Frkn. oberst.; Blätt. derb, ledrig, z. T. wintergrün . . . . **Pyrolaceae**
19(3). Pfl. frei schwimmend, wurzellos; Blätt. rundl.-nierenf., am Spreitengrd. m. 4–6 langen Borsten **Aldrovanda**

— Pfl. im Schlamm festgewurzelt; Blätt. lineal **20**
20. Blätt. ganzrandig; Bltn. sitzend, grünl. **22**
— Blätt. gezähnt od. gesägt; Bltn. lg. gestielt, weiß . . . **21**
21. Blattquirle 2–8zählig; Blätt. gezähnt, stachelspitzig; Internodien 1–3(–6) cm lg. . . . . **Hydrilla**
— Blätt. meist zu 3 in einem Quirl, fein gesägt (Lupe); Internodien 3–7 mm lg.; Pfl. selten blühend . . . . . . **Elodea**
22(20). Wasser- u. Luftblätt. gleich gestaltet, 1–3 mm breit, am ganzen Stg. in 6–12zähligen Quirlen *(284)* . . . **Hippuris**
— Wasserblätt. schmal-lineal (1 mm breit), in 8–12zähligen Quirlen; Luftblätt. breiter, in 3zähligen Quirlen *(285)*
Elatine alsinastrum
23(1). Blütenpfl. **25**
— Sporenpfl.; Blätt. an vegetativen Sprossen in einer Ebene od. in 4 Reihen angeordnet **24**
24. Auf der Oberseite vegetativer Sprosse 4 Blattzeilen sichtbar *(286)* . . . . **Selaginella helvetica**
— Auf der Oberseite vegetativer Sprosse 3 Blattzeilen sichtbar od. Stg. gleichmäßig vierkantig beblätt. . . . **Diphasium**
25(23). Blätt. gekreuzt-gegenst. **28**
— Blätt. in übereinanderstehenden, sich nicht kreuzenden Paaren **26**
26. Landpfl., m. Milchsaft, meist niederlgd. . . . **Euphorbia**
— Wasserpfl. **27**
27. Blätt. eif.-lanzettl., 1,5–3 cm lg., an der Spitze gezähnelt; Bltn. in Ähren über der Wasseroberfläche **Potamogeton**
— Blätt. lineal, am Rand gezähnt, am Grd. scheidig erweitert; Bltn. einzeln, eingeschl., unter Wasser sich entfaltend
Najas
28(25). Blattspr. (fast) ganzrandig **44**
— Blattspr. am Rand gezähnt od. gekerbt **29**
29. Bltn. in zusammengezogenen, von gelben Hochblätt. umgebenen Trugdolden, grünl.gelb; Stg. 3–4kantig, zerbrechl.; Pfl. nicht höher als 10 cm . . . . . . **Chrysosplenium**
— Bltn. anders angeordnet **30**
30. Stg. niederlgd., häufig wurzelnd od. nur die blühenden Triebe aufrecht **43**
— Alle Stg. aufrecht od. aus niederlgd. Basis aufrecht-aufstgd.; Pfl. zuw. m. Ausläufern an der Basis der aufrechten Bltntriebe **31**
31. Bltn. grünl. **41**
— Bltn. nicht grünl. **32**
32. Blkr. m. langem, fadenf. Sporn . . . . . . **Centranthus**
— Blkr. ohne Sporn, am Grd. aber zuw. ausgesackt . . . **33**
33. Blkr. 2lippig od. rachenf.; Stbblätt. 4 od. 2 . . . . . . **39**
— Blkr. weder lippig noch rachenf. **34**
34. Bltn. sitzend, in meist von Hüllblätt. umgebenen Ähren od. Köpfchen; Stbblätt. 4 od. 5 . . . . **40**
— Bltn. anders angeordnet **35**
35. Blkr. 2blättrig, weiß od. rötl.; Stbblätt. 2 . . . . . **Circaea**
— Blkr. mehr als 2blättrig od. 2zipfelig **36**

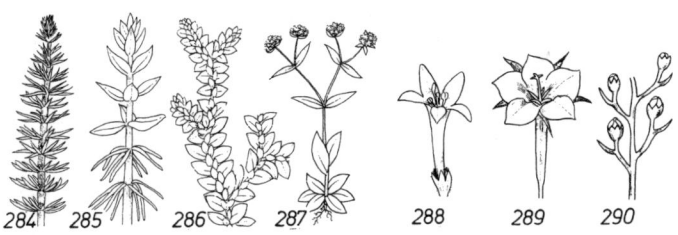

284 285 286 287 288 289 290

36. Blkrblätt. miteinander verwachsen; Stbblätt. 2−4 . . . **38**
— Blkrblätt. frei; Stbblätt. 8 bis viele **37**
37. Bltn. gelb, 8- u. mehrblättrig; Frkn. oberst. **Ranunculus**
— Bltn. rötl.; Blkr. 4blättrig; Frkn. unterst. . . . . **Epilobium**
38(36). Stbblätt. 3 od. nur 1 Frkn.; K. wenig entwickelt
Valeriana
— Stbblätt. 4 od. 2; K. deutlich ausgebildet **39**
39(38, 43 u. 33). Frkn. tief 4teilig . . . . **Lamiaceae**
— Frkn. ungeteilt, zuw. herzf. ausgerandet
Scrophulariaceae
40(34). Stbblätt. 4, m. freien Stbbeuteln; unterhalb des borstenf.
K. ein schüssel., häutiger Außenk.; Bltn. in Köpfchen od.
Ähren . . . . **Dipsacaceae**
— Stbblätt. 5; Stbbeutel zu einer Röhre verklebt; K. zur Haar-
krone auswachsend od. fehlend . . . . **Asteraceae**
41(31). Pfl. mehlig bestäubt; Fr. m. 2klappiger, von den Vor-
blätt. gebildeter Frhülle . . . . **Atriplex**
— Pfl. nicht mehlig bestäubt; Bltn. eingschl., 1- od. 2häusig **42**
42. Stg. u. Blätt. m. Brennhaaren; Spreite am Rand grob gesägt
Urtica
— Pfl. ohne Brennhaare; Rand der Blattspr. nur m. seichten
Einschnitten . . . . **Mercurialis**
43(30). Stg. dünn, schwach verholzt; Bltn. zu 2, lg. gestielt,
glockenf., rosa . . . . **Linnaea**
— Stg. krautig; Bltn. anders geordnet **39**
44(28). Stg. aufrecht od. aufsteigend, zuw. m. niederlgd. Ausläufern; Pfl. zuw. dichte Rasen od. Polster bildend . . **68**
— Stg. niederlgd., kriechend, häufig wurzelnd, z.T. rhizomart.
od. nur an der Spitze aufgerichtet **45**
45. Bltn. rein gelb, zuw. am Grd. mit schwarzem Fleck, seltener
weiß **63**
— Bltn. nicht gelb **46**
46. Stg. kriechend, wurzelnd, m. 2 nierenf., gestielten, meist immergrünen Laubblätt.; Pfl. zerrieben nach Pfeffer riechend . . . . **Asarum**
— Stg. m. mehr als 2 Laubblätt., diese kurz gestielt od. sitzend; Pfl. zerrieben nicht nach Pfeffer riechend **47**
47. Blkr. u. K. 2lippig, hellrot; Stbblätt. 4; Frkn. 4teilig **Thymus**
— Blkr. nicht 2lippig **48**

48. Stg. an der Basis schwach verholzt **61**
— Stg. in allen Teilen krautig **49**
49. Blätt. od. Stg. behaart bzw. klebrig **58**
— Blätt. u. Stg. kahl **50**
50. Bltn. einzeln, endst. od. zu mehreren in den Blattachseln
Caryophyllaceae
— Bltn. einzeln in den Blattachseln **51**
51. Blätt. etwa 1 mm breit **109**
— Blätt. mindestens 2 mm breit (u. breiter) **52**
52. Kräftigere Land- u. Sumpfpfl. **54**
— Zarte Wasser- u. Sumpfpfl. **53**
53. Bltn. eingschl., m. 1 Stbblatt od. einem 4kantigen, oft von
2 sichelf. Vorblätt. umgebenen Frkn. . . . . . **Callitriche**
— Bltn. ♀, ohne sichelf. Vorblätt., 3- od. 4zählig, weiß od. rosa,
hinfällig; Stg. glasig durchscheinend . . . . . . **Elatine**
54(52). Blätt. an der Spitze stumpf; K. 12zähnig (6 große u.
6 kleine Zähne); Stg. meist rötl. . . . . **Peplis**
— Blätt. zugespitzt; K. nicht 12zähnig od. fehlend **55**
55. Bltnhülle doppelt **57**
— Bltnhülle einfach **56**
56. Bltnhülle rosa; Stg. dicht m. fleischigen Blätt. besetzt; salzliebende Pfl. . . . . **Glaux**
— Bltnhülle grünl.-gelb; Stg. oft purpurrot; Wasser- u.
Sumpfpfl. . . . . **Ludwigia**
57(55). Blkr. verwachsen, entw. ungleich 4zipfelig od. 2lippig,
zuw. gespornt; Stbblätt. 4 od. 2 . . . . **Scrophulariaceae**
— Blkr. m. 5 gleichen Zipfeln, rot od. blau; Stbblätt. 5
Anagallis
58(49). Blätt. klein, rundl., dicht geschindelt; lockerrasige od.
dicht polsterf. Alpenpfl. . . . . **Saxifraga**
— Blätt. nicht rundl. **59**
59. Bltn. grün, weiß od. rötl. . . . . **Caryophyllaceae**
— Bltn. blau **60**
60. Frkn. tief 4teilig . . . . **Boraginaceae**
— Frkn. ungeteilt, höchstens an der Spitze etwas ausgerandet
Scrophulariaceae
61(48). Bltn. blau, groß, an aufrechten Trieben . . . . . **Vinca**
— Bltn. nicht blau **62**
62. Pfl. mehlig bestäubt, 30–80 cm hoch, salzliebend; Bltn.
klein, in lockerährigen Knäueln; Blätt. mindestens 2 cm
breit . . . . **Halimione**
— Pfl. nicht mehlig bestäubt, niedriger; Blätt. schmäler
Caryophyllaceae
63(45). Stbblätt. 4 . . . . **Mimulus**
— Stbblätt. 5 od. mehr **64**
64. Stbblätt. 5 . . . . **Lysimachia**
— Stbblätt. mehr als 5 . . . . **65**
65(64 u. 98). K. 2spaltig; Blätt. fleischig; Stg. oft rot überlaufen
Portulaca
— K. nicht 2spaltig **66**

66. Kblätt. gleich groß; Stbblätt. zu 3 od. 5 Bündeln vereinigt; Blätt. durchscheinend punktiert . . . . **Hypericum**
— Kblätt. ungleich groß (3 große u. 2 kleine) **67**
67. Pfl. ♃; Stg. am Grd. schwach verholzt; Blätt. am Stggrd. nicht rosettig gehäuft, lineal-lanzettl. bis eif., schwach behaart bis weißfilzig, die ob. meist wechselst.; Bltn. gelb od. weiß, in Wickeln . . . . **Helianthemum**
— Pfl. ⊙; Blätt. breit-oval, m. 3 Längsnerven, am Stggrd. rosettig gehäuft, die ob. wechselst.; Blkrblätt. zitronengelb, am Grd. m. od. ohne schwarzen Fleck . . . . . **Tuberaria**
68(44). Kleine, bis 15 cm hohe, z.T. polsterbildende Pfl. der Alp. **102**
— Pfl. meist höher als 15 cm, wenn kleiner, dann nicht in den Alp. vorkommend **69**
69. Pfl. m. weißem Milchsaft, aufrecht, bis 1 m hoch; Blätt. deutl. in 4 Reihen od. Pfl. niederlgd., m. purpurfarbigen Blätt. . . . . **Euphorbia**
— Pfl. ohne Milchsaft **70**
70. Unterhalb der traubig-rispigen Infl. 2 grüne tellerart. verwachsene Hochblätt. . . . . **Claytonia**
— Unterhalb der Bltn. ohne tellerart. Hochblätt. **71**
71. Unterhalb der kopfig-trugdoldigen Infl. 4 weiße bis rötl. getönte Hochblätt. . . . . **Cornus**
— Unterhalb der Bltn. nicht m. 4 weißen Hochblätt. . . . **72**
72. Pfl. mehlig bestäubt; Bltn. klein, grünl., in geknäuelten Ähren . . . . **Halimione**
— Pfl. nicht mehlig bestäubt **73**
73. Bltn. in Köpfchen, die randl. zungenf., die zentralen röhrenf. . . . . **Asteraceae**
— Bltn. eines Bltnstands alle gleich gestaltet **74**
74. K. 12zähnig . . . . **Lythraceae**
— K. nicht 12zähnig, zuw. fehlend **75**
75. Bltn. in dichten, rundl. od. längl. Köpfchen od. Ähren; Stbblätt. 4, weit aus der Blüte herausragend **100**
— Bltn. nicht in Köpfchen od. Ähren, zuw. aber in dichten od. lockeren Scheinquirlen in Achseln von Laubblätt. od. schalenf. Hochblätt. **76**
76. Blkr. rein gelb od. blaßgelb u. am Grd. dk.violett punktiert **94**
— Bltn. andersfarbig **77**
77. Bltn. sehr klein (1 mm), bläul.weiß; Stbblätt. 3; Stg. gabelig verzweigt *(287)* . . . . **Valerianella**
— Bltn. größer als 1 mm **78**
78. Blätt. etwa 1 mm breit; Bltn. grünl. od. weiß . . . . **Caryophyllaceae**
— Blätt. breiter als 1 mm **79**
79. Pfl. nur m. 1 Paar großer, elliptisch-eif. od. kleinerer, herzf.-dreieckiger Blätt.; Bltn. grünl., m. tief gespaltener Lippe; die inneren Bltnhüllblätt. u. die Lippe zuw. rötlich . . **Listera**
— Stg. stets m. mehr als 1 Paar von Blätt. **80**

80. Unterhalb der weißen, 2 mm lg. Blüte aus 2 freien Blätt. bestehende, kelchähnl. Hochblatthülle; Pfl. zart, an sehr nassen Standorten . . . . **Montia**
— Pfl. ohne 2spaltige Hochblatthülle 81
81. Blkr. getrenntblättrig 90
— Blkr. verwachsenblättrig, aber zuw. tief gespalten . . . 82
82. Stbblätt. 4 . . . . **Lamiaceae**
— Stbblätt. 1, 2 od. 5 83
83. Stbblätt. 5 85
— Stbblätt. 1 od. 2; Blkrzipfel etwas ungleich groß; Blkr. zuw. gespornt 84
84. Stbblätt. 1; Blkr. rötl. od. weiß, m. fadenf. Sporn
Centranthus
— Stbblätt. 2; Blkr. ohne Sporn; Blkrzipfel häufig von ungleicher Größe, blau, rötlich od. weiß . . . . . . **Veronica**
85(83). Stbblätt. m. Frkn. verwachsen; Stbbeutel m. Anhängseln, die insgesamt eine Nebenkr. bilden; Bltn. cremeweiß od. rötl. . . . . **Asclepiadaceae**
— Stbblätt. nicht m. Frkn. verwachsen; Stbbeutel ohne Anhängsel 86
86. Frkn. 4teilig; Bltn. blau . . . . **Omphalodes**
— Frkn. nicht 4teilig 87
87. Bltn. weiß, nickend; Fr. vom aufgeblasenen, orangeroten K. umhüllt; Blätt. lg. gestielt . . . . **Physalis**
— Bltn. selten weiß, dann aber Blätt. sitzend 88
88. Blkr. lg. röhrig; Zipfel zuw. am Rand bewimpert (Bltn. blau) od. Blkr. im Schlund bärtig (Bltn. rötl.violett, selten weiß), 4–5zipfelig; Gr. nicht scharf vom Frkn. abgesetzt (*Gentiana*) od. Gr. scharf vom Frkn. abgesetzt (*Centaurium*) od. Narbe beidersts. am Frkn. herablaufend (*Lomatogonium*)
Gentianaceae
— Blkr. fast bis zum Grd. geteilt 89
89. Grdblätt. gestielt; Bltn. graublau, selten weiß, dunkler punktiert . . . . **Swertia**
— Alle Blätt. sitzend; Stbfäden zottig; Bltn. blau, rot od. rosa; Stg. niederlgd. bis aufgstgd. . . . . **Primulaceae**
90(81). Frkn. unterst., stielf.; Bltn. rot, 4blättrig; Stbblätt. 8; ob. Stgblätt. wechselst. . . . . **Epilobium**
— Frkn. oberst. od. Bltn. nur m. Stbblätt.; Blkr. 5blättrig   91
91. In jeder Blüte nur 1 Frkn. od. nur Stbblätt. 93
— In jeder Blüte mehrere freie Frkn. 92
92. Blätt. fleischig . . . . **Sedum**
— Blätt. nicht fleischig . . . . **Clematis**
93(91). Stbblätt. 5, am Grd. verwachsen; Blkrblätt. weiß, am Grd. gelb; Stg. dünn, gabelästig . . **Linum catharticum**
— Stbblätt. 10, bis zum Grd. getrennt od. fehlend; Blkrblätt. zuw. tief eingeschnitten u. Blkr. häufig im Schlund m. Auswüchsen (Paracorolle) . . . . **Caryophyllaceae**
94(76). Nebenblätt. laubblattart.; Spreite zu einfacher Ranke umgebildet (die Laubblätt., d.h. die Ranken, stehen in Wirklichkeit in 2 Zeilen, ihre großen Nebenblätt. deshalb in

2zähligen, übereinandersthd. Wirteln); Stg. 4kantig
Lathyrus aphaca
— Pfl. ohne Ranken **95**
95. Bltn. röhrig, m. 2lippigem Saum, in den Achseln oft lebhaft
gefärbter Hochblätt.; Stbblätt. 4 . . . . . **Melampyrum**
— Bltn. nicht lippig (alle Zipfel gleich gestaltet) **96**
96. Bltn. 2–6 mm breit, 4zählig; Stg. fädig-dünn, 3–12 cm
hoch . . . . **Cicendia**
— Bltn. größer; Stbblätt. mindestens 5 . . . . **97**
97. K. meist 8spaltig; Stbblätt. 6–8; Bltn. gelb, in Doldentrauben . . . . **Blackstonia**
— K. nicht 8spaltig; Stbblätt. 5–6 od. 12 bis viele . . . **98**
98. Stbblätt. 12 bis viele **65**
— Stbblätt. 5–6 . . . . **99**
99. K. 2teilig, einseitig aufgeschlitzt; Blkr. röhrig, purpurn, innen gelbl. od. Blkr. fast bis zum Grd. 5–6teilig; Bltn. dann
zahlr., in den Achseln schalenf. Hochblätt.; wenn K.
5–7zähnig, dann Blkr. gelbl.grün u. dk.violett punktiert
Gentiana
— K. 5–6teilig; Bltn. reingelb . . . . **Lysimachia**
100(75). Blätt. lineal, bis 2 mm breit; Blkr. gelbl., in Ähren
Psyllium
— Blätt. breiter als 2 mm; Blkr. blau, weiß od. rosa . . . **101**
101. Blkr. weiß od. rosa; Pfl. aromatisch duftend . . **Majorana**
— Blkr. blau; Pfl. nicht auffallend aromatisch . . . **Succisa**
102(68). Blkr. vorhanden; Bltnhülle doppelt od. K. z. Bltzt. kaum
entwickelt, z. Frzt. zu behaarten Strahlen auswachsend
104
— Blkr. fehlend; Bltnhülle einfach **103**
103. Pfl. von dicht polsterf. Wuchs; Blätt. dicht geschindelt;
Bltn. einzeln, sitzend; Stbblätt. 8–10 . . . . . **Minuartia**
— Pfl. nicht polsterf.; Stg. locker beblätt.; Bltn. gelbl., weißl.
od. lilafarbig, in gestielten, ± dichten Doldentrauben, die
an der Basis von Hüllblätt. umgeben sind **Valeriana**
104(102). Blkr. lg. röhrig, ihre Zipfel tellerf. ausgebreitet u. häufig gedreht, leuchtend blau, blaßblau, seltener weiß
Gentiana
— Blkr. m. kurzer Röhre, sehr tief eingeschnitten **105**
105. Bltn. bis 3 mm im Dm, m. 5 weißen Blkrblätt. . . **Montia**
— Blkr. anders **106**
106. Blkrblätt. am Grd. verwachsen **108**
— Blkrblätt. bis zum Grd. frei; **107**
107. Stg. dünn, gabelig verzweigt; Blkrblätt. 4, weiß **Radiola**
— Pfl. lockere Rasen od. kompakte Polster bildend; Blkrblätt.
5, rot, lila od. purpurn . . . . **Saxifraga**
108(106). Pfl. steif aufrecht, ästig; Bltn. blaßblau od. weiß; Al-
penpfl. . . . . **Lomatogonium**
— Pfl. niederlgd. od. aufstgd.; Bltn. rot, rosa od. dkblau
Anagallis
109(51). Jede Blüte m. 3–4 Frkn. u. 3–4 Blkrblätt. **Crassula**
— Jede Blüte m. nur 1 Frkn. u. 4–5 Blkrblätt.
Caryophyllaceae

IIIb. Blätter in grundständiger Rosette

(Blüten od. Infloreszenzsproß völlig blattlos od. nur 1 od. mehrere kleine Hochblätter tragend)

1. Blattrosetten stets m. Bltn., Infl. od. Sporen **3**
— Blattrosetten meist erst nach der Bltzt. (Frühjahr) od. erst im nächsten Frühjahr erscheinend **2**
2. Blattrosetten erst im nächsten Frühjahr erscheinend; Spreite breitlanzettl., die aufgeblasenen Kapseln umhüllend; Bltn. im Herbst; Perigonblätt. 6, lila; Stbblätt. 6; Pfl. mit unterirdischer Knolle . . . . **Colchicum**
— Blattrosetten noch im Frühsommer des gleichen Jahres erscheinend; Blattspr. z. T. sehr groß, am Rand gebuchtet-gezähnt, z. T., v. a. untersts., wollig behaart bis weißfilzig; Inflstg. entweder 1köpfig m. goldgelben Zungenbltn. *(Tussilago)* od. vielköpfig m. rötl. od. weißl. Röhrenbltn. *(Petasites)* . . . . **Asteraceae**
3(1). Außer den lg. gestielten Rosettenblätt. nur noch in der Mitte des Bltnstg. 1 herzf., sitzendes Blatt; Bltn. einzeln; Blkrblätt. weiß, grün genervt; Stbblätt. 5, abwechselnd m. 5 handf. geteilten Staminodien, die in gelben Köpfchen enden . . . . **Parnassia**
— Pfl. u. Bltn. anders gestaltet **4**
4. Blattspr. am Rand m. lg. gestielten, roten, klebrigen Drüsenhaaren; Bltn. weiß, in Wickeln . . . . **Drosera**
— Blattspr. am Rand nicht m. Drüsenhaaren **5**
5. Land-, Wasser- u. Sumpfpfl., deren Stg. u. Blätt. zum größten Teil aus dem Wasser herausragen od. Wasserpfl., die auf der Wasseroberfläche schwimmen **11**
— Vollständig untergetaucht lebende, im Boden wurzelnde u. nur m. den Bltn. (wenn vorhanden) über die Wasseroberfläche tretende Wasserpfl. od. submerse Sporenpfl. **6**
6. Blätt. lineal-pfrieml., zugespitzt, binsenf. **9**
— Blätt. lineal od. bandf., grasart., nicht binsenf. **7**
7. Bltn. eingschl. u. 2häusig, die ♂ in kurz gestielten Knäueln, die ♀ einzeln, auf lg., dünnem, spiralig gewundenem Stiel; Blätt. bandart., flutend . . . . **Vallisneria**
— Bltn. ♂ **8**
8. Blätt. lineal, in submerser Rosette; Bltnstand 5–10bltg., über die Wasseroberfläche ragende Traube; Bltn. weiß m. bläul. Röhre; Süßwasserpfl. . . . . **Lobelia**
— Blätt. grasart., einem Rhizom ansitzend; Bltn. 2reihig auf einer Seite einer flach gedrückten, vor der Bltzt. von einer Spatha umgebenen Achse angeordnet; Salzwasserpfl., z. T. unterseeische Wiesen bildend . . . . **Zostera**
9(6). Pfl. m. rosettenbildenden Ausläufern, submers, selten blühend; sonst Bltn. eingschl., die ♂ lg. gestielt, einzeln, an ihrem Grd. 2–3 sitzende ♀ Bltn.; Blätt. bis 12 cm lg., linealzylindrisch, am Grd. scheidig . . . . **Littorella**
— Pfl. ohne Ausläufer **10**

10. Sporenpfl; Blätt. einem kurz-knollenf., an der Basis häufig gelappten Stamm entspringend; auf der Oberseite des verbreiterten Blattgrd. in Grube eingesenkte u. von Häutchen überdeckte Mikro- u. Makrosporangien . . . . . **Isoëtes**
— Bltnpfl.; Bltn. meist vorhanden, klein, in lockeren Trauben
  Subularia
11(5). Land-, Wasser- od. Sumpfpfl., deren Stg. u. Blätt. größtenteils aus dem Wasser ragen **17**
— Auf der Wasseroberfläche od. flach unter dem Wasser schwimmende Pfl. (zumindest die Blätt. als Schwimmblätt. ausgebildet **12**
12. Pfl. nicht in Stg. u. Blätt. geglied., aus 1–15 mm großen, linsenf. od. lanzettl., auseinandersprossenden, zuw. gestielten, wurzellosen od. wurzelnden Gliedern bestehend; Bltn. selten vorhanden; Pfl. oft in geschlossenen Decken die Oberfläche nährstoffreicher, sthd. Tümpel bedeckend
  Lemnaceae
— Pfl. deutl. in Stg. u. Blätt. geglied., diese > 15 mm; Bltn. meist vorhanden **13**
13. Blattspr. rautenf., am Rand gezähnt, m. blasig aufgetriebenem Stiel, zahlr. in großer Schwimmblattrosette; Bltn. einzeln, achselst.; die 4 Kblätt. sich nach der Blüte zu hakigen Dornen umbildend . . . . **Trapa**
— Blätt. anders gestaltet; Fr. nicht m. hakigen Dornen **14**
14. Blattspr. lanzettl., am Rand stachelig gezähnt; Blätt. zahlr. in großer, trichterf., z. Bltzt. halb aus dem Wasser ragender Rosette; Bltn. weiß, eingschl., m. derber, bleibender Spatha
  Stratiotes
— Blattspr. kreisf., am Grd. m. tiefem Einschnitt, ganzrandig, der Wasseroberfläche auflgd. **15**
15. Bltn. eingschl. u. 2häusig; die ♂ Bltnstände gestielt, die ♀ sitzend; Blätt. etwa 5 cm groß, am Grd. mit 2 großen Nebenblätt. . . . . **Hydrocharis**
— Bltn. ☿; Schwimmblätt. am Grd. ohne Nebenblätt. . . **16**
16. Blkrblätt. frei, weiß od. gelb; Blattspr. meist länger als 10 cm . . . . **Nymphaeaceae**
— Blkrblätt. am Grd. verwachsen, goldgelb; Blattspr. höchstens 8 cm lg. . . . . **Nymphoides**
17(11). Sporenpfl.; Blätt. breit-zungenf., am Ende der kriechenden od. kurz aufrechten Sproßachse gehäuft, untersts. meist mit strichf. Sporangienhäufchen . . . . . **Phyllitis**
— Bltnpfl. **18**
18. Bltn. nicht in walzenf. Kolben, die am Grd. von auffälligen Hochblätt. umgeben sind **22**
— Bltn. in walzenf., am Grd. z.T. von 1 auffälligen Hochblatt umgebenem Kolben m. fleischiger Achse **19**
19. Kolben grün bis schwarzbraun, meist zu 2 übereinander; der ob. m. ♂, der unt. m. ♀ Bltn. . . . . **Typha**
— Kolben stets einzeln; Kolbenende zuw. ohne Bltn. . . **20**

20. Kolben scheinbar seitenst., m. ♂ Bltn.; Spatha blattart.; ganze Pfl. aromatisch riechend . . . . **Acorus**
— Kolben endst. **21**
21. Hochblatt weiß, ausgebreitet, den bis zur Spitze mit Bltn. besetzten Kolben nicht umschließend; Blätt. rundl.-herzf.; Sumpfpfl. . . . . **Calla**
— Hochblatt grünl., an der Basis tütenf. eingerollt; Kolbenende nackt, violett od. braun; Blätt. pfeilf.; Waldpfl. . **Arum**
22(18). Bltn. nicht in dichten Ähren od. Köpfchen **28**
— Bltn. in kurzen od. verlängerten, dichten Ähren, Köpfchen od. einseitswendigen Rispen **23**
23. Bltn. 4zählig, in kugeligen bis zylindrischen Ähren; Stbblätt. 4, m. lg. herausragenden Filamenten; Blätt. oft bogennervig . . . . **Plantago**
— Bltn. 5zählig, in Köpfchen od. einseitswendigen Rispen **24**
24. Stbbeutel miteinander zur den Gr. umgebenden Röhre vereinigt; K. fehlend od. zu teilw. fedrig behaarten Borsten auswachsend; Bltn. zungenf., röhrig od. beide in einem von einer Hülle umgebenden Köpfchen; Pfl. häufig mit Milchsaft **Asteraceae**
— Stbbeutel frei, nicht miteinander vereinigt **25**
25. Bltn. zygomorph; Blkr. tief 5spaltig, fast 2lippig, blau; Stbblätt. 4, paarweise ungleich lg.; Blätt. ledrig; Kblätt. krautig . . . . **Globularia**
— Bltn. radiär, 4–5zählig od. 3zipfelig u. dann nickend; Blkr. nicht 2lippig **26**
26. Kblätt. trockenhäutig; Bltnstände ährig, kopfig od. rispig **Plumbaginaceae**
— Kblätt. krautig **27**
27. Bltnhülle einfach, m. 3 dk.braunen bis dk.purpurnen Zipfeln; Blätt. nur 2, lg. gestielt, m. nierenf. Spreite; Rhizompfl., zerrieben nach Pfeffer riechend . . . . **Asarum**
— Bltnhülle doppelt; Blkr. glocken-, trichter- od. tellerf. m. ausgebreiteten Zipfeln, meist blau; der ± verlängerte Bltnstg. m. 1–2 Paaren kleinerer Stgblätt.; Blätt. gegenst., zu mehreren in grdst. Rosette; Pfl. zerrieben nicht nach Pfeffer riechend . . . . **Gentiana**
28(22). Pfl. meist > 10 cm, wenn kleiner, dann vorwgd. in Alp., jedoch nicht an Ufern von Seen u. Tümpeln wachsend **31**
— Pfl. meist < 10 cm, an sandigen Ufern von Seen u. Tümpeln wachsend **29**
29. Bltn. ♂, klein, weiß od. blaßlila, von den lg.gestielten Blätt. weit überragt . . . . **Limosella**
— Pfl. von anderem Habitus; Bltn. ♂ od. eingschl. . . . **30**
30. Bltn. ♂ . . . . **Brassicaceae**
— Bltn. eingschl.; die ♂ Bltn. lg. gestielt, einzeln, m. 4 weit heraushängenden Stbblätt; ♀ Bltn. zu 2–3 am Grd. des Stiels der Blüte sitzend; Blätt. pfrieml.-lineal; Pfl. ausläufertreibend . . . . **Littorella**

31(28). Bltnhülle in grünen K. u. andersfarbige Blkr. geglied.
42

— Bltnhülle nicht in grünen K. u. andersfarbige Blkr. geglied.
32

32. Bltn. zygomorph; Bltnhülle 6blättrig, das meist nach unten weisende Bltnblatt häufig abweichend gestaltet u. oft gespornt; Frkn. stielart. verlängert u. oft gedreht
Orchidaceae

— Bltn. radiär **33**

33. Bltn. > 4 mm, häufig auffällig gefärbt **39**

— Bltn. unscheinbar, meist < 4 mm **34**

34. Blätt. häufig 3zeilig; Blattscheide meist geschlossen; Infl.- Stg. selten knotig geglied.; Bltn. $\female$ od. eingschl., in den Achseln trockenhäutiger Tragblätt.; diese in 1- bis mehrbltg. Ährchen, die zu Ähren, Köpfchen od. Spirren zusammentreten; Bltnhülle fehlend od. in Form von Borsten od. Haaren; Stbblätt. 3; Frkn. 1, oberst.; Pfl. meist feuchter Standorte . . . . **Cyperaceae**

— Blätt. nicht 3zeilig; Bltn. selten eingschl. **35**

35. Blätt. 2zeilig; Blattspreite flach ausgebreitet od. gefaltet; ihre Scheiden meist offen; an der Grenze von Scheide zu Spreite ein Häutchen (Ligula) od. Borstenkranz; Stg. meist knotig geglied.; Bltn. meist $\female$, von Spelzen umgeben, in 1- bis mehrbltg. Ährchen; diese in Ähren, Rispen od. Ährenrispen angeordnet . . . . **Poaceae**

— Blätt. nicht 2zeilig; Bltn. nicht von Spelzen umgeben **36**

36. Bltn. in einfachen od. zusammengesetzten Dolden; Döldchen häufig kelchart. von Hochblätt. umgeben; Blätt. zuw. grasart. . . . . *(Bupleurum)* **Apiaceae**

— Bltn. in Trauben od. Rispen **37**

37. Blätt. schwertf., reitend (wie bei *Iris*); Bltn. in kurzen Trauben . . . . **Tofieldia**

— Blätt. nicht schwertf. **38**

38. Blätt. schmallineal . . . . **Triglochin**

— Blätt. nierenf. . . . . **Oxyria**

39(33). Frkn. meist 6, frei, nicht miteinander verwachsen; Stbblätt. 9; Bltnhüllblätt. 6, rötl. weiß, dunkler geadert; Sumpfpfl. . . . . **Butomus**

— Frkn. 1, aber aus mehreren verwachsenen Frblätt. bestehend, Stbblätt. 6 od. 3 . . . . **40**

40. Stbblätt. 3; Frkn. unterst.; Griffeläste häufig verbreitert u. blumenartig . . . . **Iridaceae**

— Stbblätt. 6 . . . . **41**

41. Frkn. oberst. . . . . **Liliaceae**

— Frkn. unterst. . . . . **Amaryllidaceae**

42(31). Blkr. gespornt **53**

— Blkr. nicht gespornt **43**

43. In jeder Blüte 1 Frkn. **48**

— In jeder Blüte mehrere, freie Frkn. **44**

44. Bltn. weiß od. rötl.; K. u. Blkr. 3blättrig; Stbblätt. 6 od. mehr; Frkn. 6 . . . . **Alismataceae**

— Bltn. blau, gelb od. andersfarbig **45**

45. Bltn. blau (selten weiß), m. 3blättrigem, grünem K.; Blätt. 3lappig, immergrün . . . . **Hepatica nobilis**

— Bltn. gelb od. andersfarbig, m. od. ohne petaloide Nektarblätt. **46**

46. Bltn. gelb, mit petaloiden Nektarblätt.; die Bltnachse sich postfloral mäuseschwanzart. verlängernd; Blätt. schmallineal . . . . **Myosurus**

— Bltn. rot od. weiß, wenn gelbl.grün, dann Blkrblätt. nicht als Nektarblätt. ausgebildet **47**

47. Blätt. dickfleischig, in dichten Rosetten; Inflstg. beblättert; Bltn. 5- u. mehrblättrig; Stbblätt. so viele od. doppelt so viele wie Blkrblätt. (od. mehr); Frkn. meist mehrere, frei od. nur am Grd. verwachsen . . . . **Crassulaceae**

— Blätt. nicht dickfleischig, einfach (z.T. nadelf.) od. gestielt, am Rand zuw. m. Kalkdrüsen; Frkn. 2, z.T. m. der becherf. Bltnachse verwachsen; Stbblätt. 5; Inflstg. blattlos od. m. wenigen Hochblätt.; Verbr. vorwgd. Alp. . . . . **Saxifraga**

48(43). Blkrblätt. 4, am Grd. zu kurzer Röhre verwachsen od. frei, ohne Schlundhappen **50**

— Blkrblätt. 5; wenn 4, dann m. Schlundschuppen . . . **49**

49. Gr. m. 2spaltiger Narbe (auseinanderbiegen!), wenn Narbe kopfig erscheint, dann Blkr. intensiv blau; Stbblätt. zw. den Blkrzipfeln sthd. . . . . **Gentianaceae**

— Gr. m. kopfiger Narbe; Stbblätt. 5, vor den Blkrzipfeln sthd. **Primulaceae**

50(48). Wasserpfl.; Blätt. in großer Schwimmblattrosette, mit rautenf. Spreite u. blasig aufgetriebenem Stiel; Bltn. einzeln, achselst.; Stbblätt. 4; Kblätt. sich nach der Blüte zu Dornen umbildend . . . . **Trapa**

— Landpfl.; Stbblätt. 2, 6 od. 10 . . . . **51**

51. Stbblätt. 2; Bltn. blau, schwach zygomorph; bis 10 cm hohe Hochalp.Pfl. . . . . **Veronica aphylla**

— Stbblätt. 6 od. 10 . . . . **52**

52. Stbblätt. 6 (4 lange u. 2 kurze) . . . . . . **Brassicaceae**

— Stbblätt. 10; Bltn. nickend; Blätt. ledrig u. wintergrün **Pyrola**

53(42). Blätt. nicht drüsig-klebrig, m. Nebenblätt. . . . **Viola**

— Blätt. gelbl.grün, obersts. drüsig-klebrig, ohne Nebenblätt. **Pinguicula**

IIIc. Blätter wechselständig; Blattspreite ganzrandig

(Blätt. spiralig [zerstreut] od. 2zeilig am Stengel verteilt[1], selten 3zeilig, zuw. nur 1 Stengelblatt am Blütenstengel vorhanden; Blattspreite zuw. stielrund)

1. Pfl. od. Bltnstg. stets mit 2 u. mehr Blätt. **3**
— Pfl. od. Bltnstg. nur mit 1 Blatt **2**
2. Sporenpfl. mit einfacher, verlängerter, gestielter Sporangienähre . . . . **Ophioglossum**
— Bltnpfl.; unterhalb der lg. gestielten weißen Blüte nur 1 sitzendes, herzf. Blatt; Grdblätt. lg. gestielt; fertile Stbblätt. 5, abwechselnd m. 5 gelbgrünen, fingerf. verzweigten, in gelbgrünen Köpfchen endenden Nektarblätt; feuchte Orte
Parnassia
3(1). Blätt. m. flächiger Spreite, zuw. mit ± langem, scheidigem od. röhrigem, oft stgumfassendem Blattgrd. **9**
— Blätt. stielrund, stgähnl., oft röhrig-hohl **4**
4. Sporenpfl.; Blätt. in der Jugend an der Spitze spiralig eingerollt, am Grd. m. erbsengroßen Sporokarpien; Sumpfpfl.
Pilularia
— Pfl. m. Bltn., diese aber oft klein u. unscheinbar **5**
5. Bltn. in kugeligen, anfangs von einem Hüllblatt eingeschlossenen Trugdolden; Blätt. röhrig-hohl, stiel- od. halbstielrund, untersts. zuw. scharf gekielt u. mit allsts. geschlossenem Blattgrd.; Pfl. selten m. Rhizomen, meist m. Schalenzwiebeln; Brutzwiebeln zuw. auch in den Bltnständen . . . . **Allium**
— Bltn. nicht in kugeligen, von einem Hüllblatt eingeschlossenen Trugdolden; Pfl. ohne Zwiebeln **6**
6. Bltn. in geknäuelten, seitenst. od. endst., reichverzweigten Spirren, Stbblätt. 3 od. 6 . . . . **8**
— Bltn. nicht geknäuelt, in Trauben od. Wickeln **7**
7. Blätt. am Grd. m. langer Scheide; Hochmoorpfl.
Scheuchzeria
— Blätt. am Grd. ohne lange Scheide . . . . **Crassulaceae**
8(6). Bltnhülle 6blättrig, grünl. od. braun, papierart.; Stbblätt. 6; Stg. meist knotenlos, stielrund . . . . **Juncus**
— Bltnhülle borstenf. od. fehlend; Stbblätt. 3; Bltn. zu vielbltg. Ährchen vereinigt, die insgesamt eine kopfige od. verzweigte Spirre bilden . . . . **Scirpus**
9(3). Blätt. 3zeilig, m. geschlossener, selten offener Scheide, häufig grdst.; Stg. meist scharf 3kantig, selten knotig gegliedt.; Bltn. klein, unscheinbar, ♂ od. eingeschl., stets in den Achseln trockenhäutiger Tragblätt., in 1- bis mehrbltg. Ährchen; diese zu Ähren, Köpfchen od. Spirren vereinigt; Bltnhülle fehlend od. in Form von Borsten od. Haaren, die bei

---

[1] Man beachte die Ansatzstellen (Knoten) der Blätt., da die Spreiten sekundär oft aus der Zweizeiligkeit herausgedreht werden.

der Frreife zu langen Wollhaaren auswachsen können
Cyperaceae
— Blätt. nicht 3zeilig **10**
10. Blätt. spiralig (zerstreut) am Stg. verteilt **28**
— Blätt. deutl. in 2 Zeilen[1], im Bereich der Bltnregion nicht selten zerstreut **11**
11. Stg. windend; Blattspr. tief herzf., zugespitzt, bogennervig; Bltn. unscheinbar, grünl., in achselst. Trauben . . **Tamus**
— Stg. nicht windend **12**
12. Frei auf dem Wasser schwimmende Sporenpfl. von moosähnl. Habitus; Blätt. blaugrün, die Sproßachse 2lappig umgreifend u. sich dachziegelig deckend . . . . . . **Azolla**
— Im Boden festgewurzelte Bltnpfl. **13**
13. Bltn. auffällig, wenn unscheinbar, dann m. wohlausgebildeter Bltnhülle **19**
— Bltn. klein, unscheinbar; Bltnhülle oft fehlend **14**
14. Bltn. in Ähren, Rispen, Spirren od. Dolden **16**
— Bltn. in walzenf. Kolben od. igelf. Köpfchen **15**
15. Bltn. in 2 übereinandersthd., schwarzbraunen Kolben, der ob. mit ♂ Bltn.; Sumpfpfl. . . . . **Typha**
— ♀ Bltn. in gestielten, igelf., ♂ in kugeligen, sitzenden Köpfchen, oberhalb der ♀ sthd.; Bltnstg. einfach od. ästig; Sumpfpfl. . . . . **Sparganium**
16(14). Untergetaucht lebende od. m. Schwimmblätt. versehene Wasserpfl.; Bltn. in Ähren, grünl.; Bltnhülle fehlend; Stbblätt. m. blumenblattart. Anhängseln **Potamogetonaceae**
— Land- od. Sumpfpfl. **17**
17. Bltnhülle fehlend; Bltn. in zusammengesetzten Ähren, Ährenrispen, Rispen od. fingerf. Rispen m. häutigen Spelzen; Stg. an den Knoten verdickt, hohl (markig nur bei *Zea mays:* ♂ Bltn. in endst. Rispen, ♀ in seitenst. Kolben); Blätt. m. langer, offener, den Stg. umschließender Scheide; an der Grenze von Scheide u. Spreite zartes Blatthäutchen (Ligula) od. Haarkranz . . . . **Poaceae**
— Bltnhülle vorhanden **18**
18. Bltn. in Dolden, die am Grd. von 5 gelb gefärbten Hochblätt. umgeben sind; Blkrblätt. 5; Stbblätt. 5; Blätt. meist bogennervig . . . . **Bupleurum**
— Bltn. in Spirren, grünl. od. braun; Bltnhülle 6zählig; Stbblätt. 6; Blätt. grasart., flach . . . . **Juncaceae**
19(13). Blätt. nicht schwertf. u. nicht reitend **21**
— Blätt. schwertf. u. reitend **20**
20. Frkn. unterst.; Stbblätt. 3; Bltn. groß . . . . . . **Iridaceae**
— Frkn. oberst.; Stbblätt. 6 . . . . **Liliaceae**
21(19). Bltnhülle in K. u. Blkr. geglied. **27**
— Bltnhülle nicht in K. u. Blkr. geglied. od. einfach . . . **22**

---

[1] Vgl. Anmerkung S. A37

22. Bltn. zygomorph **26**
— Bltn. radiär **23**
23. Bltnhülle 3zipfelig; Blätt. 2, m. nierenf., meist immergrüner Spreite . . . . **Asarum**
— Bltnhülle 5- od. 6blättrig bzw. 6zipfelig **24**
24. Bltnhülle 5blättrig; Stbblätt. 8–10; Frkn. 8–10, nur am Grd. frei; Fr. beerenart., meist schwarzviolett; Infl. groß, endst., aber durch Übergipfelung von Seitenästen der obersten Blätt. unterhalb der Infl. scheinbar seitenst. u. den Blätt. gegenübersthd. . . . . **Phytolacca**
— Bltnhülle 6blättrig od. 6zipfelig; Stbblätt. 6, frei **25**
25. Frkn. oberst. . . . . **Liliaceae**
— Frkn. unterst. . . . . **Amaryllidaceae**
26(22). Bltnhüllblätt. 6, nicht verwachsen . . . **Orchidaceae**
— Bltnhüllblätt. zu einer Röhre vereinigt . . . **Aristolochia**
27(21). Stg. m. breiten, nur an den Knoten unterbrochenen Flügeln; Bltn. gelb . . . . **Chamaespartium**
— Stg. nicht geflügelt; Blätt. lineal; Bltn. purpurn **Lathyrus**
28(10). Blätt. zahlr., dicht sthd., oft dachziegelig angeordnet u. den Stg. fast ganz verdeckend **93**
— Blätt. entfernt sthd. od. nur am Grd. des Stg. gedrängt **29**
29. Blätt. zumindest die basalen Stgblätt., m. lg. scheidigem, offenem od. geschlossenem, stgumfassendem Grd.; Spreite nicht gestielt, parallelnervig **86**
— Blätt. ohne od. m. röhrigem, die Basis der Internodien umgreifenden Grd. (= Ochrea), ± deutlich gestielt; Spreite fied.-nervig **30**
30. Bltn. nicht in Köpfchen **33**
— Bltn. in Köpfchen, die am Grd. von grünen Hochblätt. umgeben sind **31**
31. Stbblätt. 5; Stbbeutel zu den Gr. umgebender Röhre verklebt; K. zur Frreife häufig zu fedrig behaarten Borsten auswachsend . . . . **Asteraceae**
— Stbblätt. 5 od. 4; Stbbeutel, wenigstens postfloral, frei; Bltn. meist blau **32**
32. Blätt. ledrig, kahl, die grdst. oft rosettig; Blkr. röhrig, 2lippig, in lineale Zipfel gespalten; Stbblätt. 4 . . **Globularia**
— Blätt. nicht ledrig; Blkr. röhrig, 5zipfelig; Zipfel anfangs an der Spitze miteinander verbunden u. sich später vom Grd. her voneinander lösend *(Phyteuma, Jasione)*
                                           Campanulaceae
33(30). Blätt. schildf.; Bltn. gespornt . . . . . **Tropaeolum**
— Blätt. nicht schildf. **34**
34. Blkr. reingelb, gelbl.-weiß, rötl., gelbl.grün od. grünl.weiß (bei *Phytolacca*, Punkt **92**: Bltnhüllblätt. sich nach der Blüte gleich den Bltnstielen u. der Bltnstandsachse purpurn verfärbend) **64**
— Blkr. rein weiß, rot, blau, violett, bräunl., schwärzl. od. zweifarbig **35**

35. Bltn. nicht in K. u. Blkr. geglied. (Perigon) **61**
— Bltn. in K. u. Blkr. geglied. **36**
36. Bltn. radiär **42**
— Bltn. zygomorph **37**
37. Bltn. schmetterlingsf.; vorderes Blkrblatt mit gefranstem Anhängsel . . . . **Polygala**
— Bltn. nicht schmetterlingsf. **38**
38. Äußere Bltnhülle 3blättrig . . . . **Fallopia**
— Äußere Bltnhülle 5zähnig od. 5blättrig **39**
39. Blätt. mit Nebenblätt. . . . . **Viola**
— Blätt. ohne Nebenblätt. **40**
40. Blkr. freiblättrig . . . . **Reseda**
— Blkr. verwachsen **41**
41. Blkr. 4zipfelig, 2lippig od. ± lg. gespornt u. dann der Eingang der Blkrröhre durch gaumenähnl. Vorwölbung verschlossen; Stbblätt. 2−4 . . . . . . **Scrophulariaceae**
— Blkr. röhrenf.-trichterf., mit schiefem Saum; Stbblätt. 5; Stg. u. Blätt. rauhhaarig . . . . **Echium**
42(36). Blkr. verwachsenblättrig **50**
— Blkr. freiblättrig **43**
43. Bltn. von der Größe eines Stecknadelkopfs, in kopfigen Trugdolden; Stg. niederlgd. . . . . **Corrigiola**
— Bltn. größer **44**
44. Bltn. sitzend od. sehr kurz gestielt, einzeln od. in wenigbltg. Dichasien, insgesamt walzl.-zylindrischen Bltnstand bildend; Stbblätt. 6, rötl.-purpurn; Stbblätt. 2−6, gleich lg. od. 12, ungleich lg. (6 lange u. 6 kurze) . . . . . **Lythrum**
— Bltn. deutl. gestielt od. Bltnachse sich röhrenf. über den unterst. Frkn. verlängernd; Blüte dadurch lg. gestielt erscheinend **45**
45. Blkrblätt. 4; Stbblätt. 6 od. 8 . . . . **49**
— Blkrblätt. 5 od. mehr **46**
46. Bltnstg. nur m. einem stgumfassenden Blatt, alle übrigen Blätt. grdst., lg. gestielt; Bltn. einzeln, weiß, m. gefransten Staminodien . . . . **Parnassia**
— Bltnstg. m. mehreren Blätt. **47**
47. Blätt. fleischig; in jeder Blüte mehrere freie Frkn.
　　　　　　　　　　　　　　　　　　　Crassulaceae
— Blätt. nicht fleischig **48**
48. Blüte nur m. 1 Frkn.; Blkr. blau, weiß, rot od. lila . **Linum**
— Blüte m. zahlr. freien Frblätt.; Blkr. weiß . . . **Ranunculus**
49(45). Stbblätt. 8; Frkn. unterst.; Bltnachse stielart. verlängert
　　　　　　　　　　　　　　　　　　　Onagraceae
— Stbblätt. 6 (4 lange, 2 kurze); Frkn. oberst. . . **Brassicaceae**
50(42). Bltn. blau od. violett, aber nicht purpurrot **59**
— Bltn. andersfarbig, häufig purpurrot **51**
51. Stg. windend od. niederlgd.; Blätt. groß, am Grd. häufig spieß- od. nierenf. u. dann etwas fleischig (Strandpfl.: *Calystegia soldanella*); Blkr. groß, trichter- bis radf.; K. m. od. ohne Vorblätt. . . . . **Convolvulaceae**
— Stg. nicht windend, aufrecht **52**

52. Blkr. 5zipfelig od. 6–8teilig **54**
— Blkr. 4teilig **53**
53. Blätt. höchstens 5 mm lg.; Pfl. bis 8 cm hoch; Blkr. sehr
klein, weiß; Frkn. oberst. . . . . **Centunculus**
— Blätt. länger als 10 mm; Blkr. rosa od. purpurrot; Frkn.
unterst. . . . . **Onagraceae**
54(52). Blkr. anfangs gelb, später fleischfarben, in Köpfchen;
Blkr. m. langer, dünner Röhre *(288)* . . . . . . **Collomia**
— Blkr. anders gefärbt **55**
55. Frkn. unterst., stielart. verlängert *(289)*; Bltn. purpurrot; Pfl.
8–15 cm hoch . . . . **Legousia**
— Frkn. oberst. **56**
56. Obere Stgblätt. rosettig gehäuft, basale Stgblätt. kleiner;
Blkr. 7zählig . . . . **Trientalis**
— Obere Stgblätt. nicht rosettig; Blkr. 5zipfelig **57**
57. Bltnstiele in der Mitte m. lanzettl. Tragblatt *(290)*; Bltn. klein,
weiß; Blätt. am Grd. des Stg. gehäuft . . . . . **Samolus**
— Bltnstiel in der Mitte ohne Tragblatt **58**
58. Frkn. schon z. Bltzt. tief 4teilig; Pfl. meist stark rauhhaarig
Boraginaceae
— Frkn. nicht tief geteilt; Blätt. zuw. behaart, aber nicht rauhhaarig . . . . **Solanaceae**
59(50). Stbbeutel zu Röhre vereinigt u. meist kegelf. zusammenneigend . . . . **Solanum**
— Stbbeutel frei **60**
60. Frkn. oberst., 4teilig, in 4 Nüßchen zerfallend
Boraginaceae
— Frkn. unterst.; Fr. Kapsel . . . . . . **Campanulaceae**
61(35). Frkn. unterst., stielart. verlängert, meist gedreht; Bltn.
häufig gespornt . . . . **Orchidaceae**
— Frkn. nicht stielart. verlängert u. nicht gedreht **62**
62. Blätt. gestielt (wenigstens die Grdblätt.), breit, fiedernervig
90
— Blätt. ungestielt, lineal, wenn breiter, dann bogennervig **63**
63. Bltn. klein, auf das Tragblatt hinaufgerückt; Stbblätt. 4 od.
5; Frkn. unterst.; Blätt. lineal . . . . **Thesium**
— Bltn. nicht auf das Tragblatt hinaufgerückt; Stbblätt. 6; Frkn.
oberst. . . . . **Liliaceae**
64(34). Ganze Pfl. m. weißem Milchsaft; 1 gestielter Frkn. u.
mehrere Stbblätt. von becherf., gelbgrüner Hülle umgeben
Euphorbia
— Pfl. ohne Milchsaft **65**
65. Bltn. nicht in Dolden **67**
— Bltn. in Dolden **66**
66. Alle Blätt. ungeteilt, z. T. stgumfassend od. vom Stg. durchwachsen; unterhalb der Döldchen z. T. große, gelbe Hochblätt. **Bupleurum**
— Nur die oberen, gelbgrünen Stgblätt. einfach, ungeteilt, m.
tief herzf. Grd., stgumfassend; Grdblätt. 1- bis mehrfach
3zählig gefied. . . . . **Smyrnium**

67(65). Bltnhüllblätt. alle gleich gestaltet, bzw. nicht in deutl. unterscheidbaren K. u. Blkr. geglied. **80**
— Bltnhülle in einen meist grünen K. u. eine meist andersfarbige Blkr. geglied. **68**
68. Bltn. gespornt . . . . **Scrophulariaceae**
— Bltn. nicht gespornt **69**
69. K. 2spaltig; Blätt. fleischig; Blkr. gelb . . . . **Portulaca**
— K. nicht 2spaltig **70**
70. Blkr. freiblättrig **74**
— Blkr. verwachsen (zuw. nur am Grd.), 5zipfelig **71**
71. Der abw. weisende Zipfel der Blkr. deutl. größer; Stbfäden wollig behaart . . . . **Verbascum**
— Zipfel der Blkr. alle gleich gestaltet; Stbfäden nicht wollig behaart **72**
72. Frkn. unterst.; Bltn. in dichter Ähre . . . . . **Campanula**
— Frkn. oberst. **73**
73. Frkn. 4teilig; Pfl. meist stark behaart, größer als 20 cm
Boraginaceae
— Frkn. nicht 4teilig; Blätt. höchstens 12 mm lg. und 1–2 mm breit; bis 4 cm große Alpenpfl. . . . . **Vitaliana**
74(70). Blkr. 5–8blättrig **76**
— Blkr. 4blättrig, selten fehlend **75**
75. Frkn. oberst.; Stbblätt. meist 6 (4 lange u. 2 kurze)
Brassicaceae
— Frkn. unterst.; Bltnachse becherf., stielart. verlängert; Blt. gelb . . . . **Oenothera**
76(74). Stbblätt. mehr als 10, kürzer als die Blkr.; Frkn. zahlr., frei . . . . **Ranunculaceae**
— Stbblätt. 5–10 . . . . **77**
77. Blätt. nicht fleischig; Bltn. m. 1–2 Frkn. **79**
— Blätt. fleischig; Bltn. m. mehreren freien Frblätt. . . . **78**
78. Gr. 3 u. mehr; Blätt. meist stumpf . . . . . **Crassulaceae**
— Gr. 2; Bltn. gelb bis orange; Blätt. m. Stachelspitze
Saxifraga
79(77). Stbblätt. 5; Frkn. 1 . . . . **Linum**
— Stbblätt. 10; Frkn. meist 2, frei od. m. der Bltnachse verwachsen . . . . **Saxifraga**
80(67). Alle Blätt. od. doch die grdst. kurz bis ± lg.gestielt **87**
— Blätt. ungestielt, zuw. m. lg. scheidigem Blattgrd. . . . **81**
81. Blätt. bis 1 mm breit, pfrieml. zugespitzt **Chenopodiaceae**
— Blätt. breiter als 1 mm od. stumpf **82**
82. Stg. meist niederlgd.; Bltn. klein, in Knäueln *(Corrigiola; Herniaria)* . . . . **Caryophyllaceae**
— Stg. aufrecht, wenn niederlgd., dann Bltn. nicht geknäuelt
83
83. Bltnhülle nicht 6zählig **85**
— Bltnhülle 6zählig **84**
84. Bltn. radiär, der Mitte eines „Blatts" (= blattart. Kurztrieb) entspringend; Frkn. oberst.; Fr. rote Beere . . . . **Ruscus**
— Bltn. zygomorph, meist in Trauben od. Ähren; Frkn. unterst., oft gedreht; Kapselfr. . . . . **Orchidaceae**

85(83). Bltnhülle 4zipfelig, krugf., gelbgrün; Bltn. zu 1–3 in den
Blattachseln; Blätt. lineal . . . . **Thymelaea**
— Bltnhülle 2blättrig od. 5zipfelig, zuw. fehlend; Stbblätt. 1–5
od. nur 1 Frkn. in der Blüte . . . . . . **Chenopodiaceae**
86(29). Bltn. trockenhäutig, meist bräunl., klein, in Spirren;
Frkn. oberst., 3kantig . . . . **Juncaceae**
— Bltnhülle nicht trockenhäutig, oft gespornt; Frkn. unterst.,
stielart., oft gedreht . . . . **Orchidaceae**
87(80). Bltn. nicht alle in blattachselst. Knäueln **90**
— Bltn. alle in blattachselst. Knäueln od. einzeln, dann aber
Blattstiel mit röhriger Scheide **88**
88. Blattstiel am Grd. mit röhriger Scheide . . . **Polygonum**
— Blattstiel am Grd. ohne röhrige Scheide **89**
89. Blätt. in eine (stumpfe) Spitze auslaufend, kurzhaarig
Parietaria
— Blätt. nicht in eine Spitze auslaufend, kahl **Amaranthus**
90(87 u. 62). Bltn. m. oft stechenden Vorblätt., klein, dicht gedrängt in Knäueln, die zu kopfigen od. verlängerten, einfachen od. verzweigten, traubig-rispigen, endst. Bltnständen
zusammentreten . . . . **Amaranthus**
— Bltn. ohne stechende Vorblätt., anders angeordnet **91**
91. Blätt. am Grd. m. stgumfassender, kürzerer od. längerer
Röhre (Ochrea); Bltn. klein, ♂ od. eingeschl.; Bltnblätt. 3–6
u. oft m. der Nußfr. abfallend . . . . . **Polygonaceae**
— Blätt. am Grd. ohne Ochrea; Pfl. zuw. mehlig bestäubt **92**
92. Bltnhülle 2–4- od. bis 5teilig; Bltn. klein, unscheinbar, in
knäueligen, trugdoldigen od. scheinährigen Bltnständen; Fr.
ganz od. teilw. von der Bltnhülle umgeben u. zusammen mit
dieser abfallend; Pfl. häufiger mehlig bestäubt
Chenopodiaceae
— Bltnhülle 5blättrig, weißl.grün bis weißl., sich postfloral purpurn verfärbend; Bltn. auffällig, bis 1 cm im Dm, in 10–40
cm langen, blattgegenst. Trauben; Frblätt. 8–10, frei od. nur
am Grd. etw. verwachsen; Fr. beerenart., saftig; Kultur- u.
Zierpfl. aus N-Am., bes. in Weinbaugebieten **Phytolacca**
93(28). Sporenpfl. **95**
— Bltnpfl. **94**
94. Blätt. fleischig-saftig, stiel- od. halbstielrund; Bltn. weiß od.
gelb; Blkr. freiblättrig . . . . **Sedum**
— Blätt. nicht fleischig-saftig, dachziegelig angeordnet; Blkr.
verwachsenblättrig; hochalp. Polster- u. Rasenpfl.
Androsace
95(93). Pfl. moosähnl., 3–5 cm hoch; Blätt. 1–3 mm lg., spitz,
am Rand gewimpert; Sporangien blattachselst., verschieden groß *(286)* . . . . **Selaginella**
— Pfl. nicht moosähnl., kräftiger; Sporangien gleichgestaltet,
entw. blattachselst. od. in scharf vom vegetativen Sproß abgesetzten Ähren . . . . **Lycopodiaceae**

IIId. Blätter wechselständig; Blattspreite am Rand gesägt, gezähnt, gekerbt od. gelappt

1. Blattspr. schildf., am Rand gekerbt, lg. gestielt; Stg. kriechend; Bltn. in kopfigen Dolden od. wenigbltg. Wirteln; Sumpfpfl. . . . . **Hydrocotyle**
— Blattspr. nicht schildf., z. T. aber nierenf. 2
2. Blätt. immergrün, nieren-herzf., obersts. silbrig gefleckt, Blkrblätt. zurückgeschlagen . . . . **Cyclamen**
— Blätt. nicht silbrig gefleckt, meist sommergrün 3
3. Bltn. in kleinen, becherf., von Nektardrüsen umgebenen Cyathien, ♀ Blüte (= Frkn.) z. Bltzt. lg. gestielt u. aus dem Cyathienbecher heraushgd.; die Cyathien in Di- od. Pleiochasien angeordnet; Pfl. m. Milchsaft . . **Euphorbia**
— Bltn. nicht in Cyathien, anders angeordnet 4
4. Bltn. in schirmf., von gelben Hochblätt. umgebenen Trugdolden; Bltnhülle einfach, 4zählig; Stbblätt. 5; Blattspr. fast kreisrund . . . . **Chrysosplenium**
— Bltn. anders angeordnet 5
5. Bltn. grünl. 27
— Bltn. nicht grünl. 6
6. Bltn. gespornt 25
— Bltn. nicht gespornt 7
7. Pfl. m. Ranken; Bltn. eingeschl.; Frkn. unterst.
                                          Cucurbitaceae
— Pfl. ohne Ranken 8
8. Bltn. in wenig- (1-) bis vielbltg., von einer Blatthülle (Involucrum) umgebenen Köpfchen; innere Hüllblätt. zuw. strahlend, petaloid *(Carlina, Helichrysum, Xeranthemum)*; entweder alle Bltn. des Köpfchens zygomorph (zungenf.; Pfl. mit Milchsaft) od. nur die äußeren als Zungenbltn., die inneren als Röhrenbltn. ausgebildet od. nur Röhrenbltn. vorhanden; Köpfchen selten eingeschl., die ♂ mehrbltg., die ♀ 1–2bltg. *(Ambrosia, Xanthium)*; Stbblätt. 5, ihre Antheren miteinander verklebt; Nußfr., häufig m. fedrig behaartem Pappus; Blätt. zuw. erst nach der Blüte erscheinend *(Petasites, Tussilago)* . . . . **Asteraceae**
— Bltn. nicht od. nur selten in Köpfchen, dann aber Stbbeutel frei 9
9. Blätt. am Grd. mit röhrenf. stgumfassender Scheide (Ochrea); Bltnhülle in zwei 3zähligen Kreisen, der innere vergrößert u. z. Frzt. die Fr. einschließend; Bltn. klein
                                          Polygonaceae
— Blätt. am Grd. ohne Ochrea 10
10. Blkr. verwachsenblättrig 21
— Blkr. freiblättrig (z. T. aus blumenblattart. Nektarblätt.) 11
11. Blkr. 4blättrig 17
— Blkr. 5- u. mehrblättrig 12

12. Stbblätt. zahlr. **16**
— Stbblätt. 5–10, beim Aufblühen zuw. schon geschrumpft **13**
13. Blätt. dickfleischig; in jeder Blüte mehrere freie Frkn.
                           Crassulaceae
— Blätt. nicht dickfleischig; Bltn. m. 1–2 Frblätt. **14**
14. Bltn. in Ähren od. Köpfchen; Blkrblätt. anfangs vereinigt u.
    sich später vom Grd. her lösend, blauviolett od. gelbl.weiß
                           Phyteuma,
— Bltn. nicht in Köpfchen od. Ähren **15**
15. Blätt. derb, ledrig, oft wintergrün; Frkn. mit 1 Gr.
                           Pyrolaceae
— Blätt. nicht ledrig; Frkn. mit 2 Gr. . . . . **Saxifraga**
16(12). Bltn. gelb, m. od. ohne Nektarblätt.; K. fehlend od. 3–
    5blättrig; Frkn. meist zahlr., frei . . . . . **Ranunculaceae**
— Bltn. weiß; K. u. Blkr. 8–9blättrig; Gr. fedrig behaart; nie-
    derlgd. Spalierstrauch der Hochalp. . . . . **Dryas**
17(11). Bltn. mit 6–8 Stbblätt. **19**
— Bltn. mit 12 bis vielen Stbblätt. **18**
18. Pfl. ohne Milchsaft; Blkrblätt. zerschlitzt; Bltn. klein, gelbl.
    od. gelbl.weiß . . . . **Reseda**
— Pfl. m. Milchsaft; Blkrblätt. ungeteilt; Bltn. groß, rot, rötl.vio-
    lett, weiß od. gelb . . . . **Papaveraceae**
19(17). Frkn. unterst., stielart. verlängert; Stbblätt. 8
                           Onagraceae
— Frkn. oberst. **20**
20. In jeder Blüte 1 Frkn.; Stbblätt. 6 (4 lange u. 2 kurze)
                           Brassicaceae
— In jeder Blüte 4 freie Frkn.; Stbblätt. 8; Blätt. dick, keilf.,
    dicht gedrängt . . . . **Sedum**
21(10). Stbblätt. 2 od. 4 . . . . **Scrophulariaceae**
— Stbblätt. 5 od. 10 . . . . **22**
22. Staubfäden z. T. wollig behaart . . . . . . **Verbascum**
— Staubfäden nicht wollig behaart **23**
23. Blkr. mit lg., schmaler Röhre, rot od. gelb **Primulaceae**
— Blkr. nicht m. lg., schmaler Röhre **24**
24. Frkn. unterst. . . . . **Campanulaceae**
— Frkn. oberst. . . . . **Solanaceae**
25(6). Blätt. m. Nebenblätt.; Blkr. freiblättrig; Kblätt. 5, am Grd.
    m. krautigen Anhängseln . . . . **Viola**
— Nebenblätt. fehlend; Blkr. am Grd. verwachsen **26**
26. Stg. aufrecht; Blätt. am Grd. verschmälert; Bltn. gelb, rot
    od. verschiedenfarbig . . . . **Impatiens**
— Stg. niederliegend; Blätt. nierenf.; Bltn. violett
                         Linaria cymbalaria
27(5). Blätt. am Grd. m. stgumgreifender Ochrea; Bltn. kurz ge-
    stielt; Bltnhülle 6blättrig . . . . **Polygonaceae**
— Blätt. am Grd. ohne Ochrea; Bltn. sitzend; Bltnhülle 2–5tei-
    lig . . . . **Chenopodiaceae**

Tabelle IV
Kräuter u. Stauden zur Blütezeit ohne grüne Blätter od. Blütenstengel nur mit Schuppenblättern

1. Stg. deutlich geglied., am Grd. eines jeden Gliedes eine gezähnte Scheide reduzierter Blätt.; Sporenpfl.; Sporophylle zu endst. Ähre vereinigt; grüne Seitenäste zuw. erst nach Ausstreuen der Sporen erscheinend . . . . **Equisetaceae**
— Stgglieder an der Basis nicht von gezähnter Scheide umgeben; Pfl. ohne endst. Sporenähre **2**
2. Stg. dickfleischig, knotig gegl ied., an jedem Knoten 2 extrem reduzierte Blätt.; Bltn. sehr klein; extrem salzliebende Pfl. . . . . *(Salicornia)* **Chenopodiaceae**
— Pfl. anders gestaltet, nicht an extremen Salzstandorten . **3**
3. Stbblätt. 1, dieses m. dem Gr. zu Säulchen verwachsen; Bltn. häufig gespornt; Frkn. unterst.; Bltnstg. weißl., bräunl., gelbl.grün od. violett, nur m. Schuppenblätt. **Orchidaceae**
— Stbblätt. mehr als 1, nicht m. dem Gr. verwachsen; Bltn. nicht gespornt **4**
4. Pfl. z. Bltzt. (Herbst) ohne Stg. u. Blätt., diese erst im nächsten Frühjahr m. den Kapselfr. erscheinend; Bltn. groß, fleischfarbig, m. langer Röhre; Stbblätt. 6
(Colchicum) **Liliaceae**
— Stg. z. Bltzt. entwickelt, m. Schuppenblätt.; Bltn. kleiner **5**
5. Stg. windend, fädig-dünn, gelbl. od. rötl.; Bltn. klein, in Knäueln; Ganzparasit . . . . *(Cuscuta)* **Convolvulaceae**
— Stg. nicht windend; Bltn. in Ähren, Trauben od. Köpfchen **6**
6. Bltn. in anfangs übergebogener Traube, regelmäßig, glokkenf.; Stbblätt. 8–10; ganze Pfl. wachsgelb, m. dichtsthd. Schuppenblätt. . . . . **Monotropaceae**
— Bltn. in aufrechter Traube, Ähre od. Köpfchen **7**
7. Bltn. in Trauben od. Ähren; auch nach der Blüte keine Laubblätt. erscheinend **9**
— Bltn. in Köpfchen; Laubblätt. nach der Blüte erscheinend **8**
8. Köpfchen groß, Dm bis 1,5 cm, einzeln, endst., mit goldgelben Randbltn.; Frühjahrsblüher . . *(Tussilago)* **Asteraceae**
— Köpfchen klein, zu vielen in endst., traubig-rispigem Blütenstand; Bltn. weißl. od. rötl.-bräunl.; Frühjahrsblüher
(Petasites) **Asteraceae**
9(7). Bltn. in einseitswendiger Traube, rosarot; Stg. dick, fleischig; Ganzparasit . . . . . *(Lathraea)* **Scrophulariaceae**
— Bltn. in allseitswendigen Trauben od. Ähren, weißl., gelb, braun od. blauviolett; Ganzparasit . . . . **Orobanchaceae**

Bestimmungsbücher

Schmeil/Fitschen

Flora von Deutschland und angrenzender Länder

Ein Buch zum Bestimmen der wildwachsenden und häufig kultivierten Gefäßpflanzen

90., durchgesehene Auflage 1996.
Von Karlheinz Senghas und Siegmund Seybold,
X/806 Seiten, 1241 Abbildungen, Gb., DM 45.-
ISBN 3-494-01252-0, Bestell-Nr. 494-01252

Bereits 1903 erschien die erste Auflage dieses bewährten, regelmäßig überarbeiteten und aktualisierten Bestimmungsbuches, das sich an alle diejenigen wendet, die sich für die in Deutschland und angrenzenden Ländern wildwachsenden und häufig kultivierten Gefäßpflanzen interessieren.
In der vorliegenden 90., „durchgesehenen" Auflage erfolgten gegenüber der neu bearbeiteten 89. Auflage Korrekturen übersehener Druckfehler, kleinere textliche Ergänzungen und Verbesserungen sowie die Aktualisierung und/oder Präzisierung von Verbreitungsangaben. Erweitert und aktualisiert wurde auch das Literaturverzeichnis.

Fitschen

Gehölzflora

Ein Buch zum Bestimmen der in Mitteleuropa wildwachsenden und angepflanzten Bäume und Sträucher

10., überarbeitete Auflage 1994.
Mit Früchteschlüssel.
Bearbeitet von Franz H. Meyer, Ulrich Hecker,
Hans Rolf Höster und Fred-Günter Schroeder,
808 Seiten, 1052 Abb., 2 Tabellen, Gb., DM 59.-
ISBN 3-494-01221-0, Bestell-Nr. 494-01221

Bereits 1920 erschien die erste Auflage dieses Bestimmungsbuches, das sich an alle diejenigen wendet, die sich für die in Mitteleuropa einheimischen und häufig in Gärten und Parks angepflanzten Bäume und Sträucher interessieren.
Nach einführenden Kapiteln über Nomenklatur und Systematik, Morphologie und Herkunftsgebiete der Gehölze und Hinweisen auf Frosthärte und Bodenansprüche sowie auf das Vorkommen von Giften in verschiedenen Pflanzenteilen folgen die Hauptschlüssel – Schlüssel zum Bestimmen der Gattungen nach vegetativen Merkmalen, zum Bestimmen der Familien vorwiegend nach Blütenmerkmalen und der umfangreiche Früchteschlüssel. Im systematischen Teil werden rund 1700 Arten – nach Familien geordnet – vorgestellt.
Für die 10. Auflage wurden weitere Verbesserungen in den Bestimmungsschlüsseln vorgenommen, das Kapitel Morphologie sowie das Literaturverzeichnis erweitert und die Zahl der Abbildungen – alle nach der Natur gezeichnet – auf nunmehr 1052 erhöht.

Düll, R./Kutzelnigg. H.

Botanisch-ökologisches Exkursionstaschenbuch

Das Wichtigste zur Biologie ausgewählter wildwachsender und kultivierter Farn- und Blütenpflanzen Deutschlands.

5., überarbeitete u. ergänzte Auflage 1994.
590 Seiten, 95 Abbildungen, Gb., DM 44.-
ISBN 3-494-01229-6, Bestell-Nr. 494-01229

Stand: März 1997, Preisänderungen vorbehalten.

Quelle & Meyer Verlag
Postfach 47 47
D-65037 Wiesbaden

QUELLE & MEYER VERLAG

Biologische Arbeitsbücher

Die umfassende Reihe für Unterricht, Grundstudium und praktischen Umwelt-
und Naturschutz.
Wir stellen Ihnen hier eine Auswahl vor (Stand Februar 1997):

Heide Theiß/Bruno Hügel
**Experimente zur Entwicklungsbiologie
der Pflanzen (Phytohormone)**
1996. 150 S., 40 Abb., 15 Tab.,
29,80 DM
ISBN 3-494-01242-3
Bestell-Nr. 494-01242 (Band 54)

Gerd Brucker
**Ökologie und Umweltschutz –
Ein Aktionsbuch**
1993. IV/335 S., 51 Tab., 75 Abb.,
49,80 DM
ISBN 3-494-01199-0
Bestell-Nr. 494-01199 (Band 44)

Gerd Brucker/Dietmar Kalusche
Boden und Umwelt
Bodenökologisches Praktikum
2., neubearb. Aufl. 1990. 264 S., 120 Abb.,
34,80 DM
ISBN 3-494-01175-3
Bestell-Nr. 494-01175 (Band 19)

Rudolf Drews/Hans Peter Ziemek
Kleingewässerkunde
2., überarb. Aufl. 1995, 146 S., 18 Strich-Abb.,
8 Tab., 46 s/w-Fotos, 8 Best.-Tafeln,
29,80 DM
ISBN 3-494-01226-1
Bestell-Nr. 494-1226 (Band 41)

Rainer Flindt
Ökologie im Jahreslauf
Naturkundliche Wanderungen und
Beobachtungen von Januar bis Dezember
4., überarb. Aufl. 1989. 176 S., 45 Abb.,
29,80 DM
ISBN 3-494-01174-5
Bestell-Nr. 494-01174 (Band 2)

Otto Klee
Wasser untersuchen
Einfache Analysenmethoden und Beurteilungs-
kriterien
2., überarb. Aufl. 1993. II/254 S., 69 Abb.,
33 Tab., 34,80 DM
ISBN 3-494-01213-X
Bestell-Nr. 494-01213 (Band 42)

Wolfgang Licht
Einführung in die Pflanzenbestimmung
1995. 136 S., 175 Zeichn., 6 Tab.,
34,80 DM
ISBN 3-494-01233-4
Bestell-Nr. 494-01233 (Band 50)

Hans Ulrich Meyer/Friedrich Lüttke
Twenhöven/Klaus Kock
Lebensraum Wattenmeer
1994. VI/211 S., 53 s/w-Abb., 12 s/w-Fotos,
10 Tab., 29,80 DM
ISBN 3-494-01219-9
Bestell-Nr. 494-01219 (Band 47)

Eberhard Schmidt
**Ökosystem See – Band 1: Der Ufer-
bereich des Sees**
5., völlig neubearb. Aufl. 1996.
328 S., 84 s/w-Abb., 26 s/w-Fotos, 33 Tab.,
36,80 DM
ISBN 3-494-01152-4
Bestell-Nr. 494-01152 (Band 12/1)

J. Michael Fey
Biologie am Bach
Praktische Limnologie für Schule und
Naturschutz
1996. VI/187 S., 41 Abb., 8 Farbtafeln, 30 Tab.,
36,90 DM
ISBN 3-494-01220-2
Bestell-Nr. 494-01220 (Band 48)

Preisänderungen vorbehalten.

**Bitte fordern Sie
unseren ausführlichen
Sonderprospekt an**

Quelle & Meyer Verlag • Postfach 4747 • D-65037 Wiesbaden

BIOLOGISCHE ARBEITSBÜCHER